edition suhrkamp 2739

Herrschte lange Konsens über die Einbindung von Nationalstaaten in transnationale Gemeinwesen wie die Europäische Union, geriet diese Ansicht zuletzt unter Druck: Brüssel sei zu weit weg, die Bevölkerungen der Mitgliedstaaten hätten kaum Einfluss – »Take back control« lautete das Motto der Brexiteers.

Angesichts dieser Konstellation sichtet Dirk Jörke – von Aristoteles bis Jürgen Habermas – Argumente und Befunde zum Zusammenhang zwischen der Größe und der demokratischen Qualität von Staaten. Ausgehend von einer republikanischen Position, bei der die Gleichheit und die Partizipation der Bürgerinnen im Mittelpunkt stehen, plädiert er in seinem so wichtigen wie kontroversen Beitrag für eine räumliche Begrenzung der Demokratie und den Umbau der EU zu einer Konföderation.

Dirk Jörke, geboren 1971, ist Professor für Politische Theorie und Ideengeschichte an der Technischen Universität Darmstadt. Er war u.a. Heisenberg-Stipendiat der Deutschen Forschungsgemeinschaft.

Dirk Jörke

Die Größe der Demokratie

Über die räumliche Dimension von Herrschaft und Partizipation

Suhrkamp

edition suhrkamp 2739
Originalausgabe

Satz: Satz-Offizin Hümmer GmbH, Waldbüttelbrunn
Druck: Druckhaus Nomos, Sinzheim
Umschlag gestaltet nach einem Konzept
von Willy Fleckhaus: Rolf Staudt
Printed in Germany
ISBN 978-3-518-12739-1

Inhalt

Inhalt

Einleitung

> Es gibt Assoziationen, die von ihrem Umfang her zu eng und beschränkt sind, um eine Öffentlichkeit hervorzubringen, genau wie es Assoziationen gibt, die zu sehr voneinander isoliert sind, um zu derselben Öffentlichkeit zu gehören. Ein Teil des Problems der Entdeckung einer Öffentlichkeit, die zu staatlicher Organisation fähig ist, besteht darin, eine Linie zwischen dem zu Nahen und Intimen und dem zu Entfernten und Unverbundenen zu ziehen. (John Dewey 1996 [1927], S. 47f.)

Kennen Sie die EU-Verordnung 1370/2007? Vermutlich nicht, es sei denn, Sie wohnen in Langenselbold, Hammersbach oder Ronneburg im Main-Kinzig-Kreis und sind auf einen funktionierenden Busverkehr angewiesen, der Sie zum Arzt oder Ihre Kinder zur Schule nach Hanau bringt. Dieser Verordnung zufolge müssen Aufträge im öffentlichen Personennahverkehr europaweit ausgeschrieben werden. Lediglich wenn Verkehrsunternehmen sich im kommunalen Eigenbesitz befinden oder ein bestimmtes Volumen nicht überschritten wird, kann davon abgesehen werden. Private Anbieter, die sich durch die Vergabe diskriminiert sehen, können jedoch einen Antrag auf Ausschreibung stellen. Im Jahr 2017 wurden mehrere Buslinien von der Kreisverkehrsgesellschaft Main-Kinzig (KVG) neu ausgeschrieben, dabei sollte die Wirtschaftlichkeit zu 70, die Qualität zu 30 Prozent den Ausschlag geben. Den Zuschlag bekam Anfang 2018 das Speyerer Unternehmen BRH Viabus, welches sich im Besitz des britischen Finanzinvestors Marwyn befindet. Zwei lokale Busunternehmen beantragten daraufhin eine Nachprüfung beim Regierungspräsidium Darmstadt mit dem Argument, sie seien durch Dumpingpreise aus dem Markt gedrängt worden. Diese Nachprüfung zog sich das ganze Jahr über hin. Währenddessen wurde der Busbetrieb über eine Interimsausschreibung vergeben, die Viabus ebenfalls gewann. Es kam zu zahlreichen Beschwerden der Fahrgäste über chronisch verspätete, dreckige und nicht funktionierende Busse sowie über Fahrer, die die Strecken nicht kennen würden und kaum Deutsch sprächen. Ende 2018 hat das Unternehmen aus Speyer seine Bewerbung überraschend zurückgezogen. Der offizielle Grund lautete, das Prüfungsverfahren dauere zu lange. Allerdings hatte die KVG auf öffentlichen Druck hin ihre Zahlungen an Viabus bereits wegen Qualitätsmängeln reduziert, was ein weiterer Grund für den Rückzug sein dürfte. In Langenselbold, Hammersbach und Ronneburg ist die Erleichterung nun groß. Bislang handelt es sich bei der Vergabepraxis im Main-Kinzig-Kreis um eine Ausnahme, die letztlich im Sinne der Bürgerinnen und Bürger ausgegangen ist. Am 13. Dezember 2019 endet jedoch eine Übergangsfrist, ab dann müssen bei Neuvergaben die Ausschreibungen grundsätzlich europaweit erfolgen, wenn nicht die oben genannten Ausnahmen zutreffen.

Auch im Jahr 2019 werden die Immobilienpreise und Mieten in Deutschlands Großstädten weiter steigen. Neben München, Frankfurt am Main und Hamburg ist nun auch Berlin davon besonders betroffen. In Berlin sind insbesondere seit dem Ausbruch der »Eurokrise« im Jahr 2010 die Immobilienpreise nach oben geschossen. Wesentliche Gründe hierfür sind neben der gestiegenen Attraktivität der Großstädte die seitdem verfolgte Niedrigzinspolitik der Europäischen Zentralbank, die Flucht von Kapitalanlegern in »Betongold« und nicht zuletzt die Kapitalflucht aus den südeuropäischen Krisenländern. Als Michael Müller (SPD), der Regierende Bürgermeister von Berlin, in einem Akt der Verzweiflung forderte, man müsse die Möglichkeit von Ausländern (insbesondere von ausländischen Investoren) beschränken, hierzulande Wohneigentum zu erwerben, reagierte die *Frankfurter Rundschau* vom 28. August 2018 mit einem kritischen Kommentar: Berlin würde damit nicht nur gegen europäisches Recht verstoßen, sondern auch seinen Ruf als weltoffene Stadt verlieren. Und in der Tat würde ein derartiges Verbot sehr schnell vom Europäischen Gerichtshof einkassiert werden, verstieße es doch gegen das geltende Wettbewerbsrecht und insbesondere gegen Artikel 63 des Vertrages über die Arbeitsweise der Europäischen Union, in dem die Kapitalverkehrsfreiheit garantiert ist. Bezeichnend für die gegenwärtige politische Konstellation ist nicht zuletzt, dass der Vorstoß von Müller nicht von seiner Partei aufgegriffen wurde – er würde freilich auch der dezidiert europafreundlichen Agenda der SPD widersprechen. Das Nachsehen haben jene Bürgerinnen und Bürger, die eine bezahlbare Mietwohnung suchen oder ihren Traum von der Eigentumswohnung verwirklichen wollen. Der ungleiche Zugang zum Wohneigentum ist zudem eine der Hauptursachen für die zunehmende Spreizung bei den Vermögen, die sich in nahezu allen Mitgliedsländern der Europäischen Union beobachten lässt.

In einem der zahlreichen Aufrufe von Intellektuellen und Politikern, die seit einiger Zeit in den Zeitungen und im Internet zu finden sind, wird unter anderem auf die Segnungen der Arbeitnehmerfreizügigkeit verwiesen, um für das europäische Projekt zu werben: »Alle Arbeitnehmer können überall in Europa arbeiten, jeder Unternehmer kann überall Unternehmen gründen, alle Waren können überall zollfrei gehandelt, Dienstleistungen überall angeboten werden.«[1] Die Ver-

1 So die Formulierung in dem gemeinsamen Aufruf von Hans Eichel, Jürgen Habermas, Roland Koch, Friedrich Merz, Bert Rürup und Brigitte Zypries im *Handelsblatt* vom 21. Oktober 2018, der mit

fasser des Aufrufs blenden jedoch aus, dass nicht alle von dieser Freiheit profitieren, es vielmehr Gewinner und Verlierer gibt. Ein weniger euphorisches Bild von den Segnungen der Arbeitnehmerfreizügigkeit dürften zumindest jene besitzen, die etwa in Südosteuropa kaum noch Ärztinnen und Pfleger finden, weil diese inzwischen im Vereinigten Königreich oder in Deutschland den dortigen »Fachkräftemangel« kompensieren. Und auch die ehemaligen Schlachter in der Bretagne dürften wenig erfreut darüber sein, dass sie ihren Arbeitsplatz an die Wanderarbeiter aus Südosteuropa verloren haben, die zu Billiglöhnen und unter sehr anrüchigen Arbeitsbedingungen in Niedersachsen die Schweinehälften zerlegen.[2] Ähnliche Verhältnisse bestehen im Gastronomie- und Hotelgewerbe, in der Baubranche oder auch im Fernverkehr auf den zunehmend verstopften Transitstrecken. Auf der anderen Seite dürften auch die Angehörigen der europäischen Wanderarbeiterinnen und Wanderarbeiter bei allen finanziellen Kompensationen unter der teilweise monatelangen Abwesenheit der Väter und Mütter, der Töchter und Söhne leiden.

Das sind nur einige Beispiele für die Schattenseiten der neuen Realität in Europa, die den Anstoß für diesen politisch-wissenschaftlichen Essay gegeben haben. Zentrale These der Ausführungen ist, dass mit der Ausweitung politisch-ökonomischer Räume ein Verlust an Demokratie einhergeht, und das in einem doppelten Sinne: Es kommt sowohl zu einer Aushöhlung der Möglichkeiten demokratischer Herrschaftsausübung als auch zu einem Verlust an sozialer Demokratie. Zugleich lassen sich supranationale Gebilde nur

»Für ein solidarisches Europa – Machen wir Ernst mit dem Willen unseres Grundgesetzes, jetzt!« überschrieben war.

2 Ich werde im sechsten Kapitel auf diese Beispiele zurückkommen.

in einem sehr schwachen Sinne demokratisieren. Denn erstens kann in großen Räumen effektive politische Gleichheit nur unzureichend verwirklicht werden. Zweitens besteht eine größere räumliche, soziale und kulturelle Kluft zwischen den politischen Eliten und einem Großteil der Bürgerschaft. Drittens ist es in großen Herrschaftsräumen infolge der dort vorhandenen Interessengegensätze und unterschiedlichen kulturellen Prägungen erheblich schwieriger, gemeinsame Ziele überhaupt zu formulieren, geschweige denn zu realisieren. Das lässt sich gegenwärtig in der Europäischen Union beobachten.

In vielen Bereichen ist die Europäische Union zu einer koordinierten Politikgestaltung, die über die Durchsetzung liberaler Rechte hinausgeht, nicht in der Lage. Ein besonders anschauliches Beispiel hierfür stellt die Finanztransaktionssteuer dar, über die seit nunmehr zehn Jahren diskutiert wird. Ihre Realisierung scheiterte bislang jedoch stets an Vorbehalten einzelner Länder, aktuell etwa der französischen Regierung unter Emmanuel Macron, der nach dem »Brexit« Paris als neue europäische Finanzmetropole etablieren möchte.[3] Eine ganz ähnliche Dynamik zeigt sich mit Blick auf die europaweite Digitalsteuer, einheitliche Unternehmenssteuersätze oder auch die jüngst wieder verstärkt geforderte europäische Arbeitslosenversicherung. Sie alle werden von namhaften Politikern und Politikerinnen sowie von vielen Intellektuellen als erstrebenswert dargestellt, oftmals verbunden mit dem Argument, »nationale Alleingänge« seien nicht möglich. Der Realisierung solcher Ideen stehen jedoch ganz erhebliche

3 Vgl. Ruth Berschens/Martin Greive, »Finanztransaktionssteuer. Finaler Todesstoß durch Macron«, in: *Handelsblatt* (1. November 2017), online verfügbar unter: {https://app.handelsblatt.com/politik/international/finanztransaktionssteuer-finaler-todesstoss-durch-macron/20521018.html} (Stand Dezember 2018).

Hindernisse im Wege, die sich im Rahmen der Europäischen Union aus strukturellen Gründen nicht beheben lassen.

Gewiss, die Einrichtung und der Machtzuwachs einer Vielzahl von Regimen und Institutionen jenseits des Nationalstaates stellt eine notwendige Antwort auf jene rasante Entwicklung der letzten dreißig Jahre dar, die unter dem Schlagwort »Globalisierung« gefasst wird. Dazu zählt insbesondere die engere Zusammenarbeit auf dem europäischen Kontinent. Es drängt sich jedoch die Frage auf, ob nicht mittlerweile ein Grad der Supranationalisierung erreicht ist, der die nationalstaatlichen Demokratien aushöhlt, ohne dass dies auf der europäischen Ebene kompensiert werden könnte. Und es sollte auch gefragt werden, ob nicht die von vielen Intellektuellen geforderte Vertiefung der europäischen Integration, also eine noch stärkere Verlagerung von Hoheitsrechten nach Brüssel, einem idealistischen Fehlschluss gleichkommt.[4] Dieser besteht darin, dass ein normativ attraktives Ziel formuliert wird, dessen Verwirklichung in der realen politischen Welt mehr als unwahrscheinlich ist, hier die Hoffnung, die Europäische Union lasse sich »demokratisieren« und sozialer gestalten. Doch nicht nur dies. Die Hoffnung auf große europäische Lösungen steht darüber hinaus jenen kleinen Schritten im Weg, die sich auf der nationalstaatlichen Ebene verwirklichen lassen, etwa die Einführung einer Finanztransaktionssteuer, die Realisierung menschenwürdiger Arbeitsverhältnisse, nicht zuletzt mit Blick auf die europäischen

4 Jürgen Habermas (2011a) etwa denkt in *Zur Verfassung Europas* in die Richtung eines Europäischen Bundesstaates, welcher den einzelnen Mitgliedstaaten nur noch rudimentäre Kompetenzen überlässt. Ulrike Guérot (2016) geht in ihrem Bestseller *Warum Europa eine Republik werden muss* noch einen Schritt weiter und fordert, die Nationalstaaten gänzlich abzuschaffen. An deren Stelle soll dann ein Verbund von europäischen Regionen und Metropolen treten.

Arbeitsnomadinnen und -nomaden, oder auch eine Regulierung der internationalen Kapitalströme. Wir haben es hier mit einer negativen Größendialektik, mit John Dewey gesprochen, mit »dem zu Entfernten und Unverbundenen« zu tun.

Dem bei Philosophen, Politikwissenschaftlern und anderen liberalen Intellektuellen weitverbreiteten Begründungszusammenhang, allein eine weitere Supranationalisierung biete die Aussicht auf eine demokratische Einhegung des Kapitalismus, möchte ich auf den folgenden Seiten also widersprechen. Ich werde erstens argumentieren, dass demokratische Verhältnisse auf gesellschaftlichen Voraussetzungen beruhen, zu denen neben der Abwesenheit allzu großer ökonomischer Unterschiede ein gemeinsam geteilter Bedeutungsraum und vor allem eine überschaubare Größe des Gemeinwesens gehören. Und ich werde zweitens zeigen, dass ein enger Zusammenhang zwischen diesen drei Voraussetzungen der Demokratie existiert. Kurzum, ich werde die These vertreten, dass es die Größe der Europäischen Union und erst recht der globalen Ebene ist, die deren Demokratisierung entgegensteht, zumindest solange man sich nicht mit einem rein formalen Demokratiebegriff zufriedengeben möchte. Warum das so ist und welche Konsequenzen aus diesem Befund zu ziehen sind, möchte ich in acht Schritten erläutern.

Am Anfang steht die Erläuterung eines doppelten Demokratiekonzeptes, das die normative Basis meiner Ausführungen zum Verhältnis von Größe und Demokratie darstellt. Dabei versuche ich nicht, eine Art umwandelbaren Kern der Demokratie zu bestimmen oder eine philosophische Demokratiebegründung zu liefern. Ich frage stattdessen nach der Attraktivität, die der Demokratiebegriff seit nunmehr gut 200 Jahren besitzt, also danach, welche Hoffnungen und welche Versprechen mit ihm verbunden werden. Meine Antwort wird sein, dass sich insbesondere zwei große oder zentrale Versprechen aufzeigen lassen: erstens das Versprechen, mittels demokratischer Verfahren die politischen Geschicke eines Herrschaftsverbandes kollektiv lenken zu können; und zweitens das Versprechen, durch demokratische Prozesse mehr soziale Gleichheit zu erreichen, also die Lebensbedingungen vor allem der unteren Schichten zu verbessern. Wenn man den Sinn von Demokratie mit diesen beiden Versprechen verbindet, wird plausibel, weshalb die gegenwärtigen Versuche, supranationale oder gar globale Formen der Herrschaftsausübung zu »demokratisieren«, wenig aussichtsreich sind.

Gegenstand des zweiten Kapitels sind ideengeschichtliche Positionen und Debatten zum Verhältnis von Demokratie und Größe. Zunächst werde ich im Anschluss an Aristoteles und Cicero zwei Modelle von Bürgerschaft einander gegenüberstellen: das athenische, welches einen hohen Grad an direkter Beteiligung beinhaltet und Kleinräumigkeit voraussetzt, und das römische, welches den Bürgerstatus vor allem mit dem Schutz individueller Rechte verbindet und mit Großräumigkeit vereinbar ist. Anschließend werde ich mit Montesquieu und Rousseau zwei politische Denker zu Wort kommen lassen, die der Überzeugung waren, demokratische Strukturen könnten nur in möglichst homogenen sowie kleinräumigen Gemeinwesen existieren. Für Montesquieu war dies Anlass, die Demokratie als eine historisch überholte Staatsform zu betrachten, weil sich beide Bestandsvoraussetzungen in der Moderne mit ihrer Differenzierungsdynamik nicht länger realisieren lassen. Rousseau versucht demgegenüber auf zweierlei sich teilweise ergänzenden Wegen, demokratische Formen der Herrschaftsausübung zu retten: zum einen indem er den Lauf der Modernisierung durch eine Kombination aus Frugalität, Sittlichkeit und Beschränkung des Handels aufzuhalten versucht; zum anderen indem er ein Repräsentationssystem skizziert, das die Repräsentanten einer möglichst strikten Kontrolle durch ihre Wähler unterwirft. Dieses Repräsentationsmodell wurde auch von den Anti-Federalists vertreten, die sich am Ende des 18. Jahrhunderts gegen die Errichtung der Vereinigten Staaten von Amerika wandten. Aus heutiger Sicht wird die damals geschaffene neue Herrschaftsordnung als wegweisender Durchbruch zur »repräsentativen Demokratie« gepriesen, und namentlich die Autoren der *Federalist Papers* werden als deren große Theoretiker gefeiert. Kontrastiert man das politische Denken der Federalists, insbesondere von Alexander Hamilton und James Madison, jedoch mit dem der heute größtenteils vergessenen Anti-Federalists, dann wird deutlich, dass das 1787 etablierte System der repräsentativen Regierung mit seinen Kerninstitutionen der Wahl von politischen Eliten, der Gewaltenteilung und der Rechtsstaatlichkeit nicht nur für viele damalige Betrachter eher einen aristokratischen als einen demokratischen Charakter besaß; außerdem war es, anders als heute oftmals behauptet wird, auch nicht alternativlos. Vielmehr finden sich in den Schriften der Gegner der US-amerikanischen Verfassung Elemente eines alternativen, nämlich republikanisch-radikaldemokratischen Modells der Repräsentation. Dabei handelte es sich um ein vielgestaltiges Set von Institutionen, welches dafür sorgen sollte, dass sich die Repräsentanten gerade nicht zu einer vom Willen des *demos* abgehobenen »natürlichen Aristokratie« entwickeln würden. Allerdings unterscheidet sich dieses Modell insofern vom liberal-repräsentativen Demokratieverständnis, als es nicht nur eine vergleichsweise höhere Homogenität des *demos* voraussetzt, sondern sich eben auch nur auf kleinere Flächenstaaten, nicht jedoch auf so große Gemeinwesen wie die damaligen Vereinigten Staaten oder die heutige Europäische Union ausdehnen lässt.

Dass der negative Zusammenhang von Größe und Demokratie bis heute gültig ist, werde ich im dritten Kapitel anhand sozialwissenschaftlicher Untersuchungen darlegen. Im Einzelnen geht es zunächst darum, darauf aufmerksam zu machen, dass die Existenz demokratischer Verhältnisse stark mit der Größe des jeweiligen Landes korreliert. Kleine und sehr kleine Staaten tendieren deutlich stärker zur Demokratie als große. Allerdings sagt die Existenz demokratischer Institutionen noch nichts über die Qualität der Demokratie aus. Deshalb werde ich im Anschluss an eine berühmte Unterscheidung von Thomas H. Marshall fragen, ob sich auch Hinweise auf einen Zusammenhang zwischen der Größe eines Landes und den beiden Versprechen der Demokratie finden lassen. Und hier wird sich zeigen, dass mit Blick auf die etablierten Demokratien durchaus ein Zusammenhang besteht. Den Abschluss des Kapitels bilden Ausführungen zu der klassischen Studie *Size and Democracy* von Robert A. Dahl und Edward R. Tufte (1973). Den Autoren zufolge besteht ein Dilemma zwischen der Intensität der Beteiligung in kleinen Gemeinwesen und der Effektivität politischen Entscheidens. Letztere lasse sich nämlich nur in größeren Herrschaftsverbünden erreichen – unter erheblicher Abschwächung der politischen Gleichheit.

Im vierten Kapitel werde ich auf die Europäische Union eingehen und argumentieren, dass in ihr ein stark liberales Politikverständnis institutionell verankert ist, welches zwar auf der einen Seite erhebliche Freiheitsrechte garantiert, auf der anderen Seite aber nur wenig Spielraum für eine Beteiligung der breiten Bürgerschaft vorsieht, überdies einseitig die Interessen wirtschaftlich starker Akteure bedient und in der Konsequenz zu einer Zunahme sozialer Ungleichheit führt.

Spätestens mit den zur »Eurorettung« beschlossenen Maßnahmen hat die EU zudem einen technokratischen, tendenziell sogar autokratischen Charakter angenommen, der auf der Ebene der Nationalstaaten demokratische Prozesse unterminiert. Das fällt zwar in den Schuldnerstaaten im Süden des Kontinents stärker ins Auge, gilt aber tendenziell für alle Mitgliedsländer. In Auseinandersetzung mit neoliberalen Ideen zum Wirtschaftsföderalismus werde ich am Ende des Kapitels die These aufstellen, dass die technokratisch-autoritären Merkmale der EU durchaus intendierte Größeneffekte darstellen.

Das fünfte Kapitel bietet eine kritische Diskussion gegenwärtiger Bemühungen, die Idee der Demokratie an die neue »postnationale Konstellation« (Habermas 1998) anzupassen. Im Einzelnen werde ich drei Strategien einer derartigen Neukonzeptionalisierung erörtern: (1) die Übertragung nationalstaatlicher Institutionen wie Parlamente, Parteien und Verfassungsgerichte auf supranationale Gebilde, (2) eine deliberative Umdeutung demokratischer Prozesse und schließlich (3) die Ersetzung demokratisch legitimierter Entscheidungsprozesse durch die Konstitutionalisierung des supranationalen und globalen Regierens. Allen drei Strategien ist gemeinsam, dass es in ihnen zu einer erheblichen Abschwächung des normativen Gehalts des Demokratiebegriffs kommt. Freilich handelt es sich dabei insofern um eine analytische Unterscheidung der drei Strategien, als die meisten Debattenbeiträge eine Mischstrategie verfolgen. Ich werde jedoch argumentieren, dass auch eine Kombination nicht in der Lage ist, demokratische Verhältnisse auf supranationaler oder globaler Ebene zu etablieren; zumindest dann nicht, wenn die Versprechen der Demokratie nicht zu bloßen Lippenbekenntnissen verkommen sollen.

In einem Zwischenschritt werde ich durch einen Vergleich

der Debatten über die US-Verfassung mit den heutigen Bemühungen zur Stärkung der demokratischen Legitimität des supranationalen bzw. globalen Regierens die bisherigen Ergebnisse zusammentragen und argumentieren, dass wir gegenwärtig erneut einen Wandel des Demokratiebegriffs erleben, in dessen Folge liberale auf Kosten republikanischer Elemente gestärkt werden. Das Ergebnis ist ein Demokratieverständnis, welches sich zwar mit einem hohen Grad von Heterogenität und räumlicher Ausdehnung vereinbaren lässt und insofern durchaus die Aussicht auf eine »Demokratisierung« der Europäischen Union und des globalen Regierens bietet, das jedoch zugleich die weitgehende Aufgabe des doppelten Versprechens der Demokratie beinhaltet, nämlich der Kontrolle des Regierens durch die Bürgerinnen und Bürger einerseits und der Beförderung sozialer Gleichheit andererseits.

Die abschließenden drei Kapitel plädieren vor diesem Hintergrund für eine Stärkung des demokratischen Nationalstaats, die nicht in einen engstirnigen Nationalismus zurückfällt oder einem vergangenen Zeitalter hinterhertrauert. Im sechsten Kapitel werde ich zunächst in Auseinandersetzung mit Johann Gottlieb Fichtes Schrift *Der geschloßne Handelsstaat* für einen weichen Protektionismus eintreten, der sich der weitverbreiteten Freihandelsdoktrin entgegenstellt. Fichte geht es, so skurril sein Buch aus heutiger Perspektive in vielen Passagen wirken mag, vornehmlich um die Sicherung der Autonomie des Nationalstaates und damit um die Möglichkeit der Selbstgesetzgebung. Eine wesentliche Voraussetzung dafür ist die stärkere Regulierung ökonomischer Prozesse, wozu nicht zuletzt die Kontrolle über die Währung zählt. Zudem lässt sich mit Fichte für eine stärkere staatliche Lenkung der Wirtschaft bis hin zur Verstaatlichung von Banken und Schlüsselindustrien argumentieren. Schließlich werde ich mich im Anschluss an Michael Walzer und David Miller für das Recht auf Kontrolle der Einwanderung aussprechen, nicht nur aus demokratietheoretischen, sondern auch aus entwicklungspolitischen Gründen.

Im siebten Kapitel sollen in Auseinandersetzung mit den Befürwortern des Supranationalismus, zu denen nicht zuletzt Jürgen Habermas zählt, noch einmal die wesentlichen Thesen dieses Buches zugespitzt werden. Dabei werde ich zeigen, dass eine kosmopolitische Position unter einem mangelnden Verständnis für soziale Spaltungen leidet, während sie ihrerseits keine überzeugende Antwort auf die Frage der Demokratisierung des Supranationalismus liefern kann. Vor diesem Hintergrund trete ich für eine Renaissance demokratischer Nationalstaatlichkeit ein, allerdings in einer Variante, die von einem ebenso engstirnigen wie gefährlichen Nationalismus zu unterscheiden ist. Einem wirklichkeitsfremden Kosmopolitismus soll daher im Anschluss an Marcel Mauss die Idee des Internationalismus entgegengestellt werden, der nicht auf eine Auflösung der Nationen, sondern auf eine Stärkung ihres Miteinanders setzt.

Im abschließenden achten Kapitel werde ich ein Modell für eine Konföderation europäischer Staaten skizzieren. Befürworter einer weiteren Vertiefung, etwa durch die Etablierung einer Wirtschaftsregierung oder durch eine stärkere Parlamentarisierung, führen oftmals die Verfassung der Vereinigten Staaten als Modell an. Dieses Modell sieht bekanntlich eine erhebliche Übertragung von Kompetenzen und Souveränitätsrechten auf die Ebene der Union und nicht zuletzt einen gemeinsamen Währungsraum vor. Demgegenüber möchte ich ein alternatives Modell der Kooperation weitgehend souveräner Staaten vorschlagen, das den 1777 beschlossenen *Konföderations-Artikeln* folgt.

1. Die Versprechen der Demokratie

Thema dieses Buches ist das Spannungsverhältnis von Größe und Demokratie. Leitend ist dabei die These, dass ab einer bestimmten Größe der Bevölkerung oder des Staatsgebietes sich die Qualität der Demokratie verschlechtert und in sehr großen Herrschaftsverbänden nur in einem schwachen Sinne von der Existenz demokratischer Institutionen und Praktiken ausgegangen werden kann. Die Begründung dieser These erfolgt in den späteren Kapiteln. An dieser Stelle muss aber zunächst erläutert werden, was unter »Demokratie« verstanden wird. Das stellt kein einfaches Unterfangen dar, da der Demokratiebegriff alles andere als trennscharf ist und wir insbesondere in den vergangenen Jahren geradezu eine Inflation der Verwendungsweisen gesehen haben. Für die US-amerikanische Politikwissenschaftlerin Wendy Brown ist »Demokratie« inzwischen nicht mehr als ein »leerer Signifikant« mit enormer Popularität, aber ohne Substanz. Gerade deshalb lasse sich die Demokratie auch so einfach instrumentalisieren und religiös aufladen. Demokratie ist »ein Altar, vor dem der Westen und seine Bewunderer beten, und der göttliche Zweck, der die imperialen Kreuzzüge des Westens formt und legitimiert« (Brown 2012, S. 55). Auch der französische Ideenhistoriker Pierre Rosanvallon beklagt die »missbräuchlichen Verwendungen und Verwechslungen« des Demokratiebegriffs, die dessen Vagheit geschuldet seien; es gäbe »kaum ein Wort der politischen Sprache, dessen praktische Definition so vielen Variationen ausgesetzt ist«. In der Konsequenz erscheint der Demokratiebegriff »nicht mehr als eine Lösung, sondern als ein Problem. Das Gute und Vage haben in ihm stets koexistiert« (Rosanvallon 2010, S. 279).

Das ist wenig verwunderlich, gehört »Demokratie« doch wie »Freiheit«, »Gerechtigkeit« oder auch »Gleichheit« zu jenen Konzepten, die ihrem Wesen nach stets umstritten sind (vgl. Gallie 1956).

Solche umstrittenen Konzepte zeichnen sich durch drei zentrale Merkmale aus: Sie sind erstens in einem erheblichen Umfang normativ aufgeladen. Das ist unmittelbar einleuchtend, wer würde schon – selbst in Regimen, die wir als »autokratisch« bezeichnen – offen die Demokratie ablehnen?[1] Und welche politische Kraft würde unverhohlen für Knechtschaft statt für Freiheit oder für Ungerechtigkeit statt für Gerechtigkeit plädieren? Zugleich gibt es zweitens verschiedene, sich historisch wandelnde Vorstellungen darüber, worin der normative Kern dieser Konzepte besteht. Alle zentralen Begriffe des politischen Denkens haben im Laufe der Ideengeschichte einen enormen Bedeutungswandel erfahren, allerdings ist es nicht so, dass sich eine Bedeutung vollständig durchgesetzt hätte, dass man sich also über den Gebrauch der Konzepte einig wäre. Selbst wenn hegemoniale Begriffsverwendungen existieren, gibt es also drittens einen nicht enden wollenden Streit über den jeweiligen Bedeutungsgehalt. So ist die Frage, ob Freiheit individuelle Handlungsfreiheit bedeutet oder ob Freiheit nicht ihrerseits kollektive Handlungsmacht voraussetzt, bis heute umstritten. Die Debatten zwischen negativer und positiver Freiheit sind weiterhin virulent, und

1 Damit ist eine Kritik an bestimmten Formen der Demokratie, etwa der liberalen, nicht ausgeschlossen. Selbst Autokraten berufen sich auf das Volk und halten in der Regel auch Wahlen ab, die jedoch meistens nicht als »frei und fair« gelten können. In der politischen Theorie mehren sich seit einiger Zeit hingegen Stimmen, die sich explizit gegen die Demokratie richten; vgl. etwa Hoppe (2003) und Brennan (2017).

zwar sowohl in der politischen Theorie als auch in der politischen Wirklichkeit.

Auch über die Bedeutung von »Demokratie« wird weiter gestritten, wobei die Verwendungsweisen und Definitionen selbst für Experten nicht mehr zu überblicken sind. Und offenbar muss mit dem Eingeständnis der grundlegenden semantischen Umkämpftheit zugleich jeder Versuch scheitern, dem Begriff »Demokratie« einen dauerhaften Bedeutungskern einzuschreiben. Das ändert jedoch wenig an seiner Attraktivität. Im Gegenteil, gerade seine Vagheit macht ihn so vielseitig einsetzbar. Durch den Gebrauch des Demokratiebegriffes – wie auch der Begriffe der Freiheit und der Gerechtigkeit – wird ein politischer Mehrwert erzeugt. Wenn ein Regime oder eine Praktik als »demokratisch« oder »undemokratisch« bezeichnet werden, so ist damit immer auch die Intention verbunden, die entsprechenden Institutionen und Praktiken auszuzeichnen oder zu diskreditieren. Daher lässt sich eine ständige theoriepolitische Auseinandersetzung mit der Idee der »Demokratie« beobachten, die deren normativen Gehalt sowie ihre zentralen Praktiken immer wieder aufs Neue festzulegen versucht. Das ist nun auch bei den Debatten über die Möglichkeiten der Übertragung der Demokratie auf neue, größere Räume der Fall, und zwar sowohl im Zeitalter der großen Revolutionen Ende des 18. Jahrhunderts, als es um die Frage der Realisierung von Volkssouveränität innerhalb großer Nationalstaaten ging, als auch heute, wo das Regieren auf der supranationalen oder gar der globalen Ebene »demokratisiert« werden soll. Beides wird uns in den folgenden Kapiteln noch ausführlicher beschäftigen.

Im fünften Kapitel werden drei Strategien vorgestellt, mit denen gegenwärtig in der Demokratietheorie versucht wird, das Konzept der Demokratie an die postnationale Konstellation anzupassen. Für diese akademischen Diskurse gilt insgesamt, dass sie sich sehr weit von den Intuitionen der meisten Menschen hinsichtlich dessen entfernen, was »Demokratie« bedeutet. Insofern ist auch Michael Th. Greven zuzustimmen, wenn er schreibt:

> Nichts könnte inzwischen größer sein, als die politisch-praktische Kluft zwischen dem Alltagsbewusstsein der Mehrheit der unzufriedenen Bevölkerung in den realen Demokratien des Westens und den normativ und analytisch anspruchsvollen Wissenschaftlerphantasien darüber, wie der normative Gehalt und das Versprechen auf kollektive Selbstregierung traditioneller Demokratietheorie in die heutige Welt der trans- und supranational interdependenten Weltgesellschaft hinüber gerettet werden könnte. (Greven 2011, S. 21)

Das Argument von Greven, eine überzeugende Demokratietheorie müsse dem Alltagsbewusstsein der Mehrheit gegenüber vermittelbar sein, ist zutreffend. Denn wem nutzt es, wenn die akademischen Debatten immer elaboriertere Konzepte generieren, diese jedoch allein der Schönfärberei der politischen Ordnung, etwa des europäischen Mehrebenensystems, dienen? Das wird viele Bürgerinnen und Bürger nicht davon abhalten, über abgehobene Eliten zu schimpfen oder sogenannte populistische Parteien zu wählen. Eine überzeugende Demokratietheorie sollte stattdessen an das anknüpfen, was ich als die »Versprechen der Demokratie« bezeichnen möchte. Das Ziel ist nicht, auf diese Weise einen transhistorischen und transkulturellen Kern der Demokratie zu bestimmen – dem steht der notorisch umstrittene Charakter des Konzeptes entgegen. Der Anspruch ist bescheidener: Ich möchte zeigen, warum die Idee der Demokratie für viele Menschen so attraktiv erscheint. Meine These lautet, dass sich mit dem modernen Begriff der Demokratie, wie er sich seit dem 19. Jahrhundert etabliert hat, zwei große Versprechen verbinden,[2] die zwar miteinander verschränkt sind, die man aber analytisch unterscheiden kann: das prozedurale Versprechen der gleichen und effektiven Teilhabe am politischen Prozess sowie das substanzielle Versprechen einer Angleichung der sozialen Lebensverhältnisse. Das erste Versprechen möchte ich als republikanisch bezeichnen, das zweite als sozialdemokratisch.

Das erste große Versprechen der Demokratie: Gleiche effektive Teilhabe am politischen Prozess

Einen guten Einstieg bieten hier Überlegungen des italienischen Rechtsphilosophen Norberto Bobbio. Bobbio hat in einem auch heute noch lesenswerten Vortrag über »Die Zukunft der Demokratie« (Bobbio 1988) sechs Versprechen identifiziert, die mit der Demokratie verbunden werden, die jedoch im parlamentarischen Normalbetrieb nur teilweise eingelöst werden können. Da ist zunächst das Versprechen der politischen Souveränität des Volkes als der Gesamtheit der Staatsbürger. Dieses ist jedoch laut Bobbio durch das Anwachsen der öffentlichen Bürokratie auf der einen und den Bedeutungszuwachs intermediärer Organisationen wie Parteien, Gewerkschaften, Berufs- und Lobbyistenverbänden auf der anderen Seite ausgehöhlt worden. Der einzelne Staatsbürger besitzt außerhalb einer Zugehörigkeit zu diesen Organisationen nur einen verschwindend kleinen Teil der Souveränität. Und auch innerhalb der intermediären sozialen Gruppierungen bestehen Hierarchien, in die sich das Individuum jeweils einzufügen hat. Das zweite nicht eingehaltene Versprechen der De-

2 Vgl. zur Geschichte des modernen Demokratiebegriffs Dunn (2005) und Keane (2009).

mokratie ist das Versprechen uneigennütziger, dem Gemeinwohl verpflichteter Repräsentanten, welches nach Bobbio mit dem Umstand kollidiert, dass Repräsentanten in modernen Gesellschaften in der Regel Sonderinteressen verpflichtet sind. An dritter Stelle steht für Bobbio das Versprechen, der »oligarchischen Macht ein Ende zu bereiten« (ebd., S. 17), das er insofern für uneinlösbar hält, als es auch in funktionierenden Demokratien nicht um die Abschaffung und Auflösung von Eliten geht, sondern lediglich um die Begrenzung ihrer Macht, unter anderem durch ihre Rückbindung an das Votum der Wählerinnen und Wähler. Viertens ist es nicht zu einer Ausweitung demokratischer Mitbestimmung und Kontrolle auf andere Bereiche wie Wirtschaft oder Verwaltung gekommen. Fünftens wird das Versprechen, die »unsichtbare Macht« (ebd., S. 21) zu beseitigen, bis heute nicht eingelöst. Zwar sind im demokratischen Rechtsstaat Geheimdienste und Armeen prinzipiell der parlamentarischen Kontrolle unterstellt, und auch die Transparenz staatlichen Handelns ist in demokratisch verfassten Staaten höher als in anderen politischen Systemen, doch selbst hier bleibt ein Rest von Unsichtbarkeit staatlicher Herrschaft – was bisweilen Anlass zu Verschwörungstheorien gibt. Als das letzte nicht eingehaltene Versprechen der Demokratie nennt Bobbio die Herausbildung einer sich im Prozess der politischen Partizipation selbst aufklärenden urteilsfähigen Bürgerschaft.

Trotz dieser nicht eingehaltenen Versprechen, die Bobbio zufolge in modernen, komplexen Gesellschaften gar nicht vollumfänglich eingehalten werden können, hält er an der Einschätzung fest, die westlichen politischen Systeme hätten einen demokratischen Charakter. Und zwar deshalb, weil sie sich durch zentrale Merkmale von autokratischen Regimen unterscheiden. Bobbio fasst diese Merkmale in folgender »minimalen Definition« zusammen: »Garantie der grundlegenden Freiheitsrechte, Existenz mehrerer, miteinander im Wettbewerb stehender Parteien, periodische Wahlen mit allgemeinem Wahlrecht, kollektive Entscheidungen, die auf Basis von Mehrheitsentscheidungen getroffen werden.« (Ebd., S. 31) Die Mehrheitsentscheidungen sind laut Bobbio umso demokratischer, je mehr Herrschaftsunterworfene an den Entscheidungen teilhaben dürfen – und zwar in gleicher Weise, darauf verweist das allgemeine Wahlrecht. Daher ist mit der Idee der Demokratie auch das Versprechen der Herrschaft der Vielen verbunden. Ihr liegt die Norm der politischen Gleichheit zugrunde, das heißt, dass alle Herrschaftsunterworfenen die gleichen politischen Rechte besitzen, also nicht aufgrund von Geschlecht, sozialer Klasse, Ethnizität oder auch religiöser Überzeugungen vom Prozess der kollektiven Entscheidungsfindung ausgeschlossen werden dürfen. Auch eine Abstufung politischer Beteiligungsrechte, wie sie noch John Stuart Mill (2013 [1861]) mit Blick auf die aus seiner Sicht noch nicht zur Demokratie fähigen Arbeiter vorgeschlagen hat, widerspricht der fundamentalen demokratischen Norm der politischen Gleichheit.

Institutionell umgesetzt wird diese Norm in modernen repräsentativen Demokratien mit dem allgemeinen und gleichen Wahlrecht, dem gleichen Recht auf Meinungsäußerung, der Versammlungs- und Vereinigungsfreiheit sowie mit dem formal gleichen Zugang zur politischen Macht. Trotz allem Realismus läuft Bobbios Argumentation somit auf die Betonung des normativen Ideals politischer Gleichheit hinaus. Ein Regime, in dem einige mehr politische Rechte besitzen als andere, kann schwerlich als »demokratisch« bezeichnet werden. Und auch ein Regime, in dem die politische Gleichheit aus strukturellen Gründen dauerhaft ausgehöhlt ist, ist keine Demokratie.

Doch aus Bobbios Minimaldefinition lässt sich nicht nur

die Norm der politischen Gleichheit ableiten, sondern auch die wichtige Implikation gewinnen, dass die demokratischen Verfahren – und zwar, wie er ausdrücklich betont, durch Mehrheitsbeschluss – einen Unterschied bewirken können müssen. Anders ausgedrückt: Der Wille der Mehrheit darf nur zu einem bestimmten Grad durch rechtliche oder institutionelle Vorkehrungen beschränkt sein. Demokratie bedeutet mithin kollektive Handlungsmacht. Die US-amerikanische Unionsverfassung mit ihrem viel gelobten System der »checks and balances« beispielsweise zielt stärker auf die Einhegung als auf die Ermöglichung von Mehrheitsbeschlüssen ab, und es gibt gute Gründe, sie eher als eine Mischverfassung denn als eine demokratische Verfassung zu bezeichnen (vgl. Maus 2018, S. 63-65). Unstrittig ist aus demokratietheoretischer Perspektive die Notwendigkeit einer grundrechtlichen Begrenzung des Mehrheitswillens, das muss an dieser Stelle nicht wiederholt werden. Problematisch wird die Begrenzung des Mehrheitswillens jedoch dann, wenn der Spielraum demokratischen Entscheidens durch Vetomächte, Haushaltsengpässe (etwa im Zusammenhang mit sogenannten Schuldenbremsen) oder durch das Phänomen der »Überkonstitutionalisierung« (Grimm 2016) immer weiter zusammenschrumpft. All dies lässt sich gegenwärtig im Mehrebenensystem der Europäischen Union beobachten und wird uns im vierten Kapitel noch ausführlich beschäftigen. Um den Punkt bereits hier an einem Beispiel zu illustrieren: François Hollande ist als französischer Präsident vorwiegend deshalb so kläglich gescheitert, weil er die Erwartungen seiner Wähler aufgrund des europäischen Austeritätsregimes sowie des Drucks der internationalen Finanzmärkte nicht erfüllen konnte. Er war nicht in der Lage, das im Wahlkampf lautstark verkündete Versprechen einer sozialeren Politik einzulösen. Inwieweit es sich dabei um eine Art vorauseilenden Gehorsam gegenüber den Erwartungen »der Märkte« und den europäischen Institutionen handelte, ist freilich eine andere Frage.

Denkt man darüber nach, was die Idee der Demokratie so attraktiv macht, dann ist das also nicht allein die Norm der politischen Gleichheit. Ebenso zentral ist, dass demokratische Verfahren in Form von Mehrheitsentscheidungen (etwa bei der Wahl eines Parlamentes, eines Staatsoberhauptes oder bei Volksentscheiden) auch tatsächlich einen Unterschied bewirken, also etwas im Sinne der Mehrheit verändern können – es geht somit zugleich um politische Gleichheit und Wirksamkeit. Beides lässt sich so generalisieren, dass das erste große Versprechen der Demokratie besagt, kollektiv und gleichanteilig die Geschicke eines Herrschaftsverbandes lenken zu können. Dies wird hier insofern als republikanisch bezeichnet, als es in diesem Verständnis um kollektive Handlungsmacht und nicht, wie im Liberalismus, um individuelle Rechte geht. Pointiert könnte man sagen, dass im Republikanismus das Gemeinwesen Vorrang vor dem Individuum hat, während im Liberalismus das Individuum Vorrang genießt (vgl. Scharpf 2009, S. 245 f.). Ein republikanisches Verständnis von Demokratie bedeutet daher, dass durch demokratische Verfahren autorisierte Macht dazu dient, kollektive Ziele zu verwirklichen, ein liberales Verständnis hingegen zielt auf den Schutz individueller Handlungssphären. Das liberale Demokratieverständnis richtet sich, wiederum überspitzt ausgedrückt, gegen eine »Tyrannei der Mehrheit«, das republikanische gegen eine »Tyrannei der Minderheit«.[3]

3 Wichtig ist zu betonen, dass in der ideengeschichtlichen Tradition des Republikanismus sowohl aristokratische als auch demokratische Varianten existieren. Bisweilen wird auch zwischen einer (neo)römischen und einer (neo)athenischen Form des Republikanismus unterschieden. Ist in der ersten Variante demokratische Partizipation gleichsam Selbstzweck und wird kollektiv ausgeübt, so stellt sie in der

Das moderne Demokratieverständnis enthält, wie vielfach gezeigt worden ist (vgl. etwa Manin 2007; Vorländer 2003), sowohl republikanische als auch liberale Elemente. Erstere zielen auf die Ermöglichung der Volkssouveränität, letztere auf deren Kanalisierung durch Entpolitisierung und ein System der »checks and balances«. Beide Prinzipien stehen in einem Spannungsverhältnis, im Idealfall stabilisieren sie sich wechselseitig. In den letzten Jahren ist es in vielen Ländern Europas jedoch zu einer strukturellen Verschiebung zugunsten liberaler Prinzipien gekommen, und das hat viel mit der Übertragung von Hoheitsrechten auf die supranationale Ebene zu tun. Das führt zurück zu der zentralen These dieses Buches, nämlich dass ein Zusammenhang zwischen der Größe eines Herrschaftsverbandes und seiner Kompatibilität mit einer stärker republikanischen oder einer stärker liberalen Form der Demokratie besteht. Große Herrschaftsverbände tendieren, wenn sie denn überhaupt einen demokratischen Charakter annehmen, zu einer liberalen, kleine Herrschaftsverbände hingegen zu einer republikanischen Spielart.

Bevor ich zum zweiten großen Versprechen der Demokratie komme, soll aber noch ein Missverständnis ausgeräumt werden. Das Konzept der (republikanischen) Volkssouveränität ist von konservativer und liberaler Seite seit je verleumdet und mit einer »Tyrannei der Mehrheit« gleichgesetzt worden. Verbreitet ist auch die prominent von Hannah Arendt (1974 [1963], S. 203) vorgenommene Parallelisierung von Volkssouveränität und absolutistischer Fürstensouveränität, deren Erbe jene lediglich angetreten habe. Dem ist mit Ingeborg Maus (2011; 2018, S. 64-78; vgl. Habermas 1992) entge-

zweiten Variante ein Mittel zum Zweck dar, nämlich – mit Philip Pettit (2015) gesprochen – dem der »Nicht-Beherrschung«. Allerdings ist der Übergang zwischen der römischen bzw. neorömischen Variante des Republikanismus und liberalen Konzeptionen fließend.

genzuhalten, dass auch eine republikanisch verstandene Volkssouveränität den Prinzipien der Gewaltenteilung und der Rechtsstaatlichkeit nicht widerspricht. Im Gegenteil, beides sind wesentliche Voraussetzungen der Volkssouveränität. Gewaltenteilung und Rechtsstaatlichkeit schützen gerade jene vor Übergriffen der Staatsgewalt, die sich temporär oder auch strukturell im Mehrheitswillen nicht wiederfinden können. Und noch vor einem zweiten Missverständnis ist zu warnen. »Alle Staatsgewalt geht vom Volke aus«, heißt es in Artikel 20, Absatz zwei des Grundgesetzes. Dieser Volksbegriff darf jedoch weder ethnisch noch organisch kurzgeschlossen werden. Es handelt sich vielmehr um die Gemeinschaft der Staatsbürgerinnen und Staatsbürger in ihrer Vielheit (vgl. Dreier 2018, S. 33). Positiv gewendet, bedeutet Volkssouveränität den Bruch mit dem Absolutismus und auch mit der Tradition der Mischverfassung. In den Worten von Maus:

> Volkssouveränität besagt daher nichts anderes, als daß die Gesetzgebung »ungeteilt«, also ausschließlich dem Volk, d. h. den Nichtfunktionären im Gegensatz zu den Amtsträgern des exekutivischen Gewaltmonopols, zukommt, so daß jeder Einsatz der Staatsgewalt durch die gesellschaftliche Basis kontrolliert und dirigiert wird. (Maus 2018, S. 71)

Der letzte Halbsatz ist entscheidend. Volkssouveränität bedeutet, dass der Einsatz von Staatsgewalt von der gesellschaftlichen Basis, also von der Gesamtheit der Bürgerinnen und Bürger »kontrolliert und auch dirigiert wird«. Der Staat ist in diesem republikanischen Verständnis von Demokratie ein Instrument, mittels dessen kollektive Ziele verwirklicht werden sollen. In der Demokratie ist der Staat mithin in der Hand der gesamten Bürgerschaft, nicht in der Hand der Wenigen. Und eben das besagt das erste große Versprechen der Demokratie. Demokratie in diesem republikanischen Sinne ist für die Vielen attraktiv, weil sie ihnen Macht verleiht. An dieser Stelle stellt sich die Frage, wofür diese Macht gut ist, welchen Zielen sie dient. Formal geht es um kollektive Handlungsmacht, also darum, dass der Mehrheitswille herrscht und nicht der Wille ressourcenstarker Minderheiten, wie es in Oligarchien oder Aristokratien der Fall ist. Doch die Inhalte sind nicht beliebig, vielmehr hat sich zumindest in Europa im 19. Jahrhundert eine spezifische Verbindung von Demokratie und dem Streben nach mehr sozialer Gleichheit, nach sozialer Demokratie entwickelt, welche auch heute noch wirksam ist und das zweite große Versprechen der Demokratie darstellt. Darauf, wenn auch indirekt, verweist ebenfalls Bobbio in seinem Aufsatz »Die Zukunft der Demokratie«.

Das zweite große Versprechen der Demokratie: Mehr soziale Gleichheit

In eher polemischer Absicht stellt Bobbio fest, dass es infolge der Ausweitung des Wahlrechts auf die Arbeiter ab Mitte des 19. Jahrhunderts zu einer aus liberaler Sicht kritikwürdigen Vermehrung der Ansprüche an den Staat gekommen ist.

> Die »Besitzlosen« forderten vom Staat den Schutz vor Arbeitslosigkeit, Sozialversicherungen gegen Krankheit und Alter, Mutterschaftshilfe, preiswerte Wohnungen usw. So war also der Dienstleistungsstaat, der Sozialstaat, ob es uns gefällt oder nicht, die Antwort auf eine von unten kommende Nachfrage, auf eine im vollen Sinne demokratische Nachfrage. (Bobbio 1988, S. 29)

Entscheidender als Bobbios neoliberaler Zungenschlag ist hier freilich die vielleicht etwas unfreiwillige Betonung des zutiefst demokratischen Charakters des Strebens nach sozialer Absicherung. Das ist das zweite große Versprechen der

Demokratie, das Versprechen mittels demokratischer Verfahren eine Verbesserung der sozialen Umstände, mehr soziale Gleichheit zu erreichen. Und in der Tat war das Hauptmotiv der Hinwendung der Arbeiterbewegung zu demokratischen Forderungen, dass auf diese Weise das bestehende Elend überwunden werden könne. Kein Geringerer als Otto von Bismarck, der spätere Reichskanzler, brachte diesen Zusammenhang auf den Punkt, als er im November 1849 im Preußischen Landtag erklärte:

> Das Grundeigentum wird aber nicht bloß von denen angestrebt, welche zeitweilig schon eine Nutzung an Grundeigentum innehaben, sondern auch von denen, welche sie nicht haben. Die zahlreiche Klasse der Tagelöhner ist in der ganzen Zeit des vorigen Jahres in den östlichen Provinzen, z.B. in Pommern und Preußen, durch die Versprechungen der Demokratie zu solchen Forderungen aufgeregt worden. (Zitiert nach Rosenberg 1962 [1938], S. 11)

Bismarcks Gleichsetzung der »Versprechungen der Demokratie« mit sozialistischen Forderungen war in der ersten Hälfte des 19. Jahrhunderts weitverbreitet, und das nicht nur in Deutschland, sondern auch in Ländern wie Frankreich und Italien. Vor allem im Nachgang der Französischen Revolution hatte sich zunächst ein Begriffsgebrauch etabliert, welcher mit Demokraten jene Kräfte verband, die auf einen grundlegenden Umsturz der Eigentumsordnung zielten. Insbesondere frühsozialistische Kräfte stritten im Namen der Demokratie (vgl. Dunn 2005). Das ging von der von François Noël Babeuf geführten »Verschwörung der Gleichen« in den Jahren 1796/97, über Filippo Buonarroti, dem bekanntesten der italienischen Jakobiner, bis hin zu den französischen Frühsozialisten und den »deutschen demokratischen Kommunisten in Brüssel«, denen sich Karl Marx und Friedrich Engels 1846 zugehörig fühlten (vgl. Rosenberg 1962, S. 55). Und auch die berühmte Formel von der Demokratie

»als das aufgelöste Rätsel aller Verfassungen« aus Marx' *Kritik des Hegelschen Staatsrechts* ist ganz in diesem Sinne zu verstehen. Für Marx ist die Demokratie »Inhalt und Form« (Marx 1976 [1843/44]), S. 231), also eine Form des politischen Miteinanders, die einen sozialistischen Inhalt zugleich erzeugt und auf diesen angewiesen ist und dadurch die bürgerlich-liberale Form der Herrschaftsausübung radikal transzendiert.

Demokratie und Sozialismus wurden während der ersten Hälfte des 19. Jahrhunderts gleichermaßen von liberalen wie konservativen Kräften bekämpft, wobei vor allem die mit dem Großen Terror unter Robespierre verbundene Phase der Französischen Revolution zu einer Diskreditierung der Demokratie unter den Eliten geführt hat (Maier 1972, S. 860f.). Das änderte sich tendenziell im Verlauf der zweiten Hälfte des 19. Jahrhunderts. Es kam zu einer »Erweichung des älteren Begriffs« (ebd., S. 866), maßgeblich vorangetrieben von liberalen Autoren. In der Folge etablierte sich ein Demokratieverständnis, welches John Dunn im Anschluss an Filippo Buonarroti mit der Formulierung »die Ordnung des Egoismus« auf den Punkt bringt (Dunn 2005, S. 133). Mit »Demokratie« wurde fortan eine Regierungsform assoziiert, die die Teilhabe des Volkes auf die periodische Wahl politischer Eliten beschränkt, sie aber nicht länger mit der Forderung nach einer grundlegenden Umgestaltung der Gesellschaft verknüpft.

Es ist hier nicht der Ort, die semantische Transformation des Demokratiebegriffs während des 19. Jahrhunderts und darüber hinaus nachzuzeichnen, welche zur Vorherrschaft dieses liberalen Demokratieverständnisses geführt hat.[4] Er-

4 Vgl. für das 19. Jahrhundert Rosenberg (1962); historisch weiter ausholend Dunn (2005) und in globaler Perspektive Keane (2009).

Stadt und Land republikanisch verfasst sein können. Die Forderung nach Autarkie und Rousseaus Kritik am Handel deuten zumindest darauf hin, dass er eher an ländliche Gemeinwesen dachte. Eine Bestätigung dafür finden wir im zehnten Kapitel des zweiten Buches des *Gesellschaftsvertrags*, wo Rousseau Korsika als dasjenige europäische Land nennt, in welchem sich sein Staatsideal am ehesten verwirklichen lasse. Dort seien nämlich »die Einfachheit der Natur und die Bedürfnisse der Gesellschaft« noch vereint, wie Rousseau schreibt (ebd., S. 56). Doch zugleich sprengt der Verweis auf Korsika, eine Insel mit einer Ausdehnung von immerhin 8680 Quadratkilometern, das Ideal der Versammlungsdemokratie, wie er selbst in seinem *Entwurf einer Verfassung für Korsika* von 1764 einräumt: »Man kann nicht die gesamte Bevölkerung eines Landes wie die einer Stadt versammeln, und wenn die oberste Staatsgewalt Abgeordneten übertragen wird, ändert sich die Regierungsform und sie wird aristokratisch« (Rousseau 1989b [1764], S. 380).

Diese Textstelle ist nun aus mehreren Gründen bemerkenswert. Erstens erkennt Rousseau nicht nur die Unvermeidbarkeit repräsentativer Formen der Gesetzgebung in einem Flächenstaat an, sondern auch deren Legitimität, insofern er im *Gesellschaftsvertrag* ja ausdrücklich die Korsen als vorbildhaft lobt (Rousseau 1996, S. 66). Zweitens folgt Rousseau noch einem traditionellen Begriffsgebrauch, da er die Idee der Repräsentation mit einer aristokratischen Regierungsform verbindet, sich eine repräsentative Demokratie also nicht vorstellen kann (allerdings greift er auf das republikanische Konzept der Mischverfassung zurück). Drittens schließlich findet sich im Anschluss ein Gedanke, der ein Jahrhundert später im Zuge der Amerikanischen sowie der Französischen Revolution wieder auftauchen wird, dass nämlich im Repräsentativsystem durch die »Wahl aufgeklärter wähnt werden soll aber eine Passage aus einem Brief von Engels aus dem Jahr 1884, in dem dieser semantische Wandel deutlich hervortritt: »Was die reine Demokratie und ihre Rolle in der Zukunft betrifft, so bin ich der Ansicht [...], daß sie im Moment der Revolution [...] als letzter Rettungsanker der ganzen bürgerlichen und selbst feudalen Wirtschaft momentan Bedeutung bekommen kann« (zitiert in Rosenberg 1962, S. 12). Hier ist nicht mehr von der Demokratie als dem »aufgelöste[n] Rätsel aller Verfassungen«, sondern von einer »reinen« und das heißt bloß parlamentarischen, also nicht länger sozialen Demokratie die Rede. Dieser Wandel des Demokratiebegriffs von einer »Ordnung der Gleichheit« hin zu einer »Ordnung des Egoismus« hat zur liberalen und später auch konservativen Akzeptanz der »Volksherrschaft« beigetragen. An die Stelle von »sozialen Kampfparolen« (Rosenberg 1962, S. 255) trat mithin die Forderung nach und spätere Praxis des allgemeinen Stimmrechts sowie Rechtsstaatlichkeit und Parlamentarismus, vor allem aber der Schutz von Eigentumsrechten vor der »Tyrannei der Mehrheit«. Gleichwohl ist die Transformation nicht vollumfänglich erfolgt. Allein das Bestreben sozialdemokratischer Parteien in Europa, mittels des allgemeinen Stimmrechts wenn schon nicht die Etablierung des Sozialismus, so doch zumindest eine erhebliche Verbesserung der Lebensumstände des Proletariats herbeizuführen, zeugt davon, dass ein Mehr an sozialer Gleichheit als das zweite große Versprechen der Demokratie nicht völlig verschwunden ist. Die daraus resultierende Ambiguität hat wesentlich zum Siegeszug der Demokratie im 19. und 20. Jahrhundert beigetragen. Wichtig ist jedoch zu sehen, dass Demokratie nicht als Realität erfahren wurde, sondern als Verheißung auf eine bessere Zukunft. Ganz in diesem Sinne stellte 1921 der britische Jurist und Historiker James Bryce in seinem monumentalen Werk über

Modern Democracies fest, die Demokratie »wird nicht für das geschätzt, was sie ist, sondern für das, was sie für die Massen zu erreichen verspricht« (zitiert in Hacke 2018, S. 74).

Es ist also die Hoffnung der »Massen« gewesen, über demokratische Verfahren soziale Ungleichheiten und die damit verbundenen gesellschaftlichen Machtungleichgewichte abzubauen, weswegen sozialdemokratische Parteien das allgemeine (Männer-)Wahlrecht gefordert und schließlich auch durchgesetzt haben.[5] Je nach Perspektive wurde die Ausweitung des Wahlrechts entweder als eine Gefahr für die Privilegien der oberen Klassen oder als eine Chance für die unteren Klassen betrachtet, mehr soziale Gleichheit zu erreichen. Auf der einen Seite gab es die konservativen und liberalen Kritiker der Ausweitung des Wahlrechts, die Anarchie fürchteten. Auf der anderen Seite standen die sozialistischen und später sozialdemokratischen Parteien, die durch die Ausweitung des Wahlrechts soziale Ungleichheiten verringern wollten. Kurzum, es war das Ziel, durch die Erweiterung des Wahlrechts mehr soziale Gleichheit herzustellen, die das Instrument der Demokratie so vielversprechend – oder bedrohlich – machte. Sowohl die sozialdemokratischen Hoffnungen als auch die konservativen Befürchtungen haben sich bekanntlich nicht vollumfänglich bewahrheitet. Entstanden ist vielmehr ein Klassenkompromiss in der Form des Sozialstaates, welcher vom Ende des 19. bis in die siebziger Jahre des 20. Jahrhunderts immer weiter ausgebaut wurde. Die Erreichung der politischen Gleichheit führte zu mehr sozialer Gleichheit, auch wenn der sozialistische Traum einer klassenlosen Gesellschaft sich nicht hat verwirklichen lassen.

5 Die Forderung nach Einführung des allgemeinen Frauenwahlrechts wurde 1891 in das Programm der SPD aufgenommen.

Dieser Zusammenhang galt indes auch in umgekehrter Richtung. Ein hoher Grad an sozialer Gleichheit führte zu Forderungen nach politischer Gleichheit. Wohl kein politischer Denker hat diesen Zusammenhang so sehr ins Zentrum der Analyse der modernen Demokratie gerückt wie Alexis de Tocqueville in seinem Buch *Über die Demokratie in Amerika*. Für Tocqueville ist die Demokratie in den Vereinigten Staaten in erster Linie eine Gesellschaftsform, für die ein hohes Maß an sozialer Gleichheit charakteristisch ist. Diese zeigt sich im Fehlen von Standesunterschieden, aber auch in einer Angleichung der gesellschaftlichen Lebensumstände, welche Tocqueville auf den natürlichen Reichtum Nordamerikas und ein Erbrecht zurückführt, welches eine gleichmäßige Güterverteilung erzwingt. Jedoch ist die soziale Gleichheit ohne die gleichzeitige Verwirklichung einer politischen Gleichheit für ihn nicht vorstellbar. »Selbstverständlich durchdringt die Gleichheit schließlich das politische wie das übrige Leben. Die Menschen können unmöglich in einer einzigen Hinsicht immer ungleich, in allen anderen gleich sein« (Tocqueville 1976 [1835/40], S. 61). Entscheidend ist der konstitutive Zusammenhang beider Dimensionen der Demokratie, auf den Tocqueville verweist. Die politische Gleichheit folgt notwendig der sozialen, und die politische Gleichheit führt dann zu einer weiteren Zunahme der sozialen Gleichheit. Diesem Prozess der weiteren Angleichung der Lebensverhältnisse und der politischen Einflussmöglichkeiten stand Tocqueville selbst jedoch sehr kritisch gegenüber, wie vor allem der zweite Band von *Über die Demokratie in Amerika* verdeutlicht. Dort beschreibt er die aus seiner Sicht negativen Auswirkungen des Zeitalters der Gleichheit. Tocqueville schildert den demokratischen Bürger als von einer tendenziell maßlosen Sorge um seinen materiellen Besitz geplagt. Diese Sorge führe zu politischer Apathie, da Engagement ja mit zumindest zeitlichen Kosten verbunden ist; Zeit, die man auch für die Vermehrung des eigenen Besitzes nutzen könne. Daneben charakterisiert er den Besitzbürger auch als politisch autoritär, jeglichen Wandel scheuend. Die Konsequenz hiervon sei jene milde Form des Despotismus, vor der Tocqueville am Ende seines Buches warnt. Die Bürger seien politisch passiv, wenn nicht gar apathisch, mögen sie auch regelmäßig zur Wahl gehen. Über den privatistischen Bürger »erhebt sich eine gewaltige, bevormundende Macht, die allein dafür sorgt, ihre Genüsse zu sichern und ihr Schicksal zu überwachen. Sie ist unumschränkt, ins einzelne gehend, regelmäßig, vorsorglich und mild« (ebd., S. 814).

Als Tocqueville diese Zeilen zu Papier brachte, konnte er die moderne Bürokratie, geschweige denn den sozialdemokratischen Wohlfahrtsstaat noch nicht kennen. Gleichwohl lässt sich darin bereits das Programm einer liberalen Kritik eines Zuviels an Staatlichkeit und der damit einhergehenden Eingriffe in individuelle Freiheitsräume nicht zuletzt im ökonomischen Bereich erkennen. Entsprechend verstand Tocqueville sein Buch über die US-amerikanische Demokratie zugleich als Warnung und als Handreichung. Er warnt vor einer entfesselten Demokratie, die sich des Staates bemächtigt und kaum noch Raum für abweichende Meinungen lässt. Als Handreichung lässt sich *Über die Demokratie in Amerika* insofern lesen, als Tocqueville auf jene Institutionen und Autoritäten verweist, die den demokratischen Geist bändigen können: Religion, Gewaltenteilung, Dezentralisierung und nicht zuletzt eine Klasse von Juristen, die er als Ersatz für die nicht vorhandene Aristokratie preist. Vor diesem Hintergrund ist es auch wenig verwunderlich, dass Tocqueville bereits 1835 in seiner *Denkschrift über den Pauperismus* (Tocqueville 2006) eine frühe Kritik staatlicher Sozialpolitik formulierte und sich 1848 als Mitglied der Verfassunggebenden

Versammlung gegen das von den Sozialisten geforderte Recht auf Arbeit aussprach. Tocqueville wehrte sich damit aus einer liberal-aristokratischen Position gegen eine Tendenz, die unweigerlich mit der politischen Gleichheit verbunden ist, nämlich das Streben nach mehr sozialer Gleichheit. Damit wurde er zum wichtigen Stichwortgeber einer liberal-konservativen Sozialstaatskritik (vgl. Bluhm 2006).

Heute können wir in vielen westlichen Demokratien sehen, dass ein zu starker Verlust sozialer Gleichheit sich nicht mit politischer Gleichheit verträgt. Wachsende soziale Ungleichheiten führen zum *Verlust politischer Gleichheit* (Schäfer 2015). Das lässt sich anhand der Wahlbeteiligung, aber auch anderer Formen der Partizipation, etwa innerhalb von Parteien, bei Volksentscheiden oder im Rahmen von Bürgerversammlungen sehen. In all diesen Arenen hat sich in den vergangenen Jahren eine Überrepräsentation der gut ausgebildeten Mittelschicht entwickelt, mit dem Resultat, dass auch vorwiegend deren Interessen und Werte zum Zuge kommen. Mangelnde politische Gleichheit führt mittelfristig zu einer Verschärfung sozialer Ungleichheiten, ein Prozess, der sich gegenwärtig besonders gut in den Vereinigten Staaten, aber auch in vielen lateinamerikanischen Ländern beobachten lässt. Dort haben sich zudem zunehmend oligarchische Strukturen herausgebildet (Winters 2011). In den europäischen Demokratien ist dieser Prozess nicht so weit fortgeschritten, aber auch hier zeigen sich Entwicklungen, die in Richtung einer »Zwei-Drittel-Demokratie« weisen (Merkel 2014). Der Zugang zu politischer Macht erfordert mithin ein Mindestmaß an sozialer Gleichheit. Ist dieses nicht gegeben, dann kommt es mittelfristig zu einer Aushöhlung demokratischer Institutionen. Es besteht somit ein enges Wechselverhältnis zwischen politischer Gleichheit und sozialer Gleichheit, zwischen dem Versprechen der gleichen effektiven Handlungsmacht und dem Versprechen der Angleichung sozialer Lebensverhältnisse.

Zentrales Kennzeichen einer Demokratie, die beide Versprechen miteinander verbindet, sind also »angemessene und gleiche Möglichkeiten« der Bürgerinnen und Bürger bei der Einlösung ihrer demokratischen Rechte, wie auch Robert A. Dahl, einer der führenden Demokratietheoretiker des 20. Jahrhunderts, festhält (Dahl 1989, S. 114). Dahl spricht in diesem Zusammenhang von politischen Ressourcen, die neben den (formalen) demokratischen Freiheits- und Bürgerrechten den Zugang zu Geld, Informationen, Zeit, Wissen und sozialen Netzwerken umfassen. All diese Ressourcen seien in den realen Demokratien jedoch höchst ungleich verteilt (Dahl 2006, S. 67). Er lässt dabei keinen Zweifel daran, dass er die wachsende Ungleichverteilung politischer Ressourcen und Fähigkeiten in modernen Demokratien aus theoretischer Perspektive für sehr problematisch erachtet. Zu große soziale und in der Folge auch politische Ungleichheiten untergraben das moralische Fundament der Demokratie, worunter Dahl vor allem einen gemeinsamen Bedeutungsraum und geteilte politische Werte versteht – ein Prozess, der sich gegenwärtig in nahezu allen westlichen Demokratien beobachten lässt.

Die auf den vorigen Seiten erfolgte Rekonstruktion der zwei großen Versprechen der Demokratie beansprucht, wie erwähnt, nicht, einen unwandelbaren Kern des Demokratiebegriffs festzulegen. Ein solches Vorgehen würde deren essenziell umstrittenem Charakter widersprechen. Der Anspruch war insofern bescheidener, als lediglich die Attraktivität des Wortes »Demokratie«, die sich seit der Mitte des 19. Jahrhunderts nachweisen lässt, erklärt werden sollte. Allerdings ist die Demokratie bekanntlich keine Erfindung des Industriezeitalters, sondern kann auf eine lange Geschichte zurückblicken. Dabei war man sich seit ihrer Erfindung im antiken Griechenland bis weit ins 18. Jahrhundert darüber einig, dass diese Form der Herrschaftsausübung auf sehr kleinräumige Gemeinwesen angewiesen ist. Die entsprechenden Argumente und die Debatten, die dann schließlich im Kontext der »zweiten demokratischen Transformation« (Dahl) zur Idee einer repräsentativen Demokratie führten, sind Gegenstand des folgenden Kapitels. Dabei geht es insbesondere darum zu zeigen, dass mit der räumlichen Ausdehnung demokratischer Herrschaftspraxis ein neues, nämlich stärker liberales Demokratieverständnis etabliert worden ist.

2. Vom Stadtstaat zum Nationalstaat. Ideengeschichtliche Debatten über Größe und Demokratie

> Größe der Völker! Ausdehnung der Staaten! Sie sind die erste und hauptsächliche Ursache für das Unglück der Menschheit, zumal für die zahllosen Mißgeschicke, die die gesitteten Völker unterhöhlen und zersetzen. Fast alle kleineren Staaten, gleich ob Republiken oder Monarchien, gedeihen allein schon deshalb, weil sie klein sind, weil alle ihre Bürger sich gegenseitig kennen und überwachen, weil ihre Oberhäupter selbst sehen können, was an Üblem geschieht und was Gutes sie tun müssen; und weil ihre Weisungen vor ihren Augen ausgeführt werden. (Rousseau 1989a [1771], S. 452)

Als Rousseau 1771 seine *Betrachtungen über die Regierung in Polen* verfasste, stand für ihn ganz ohne Zweifel fest, dass eine freiheitliche Regierung, unabhängig ob demokratisch, aristokratisch oder auch monarchisch verfasst, Kleinräumigkeit voraussetzt. Größere Staaten, so seine Überzeugung, würden hingegen notwendig eine despotische Gestalt annehmen, und zwar vornehmlich aus zwei Gründen: Zum einen sei dort die Aufrechterhaltung von Herrschaft nur mittels Einschüchterung und Zwang möglich. Zum anderen würde Großräumigkeit auch zu sozialer Differenzierung führen, welche wiederum den sittlichen Zusammenhalt zerstöre, dessen eine freiheitliche Regierung bedürfe.

Auch wenn Rousseau den Zusammenhang von Größe des Herrschaftsraumes und Art der Regierung besonders eindrücklich formuliert, stand er doch mit seiner Überzeugung nicht allein da. Bis weit ins 18. Jahrhundert war man sich darüber einig, dass insbesondere eine Demokratie auf ein kleines Herrschaftsgebiet angewiesen ist. Erst infolge der großen Revolution und der Erfindung der repräsentativen Regierung am Ende des 18. Jahrhunderts änderte sich diese Auffassung. Seitdem zeigt man sich in der politischen Theorie davon überzeugt, dass auch größere Nationalstaaten demokratisch verfasst sein können. Im Folgenden sollen wesentliche Schritte dieses Transformationsprozesses nachgezeichnet werden.

Athen und Rom: Zwei unterschiedliche Modelle von Bürgerschaft

Die Demokratie wurde bekanntlich von den alten Griechen erfunden. Die politische Praxis, die sie seit der zweiten Hälfte des 5. Jahrhunderts vor Christus mit diesem Namen bezeichneten, war die der direkten Volksherrschaft. Diese wurde nicht nur in der Volksversammlung ausgeübt, sondern fand ihren Niederschlag auch darin, dass jeder Bürger in politische Ämter gelost werden konnte, etwa als Schöffe in den Volksgerichten, in den Rat der 500 oder auch als Steuereintreiber. Lediglich jene Ämter, für die man besonders hohe Qualifikationen benötigte, wurden per Wahlverfahren vergeben. Politische Kompetenz und Urteilskraft wurden mithin allen Bürgern und nicht nur einer Elite zugeschrieben, wie es heutzutage überwiegend der Fall ist (vgl. Finley 1986; Ober 2008). Es gab zwar auch damals herausragende Politiker, doch die wesentlichen Entscheidungen wurden von allen Bürgern getroffen. Freilich waren die entsprechenden politischen Rechte männlichen Vollbürgern vorbehalten. Und es handelte sich um eine politische Organisationsform, die auf kleinräumige Strukturen angewiesen ist, oder mit Hannah Arendt gesprochen, »die Grenzen der Freiheit fielen mit den Mauern der Stadt, der Polis oder, genauer gesagt, der von ihr eingeschlossenen Agora zusammen« (Arendt 1993, S. 99).

Die bedeutsamste Reflexion des in der athenischen Praxis zum Ausdruck kommenden Bürgerverständnisses verdanken wir Aristoteles, obgleich er selbst alles andere als ein Anhänger der Demokratie war. Im dritten Buch seiner *Politik* bestimmt Aristoteles den Bürger durch seine »Teilhabe an richterlicher Entscheidung und an Herrschaft« (Pol 1275a). Seine entscheidende Tugend bestehe darin, »sowohl gut zu herrschen als auch beherrscht werden zu können« (Pol 1277a). Der Bürger muss also nicht nur über entsprechende politische Kompetenzen verfügen, sondern auch bereit sein, sich dem Urteil der anderen zu unterwerfen. Das aber setzt etwas voraus, was Aristoteles als Freundschaft bezeichnet. Der Freundschaft hat Aristoteles zwei Bücher seiner *Nikomachischen Ethik* gewidmet. Dabei unterscheidet er zwischen der Freundschaft unter Ungleichen, wie sie etwa zwischen Vater und Sohn, Mann und Frau sowie Herr und Sklave existiert, und der Freundschaft unter Gleichen, die in der Polis zwischen den in politischer Hinsicht ebenbürtigen Bürgern besteht. In der *Politik* kommt er darauf zurück und stellt fest, »dass die Freundschaft für die Staaten das höchste Gut ist« (Pol 1262b). Aus diesem Grunde dürfen Aristoteles zufolge auch die Unterschiede zwischen den Bürgern nicht zu groß sein. Gefordert ist vielmehr eine weitgehende Homogenität, wobei er sich aber von der von Platon in der *Politeia* propagierten Auflösung jeglicher Individualität in einer Güter-, Frauen- und Kindergemeinschaft, die dort freilich auf den Philosophen- und Wächterstand beschränkt ist, deutlich distanziert. Familiäre Beziehungen und in einem gewissen Maße auch unterschiedliche Besitzverhältnisse sind für Aristoteles durchaus legitim; zu starke Vermögensunterschiede ließen sich dagegen nicht mit einer demokratischen Verfassung vereinbaren.

Was hat das alles mit der Frage nach der Größe der Demokratie zu tun? Für Aristoteles steht zweifellos fest, dass die Demokratie nur in einer kleinen Polis existieren kann. Dabei ist die attische Polis, der wir den größten Teil unseres Wissens über die antike Demokratie verdanken und die auch im Zentrum der politischen Schriften von Aristoteles steht, mit 200000 Ansässigen und 30000 Vollbürgern mit Abstand die mit der höchsten Bevölkerungszahl gewesen. Im Durchschnitt verfügten die Poleis über 200 bis 4000 Bürger. Die räumliche Ausdehnung einer Polis betrug üblicherweise 25 bis 100 Quadratkilometer, konnte aber auch über 1000 Quadratkilometer umfassen. Die attische Polis hatte im 5. Jahrhundert vor Christus eine Fläche von mehr als 2000 Quadratkilometern, auch darin war sie zusammen mit Sparta und Syrakus eine Ausnahme (vgl. Ober 2016). Zudem besaß Athen im Rahmen des attisch-delischen Seebundes imperiale Züge, allerdings dehnte es seine Bürgerrechte, im Unterschied zu Rom, nie auf die abhängigen Stadtstaaten aus, die außerhalb von Kriegszeiten auch nicht von den Athenern okkupiert wurden.

Es mag der Charakter von Athen als Megacity gewesen sein, der Aristoteles zu seiner kritischen Beurteilung der attischen Demokratie veranlasste. Er bemängelt insbesondere den Umstand, dass eine Menge von Tagelöhnern, von den Diäten angelockt, in der Stadt herumlungere und zu großen Einfluss auf die politischen Endscheidungen besäße. Neben dem grundsätzlichen Kritikpunkt, dass nicht die Gesetze, sondern die »Menge« herrsche und selbst die Angehörigen der unteren Bürgerschichten politische Ämter bekleiden könnten, findet sich an zentraler Stelle der *Politik* der Vorwurf der Verführbarkeit der gemeinen Bürger durch die »Demagogen«:

> Ein solches Volk nun, weil es Alleinherrscher ist, sucht allein zu herrschen, da es vom Gesetz nicht beherrscht wird, und es wird zwingherrschaftlich, so daß die Schmeichler in Ehren stehen, und eine derartige Demokratie ist eine Entsprechung zur Tyrannis unter den Monarchien [...] Denn so kommt es, daß sie groß werden, weil das Volk über alles entscheidet, sie aber über die Meinung des Volkes. Denn die Menge gehorcht ihnen. (Pol 1292a 15-27)[1]

Den problematischen Zügen einer zu großen Polis setzt Aristoteles im Rahmen seiner idealen Verfassung, die er im siebten und achten Buch der *Politik* entwirft, nicht nur die Idee einer Mischung aus demokratischen und aristokratischen Elementen entgegen, sondern er plädiert auch für eine Verkleinerung der Polis. Entscheidend für die Bestimmung der besten Einwohnerzahl ist nach unten hin, dass die Polis »im Hinblick auf ein gutes Leben selbstgenügsam« sein soll (Pol 1326b 8-10). Es muss also eine hinreichende Arbeitsteilung möglich und zudem Wehrhaftigkeit nach außen gewährleistet sein, damit fremde Mächte sich die Polis nicht einverleiben können. Nach oben hin darf die Zahl der Bürger jedoch nicht zu groß sein, denn mit Blick auf die Auswahl der Amtspersonen »müssen die Bürger einander kennen« (Pol 1326b 16). Auch wenn Aristoteles im Gegensatz zu Platon, der in den *Gesetzen* (737 d) die Zahl von 5400 Bürgern als ideale Größe angibt, keine konkrete Angabe macht, so dürfte seine Vorstellung doch deutlich unterhalb der damaligen Einwohnerzahl Athens liegen. Auch hinsichtlich der räumlichen Ausdehnung bleibt der Stagirit vage: »Das Land muss nach Umfang und Größe so groß sein, dass seine Bewohner in Muße wie Freie leben können und doch besonnen« (Pol 1326b 30-31).

1 Der Vorwurf der Demagogie gehört zum Standardrepertoire der antiken Demokratiekritik und wird auch von Platon auf Größeneffekte zurückgeführt (vgl. Jörke 2011).

In unserem Kontext sind die Ausführungen Aristoteles' über die ideale Polis noch aus einem weiteren Grund relevant. Er verweist nämlich darauf, dass eine geringe Zahl von Bürgern auch dabei helfen würde, Fremde und Metöken von den politischen Prozessen fernzuhalten (Pol 1326b 23). Er scheint also zu befürchten, dass bei einer zu großen Anzahl an Bürgern eine Anonymität entsteht, die die Zugangskontrolle erschwert. Auch hier mag er wieder die Wirklichkeit von Athen vor Augen gehabt haben. In Bezug auf diese schreibt Aristoteles an anderer Stelle, »der Staatsbürger ist ja nicht dadurch, dass er wo wohnt, Staatsbürger – denn auch Metöken und Sklaven haben am Wohnsitz Anteil« (Pol 1275a 6-7, vgl. 1280a). Das ist insofern erwähnenswert, da Aristoteles selbst als Metöke, das heißt als dauerhaft ansässiger Fremder ohne Bürgerrecht, von der politischen Willensbildung in Athen ausgeschlossen war. Doch darüber scheint er sich nicht beklagt zu haben. Zu selbstverständlich war ihm der Zusammenhang zwischen intensiver politischer Teilhabe und der Notwendigkeit einer Begrenzung politischer Rechte auf die einheimischen Vollbürger. Das ist nun einerseits Wiedergabe der historischen Realität – gerade zur Zeit der klassischen Demokratie war das Bürgerrecht in Athen besonders restriktiv –, zum anderen aber auch Ausdruck einer funktionalen Notwendigkeit. Die intensive demokratische Praxis in Athen setzte aus seiner Sicht eine Form von Freundschaft, heute würde man Solidarität sagen, voraus, die offenbar nur unter Einheimischen bestehen konnte.

Aristoteles hat seine *Politik* in der Endphase der attischen Demokratie verfasst. Eine so hohe Intensität politischer Beteiligung wurde seitdem nicht mehr erreicht. Die Praxis des wechselseitigen Regierens und Regiert-Werdens scheint auf ein exklusives Bürgerrecht und einen überschaubaren politischen Verband angewiesen zu sein. Weniger anspruchsvolle

Modelle, die keine Selbstregierung wie in Athen beinhalten, sind dagegen durchaus mit einem inklusiveren Bürgerrecht und auch einem größeren Herrschaftsgebiet vereinbar. Das lässt sich anhand der römischen Entwicklung studieren.

Das römische Bürgerrecht ist gegen Ende der Republik und dann in der Kaiserzeit immer weiter ausgedehnt worden, zunächst auf verdiente Bürger aus Italien, bis schließlich Kaiser Caracalla im Jahr 212 nach Christus alle Bewohner des Reiches zu Bürgern machte (vgl. Bleicken 1981, S. 312-317). Allerdings bezog sich dieses Bürgerrecht, das ein wichtiges Instrument der Romanisierung des Reiches darstellte, nur auf bürgerliche Rechte wie den Schutz vor willkürlichen Verhaftungen, nicht auf politische Partizipationsrechte. In den ersten Jahrzehnten nach Errichtung des Prinzipats hatte der Senat zunächst noch gewisse Mitspracherechte besessen, diese wurden jedoch nach und nach eingeschränkt. Auch das Volkstribunat und die Volksversammlungen sind mit dem Ende der Republik abgeschafft worden. Mit Blick auf die Partizipationsrechte für einfache Bürger, die über keinen Zugang zur Ämterlaufbahn verfügten, hatte sich freilich wenig verändert. Bereits zur Zeit der Republik waren politischer Einfluss und Gestaltungsmacht größtenteils den Patriziern vorbehalten (vgl. Flaig 2013, S. 355-371).

Das zur Spätzeit der Römischen Republik geläufige Verständnis der Rechte der Bürger lässt sich Marcus Tullius Ciceros politiktheoretischem Hauptwerk *De re publica* entnehmen:

> Es ist also […] das Gemeinwesen die Sache des Volkes, ein Volk aber nicht jede irgendwie zusammengescharte Ansammlung von Menschen, sondern die Ansammlung einer Menge, die in der Anerkennung des Rechts und der Gemeinsamkeit des Nutzens vereinigt ist. (*De re publica* I, S. 39)

Im Vergleich zu Aristoteles' Definition des Polis-Bürgers fällt auf, dass vom wechselseitigen Regieren und Regiert-Werden nicht mehr die Rede ist. Mit Volk (*populus*) bezeichnet Cicero all jene, die das gleiche Bürgerrecht besitzen, aber nicht zwingend über gleiche politische Rechte verfügen. Der Akzent liegt vielmehr auf der Rechtsordnung und dem gemeinsamen Staatsziel, dem Gemeinwohl, um dessentwillen die Gemeinschaft der Bürger besteht. Er liegt nicht darauf, wie dieses Staatsziel bestimmt werden soll. Entscheidend sind die stärkere Betonung der Rechtsstaatlichkeit auf der einen und die Abschwächung politischer Beteiligung auf der anderen Seite. Was bei Aristoteles noch notwendig zum Begriff des Polis-Bürgers gehörte, nämlich dessen aktive Beteiligung an den politischen Entscheidungen, das gemeinsame politische Handeln, zählt Cicero nicht mehr essenziell zum Bürgerstatus. Bürger kann auch der sein, der sich nicht oder nur sporadisch politisch betätigt, und Bürger können unterschiedliche politische Rechte besitzen. Vor dem Hintergrund dieser Differenzierung zwischen bürgerlichen und politischen Rechten konnte das Bürgerrecht zunächst auf verdiente Fremde und später dann auf alle Untertanen des römischen Kaiserreiches ausgedehnt werden. Gerade weil für das römische Volk die aktive Ausübung der politischen Macht nicht konstitutiv war, »konnte sich das Volk allmählich in eine viel größere und vagere politische Gemeinschaft verwandeln, die nicht mehr spezifisch an einen Stadtstaat oder dessen republikanische Institutionen gebunden war« (Canovan 2005, S. 12).

Noch einen Schritt weiter in der Loslösung des Bürgerstatus von politischen Beteiligungsrechten geht Gaius, ein römischer Jurist, dessen vollständiger Name nicht überliefert ist und der im 2. Jahrhundert n. Chr., also während des Kaiserreiches, lebte. Wie John Pocock (1992) zeigt, wird Staatsbürgerschaft bei Gaius zu einem rein rechtlichen Status ohne die

Dimension politischer Beteiligung. Ein Bürger zu sein bedeutete für ihn, die Freiheit zu haben, im Rahmen der Gesetze zu handeln, sowie den Schutz der Gesetze und damit auch vor willkürlicher Verhaftung zu genießen. Es beinhaltete aber nicht das Recht auf Teilhabe an den politischen Entscheidungen. Entsprechend war es nicht länger erforderlich, dass die Bürger sich zu politischen Zwecken versammeln. Die politische Gemeinschaft als Gemeinschaft des Rechts konnte daher auch auf sehr große Territorien ausgedehnt werden. Wie Pocock weiter ausführt, ist die Bürgerdefinition von Gaius zu einer Art Blaupause für ein liberales Ideal von Staatsbürgerschaft in der Neuzeit geworden.

Mit Athen und Rom haben wir somit zwei Modelle von Bürgerschaft vor uns. Das eine besitzt demokratisch-republikanische Züge, da es von einem positiven Freiheitsverständnis ausgeht, welches die direkte und gleiche Beteiligung aller Bürger an den politischen Entscheidungsprozessen beinhaltet. Voraussetzung hierfür sind jedoch ein eher restriktives Bürgerrecht, das sowohl Fremde als auch Zugezogene ausschließt – von Frauen und Sklaven ganz zu schweigen –, und eine ebenso überschaubare, sozial wenig differenzierte sowie autarke politische Gemeinschaft. Das andere lässt sich aus heutiger Perspektive als »liberal« bezeichnen, da es politische Beteiligungsrechte zwar sozial und räumlich differenziert, jedoch eine erheblich inklusivere Rechtsgleichheit gewährt, die nicht an Kleinräumigkeit gebunden ist.[2] Die Bezeichnung des römischen Bürgerrechtes als »liberal« stellt, streng genommen, einen Anachronismus dar. Sie folgt aber aus der im ersten Kapitel entwickelten Begrifflichkeit. Als »liberal« wurde dort ein Politikmodell charakterisiert, das

2 Diese Rechtsgleichheit blieb freilich auf die männlichen Bürger beschränkt.

die Rechte des Individuums betont, als »republikanisch« dagegen eines, welches das kollektive Recht der Selbstregierung ins Zentrum rückt. Vor diesem Hintergrund erscheint aber selbst Ciceros Konzeption, die in der Endphase der Römischen Republik verfasst worden ist, als Vorgriff auf ein liberales Bürgerverständnis. Die hier entwickelte Perspektive geht davon aus, dass die Unterschiede zwischen dem attischen und dem römischen Modell, zwischen dem republikanischen und dem liberalen Bürgerverständnis, im Zusammenhang mit der räumlichen Ausdehnung des Herrschaftsverbandes stehen. Es war das liberale Modell, welches sich Ende des 18. Jahrhunderts im Zeitalter der Wiederentdeckung der Demokratie als siegreich erweisen sollte.

Zuvor hat es insbesondere in den norditalienischen Adelsrepubliken des Spätmittelalters und der Renaissance eine Wiederaufnahme des athenischen Modells gegeben. Diese reichte sozial jedoch nicht an die attische Praxis heran, insofern die Beteiligungsrechte einer kleinen Schicht des Adels und des Patriziats vorbehalten waren und Mischverfassungen vorherrschten. Als selbstverständlich galt aber auch hier, dass Gemeinwesen, in denen ein wie restriktiv auch immer verstandener *demos* an den politischen Entscheidungsprozessen beteiligt ist, Kleinräumigkeit voraussetzen und damit einhergehend auch eine Beschränkung der Bürgerrechte auf einen überschaubaren Kreis. Dieser Zusammenhang von Größe und Demokratie wurde in der Neuzeit insbesondere von Montesquieu und Rousseau reflektiert. Beide ließen es jedoch nicht dabei bewenden, die antiken Positionen zu wiederholen, sondern bei ihnen finden sich, wenn auch mit unterschiedlicher Akzentsetzung, bereits Keime einer Loslösung demokratischer Beteiligungsverfahren von kleinen und homogenen Räumen.

Montesquieu und Rousseau über Größe und Demokratie

Montesquieu ist bekannt für seine Theorie der Gewaltenteilung, aber auch für seine Überlegungen über den Zusammenhang zwischen natürlichen Gegebenheiten und politischen Ordnungen. Vor allem seine Theorie über den Einfluss des Klimas auf die politische Kultur ist berühmt-berüchtigt. Natürlich war Montesquieu nicht der erste politische Denker, der politische Institutionen und Normen auf natürliche Bedingungen zurückzuführen versuchte. Ähnliche Reflexionen finden sich bereits bei Aristoteles und Jean Bodin. In unseren Tagen würde jedoch kein seriöser Politikwissenschaftler etwa die These aufstellen, dass es Völker gibt, die sich von »Natur aus« nicht für eine freiheitliche Ordnung eignen, wie dies Montesquieu im Hinblick auf Indien und die dort herrschenden klimatischen Bedingungen behauptet. Doch dürfen wir in Montesquieu keinen deterministischen Denker sehen, der politische Ordnungen einzig auf natürliche Gegebenheiten wie Klima und Bodenbeschaffenheit zurückführen würde. Stattdessen hebt er hervor, dass Gesetzgeber die physischen Verhältnisse beachten müssen, wenn sie mit ihrem Werk erfolgreich sein wollen. Ihm zufolge können gute Gesetze den natürlichen Gegebenheiten bis zu einem gewissen Grad auch entgegenwirken, doch gerade dafür ist deren Kenntnis erforderlich. Montesquieu zählt nun auch die Größe eines Landes zu den Faktoren, die dessen Regierungssystem beeinflussen. Allerdings wäre es verkehrt, ihn als einen Verteidiger der Kleinräumigkeit zu deuten. Vielmehr zeigt er sich davon überzeugt, dass kleine Herrschaftsverbände zumindest isoliert nicht überlebensfähig seien. Zudem würden durch die wirtschaftliche Dynamik die sittlichen Grundlagen demokratischer und aristokratischer Republiken unterminiert. Montesquieus Ideal ist daher eine gemäßigte Monarchie, die eine mittlere Größe voraussetzt.

Schon in den *Überlegungen über die Universalmonarchie* aus dem Jahr 1727 stellt Montesquieu kategorisch fest: »Ein großes Reich erfordert notwendigerweise eine despotische Regierungsweise« (zitiert nach Richter 1994, S. 45). Auch findet sich bereits dort die Auffassung, dass eine »mittlere Ausdehnung« am ehesten zu einer an Gesetzen orientierten freiheitlichen Ordnung führt, wobei sich eine derartige Gesetzesherrschaft aus seiner Sicht durchaus mit einer monarchischen Regierungsform vereinbaren lässt. In den sieben Jahre später veröffentlichten *Betrachtungen über die Ursache von Größe und Niedergang der Römer* greift er auf eine geläufige republikanische Denkfigur zurück, der zufolge die Römische Republik ihre Expansion mit einem Verlust an Tugend bezahlt, der zum Untergang der freiheitlichen Ordnung geführt habe. Dabei war es für Montesquieu insbesondere der durch die Eroberungen entstandene Luxus, der den Verfall der Republik verursachte: »Die Größe des Staates schuf die Größe des Privatbesitzes [...]. Im Besitze von Gütern, die über eine private Lebensstellung hinausgingen, war es schwer, ein guter Bürger zu sein« (Montesquieu 1958 [1734], S. 91). Das Wechselverhältnis von Ausdehnung und wirtschaftlicher Entwicklung sowie deren Auswirkungen auf die Regierungsform sind auch ein zentrales Thema seines 1748 erschienenen Hauptwerkes *Vom Geist der Gesetze*.

Dort unterscheidet Montesquieu zwischen vier Verfassungsordnungen und vier korrespondierenden Prinzipien, die eine Art kulturelle Grundierung der Regime darstellen. Er orientiert sich dabei zwar an der klassischen Staatsformenlehre von Aristoteles, doch modifiziert er dessen berühmtes Sechserschema. Bei Montesquieu gibt es wie bei Aristoteles drei gute Verfassungen, die sich an Recht und

Freiheit orientieren, jedoch nur eine schlechte. Die drei guten Verfassungen umfassen die Republik, die er in eine demokratisch und eine aristokratisch verfasste differenziert, sowie die Monarchie. Von diesen guten Verfassungstypen unterscheidet er sodann eine despotische. Die entsprechenden Prinzipien sind Tugend für die Demokratie, Mäßigung für die Aristokratie, Ehre für die Monarchie und Furcht für die Despotie. Es handelt sich dabei um sittliche Prinzipien, die den »Geist« – soziologisch ausgedrückt: das vorherrschende Integrationsprinzip – der jeweiligen Ordnung zum Ausdruck bringen. Darauf werde ich sogleich noch zurückkommen.

Montesquieu behauptet einen engen Zusammenhang zwischen der Ausdehnung des Staatsgebietes und seiner jeweiligen Regierungsform. Republiken erfordern ein kleines Gebiet, Monarchien gedeihen am besten in einem mittleren Staatsgebiet. Für große Reiche wie Russland oder auch Indien komme dagegen nur eine despotische Regierungsform infrage:

> Ein großes Reich setzt eine despotische Gewalt seines Herrschers voraus. Die Schnelligkeit der Entscheidungen muß die weiten Entfernungen der Orte, wohin sie gehen, ausgleichen; Furcht muß die Nachlässigkeit des Statthalters oder des Beamten in der Ferne hintanhalten [...]. (Montesquieu 1951 [1748], Bd. 1, S. 175)

Doch warum war Montesquieu der Überzeugung, dass eine republikanische Regierungsform nur in kleinen Gemeinwesen verwirklichbar sei? Dafür nennt er vornehmlich drei Gründe: Erstens käme es in einem großen Gebiet notwendig zu einer sozialen Differenzierung, welche zu einer Pluralität an Interessen führe, unter der wiederum die erforderliche Einheit leide:

> Es gehört zum Wesen der Republik, daß sie nur ein kleines Gebiet umfaßt, sonst kann sie nicht bestehen. In einer großen Republik gibt es große Vermögen und infolgedessen wenig Sinn für Mäßigung. [...]

> In einer großen Republik wird das Gemeinwohl tausenderlei Rücksichten geopfert, es unterliegt Ausnahmen und hängt von Zufällen ab. (Ebd., S. 172)

Die Menschen verfolgen mehr ihre jeweiligen Einzelinteressen, als dass sie sich dem Gemeinwohl verpflichtet fühlen. Bemerkenswert an dieser Stelle ist, dass Montesquieu die soziale Differenzierung und die daraus resultierende Aufweichung der Homogenität insbesondere auf wirtschaftliche Dynamiken zurückführt, die sich für ihn in größeren Gemeinwesen zwangsläufig ergeben.

Doch es sind nicht allein motivationale Probleme, welche in einem großen Staat das Gemeinwohl gefährden; hinzu kommt zweitens, dass es auch schwerer zu erkennen ist, gerade weil es unterschiedliche Lebensformen und Interessenlagen gibt. Wer kann aus welchen Gründen den Anspruch erheben, über ein privilegiertes Wissen über das, was dem Gemeinwesen wirklich nützt, zu verfügen? Es handelt sich also um ein epistemisches Problem, welches zu politischen Streitigkeiten führen kann. Drittens gibt Montesquieu zu bedenken, dass große Republiken, gerade weil sie ihre Größe behaupten müssen, in Militärdiktaturen umschlagen.

Allerdings bleibt der französische Adlige nicht bei der Behauptung der notwendigen Kleinräumigkeit von Republiken – sein Ideal ist hier eine Mischung aus Demokratie und Aristokratie, weil dort der höchste Grad an Freiheit gewährleistet sei – stehen, vielmehr hält er diese Staatsform zumindest mit Blick auf Europa für überholt. Das hat zunächst damit zu tun, dass Montesquieu von einer wirtschaftlichen Dynamik ausgeht – er schreibt dies Mitte des 18. Jahrhunderts –, welche die in einer Republik erforderliche Homogenität untergrabe. Für ihn besteht in doppelter Hinsicht ein Zusammenhang zwischen ökonomischem Handeln und räumlicher Expansion. Zum einen würden durch Prozesse sozialer Differenzierung die Prinzipien der demokratischen Tugend und der aristokratischen Mäßigung zersetzt. An deren Stelle trete das monarchische Prinzip der Ehre, also der Wunsch, sich gegenüber anderen auszuzeichnen, was auch das Bestreben einschließe, sich durch Luxuskonsum abzugrenzen. Im Unterschied zur republikanischen Tradition wird dieses Streben von Montesquieu allerdings nicht verurteilt, im Gegenteil, er sieht darin einen Motor wirtschaftlicher und auch gesellschaftlicher Entwicklung, die er grundsätzlich begrüßt. Zum anderen bedürfe der Handel der Sicherung von Handelswegen und mithin einer räumlichen Expansion politischer Herrschaft, was zur Entstehung größerer Staaten führt. Die Ausdehnung fände allerdings dort ihre Grenze, wo bereits andere Staaten existieren. Montesquieu widerspricht jedoch der Annahme, mit dem Handel gehe eine militärische Expansion einher. Ihm zufolge kommt es durch den Handel vielmehr zu einer Zivilisierung der zwischenstaatlichen Beziehungen: »Die natürliche Wirkung des Handels besteht darin, zum Frieden geneigt zu machen. Zwei Völker, die miteinander Handel treiben, werden wechselseitig abhängig voneinander« (ebd., Bd. 2, S. 3). Hinter dieser Aussage steht Montesquieus berühmte Lehre vom »doux commerce«, von den zivilisierenden Auswirkungen des Handels. Diese lassen sich auf drei Ebenen beobachten: Erstens führten Erwerbsstreben und Handel zu einer Mäßigung der Leidenschaften. Kaufleute lebten nicht nur im Hier und Jetzt, sondern berechneten die Auswirkungen ihrer Handlungen. Eine zweite Folge ist für Montesquieu die Existenz gemäßigter Regierungen, da die Herrschenden an stabilen Einnahmen interessiert seien, was wiederum Rechtssicherheit voraussetze. Und drittens komme es auch in den Außenbeziehungen zu mehr Friedfertigkeit. Laut Montesquieu besteht nämlich eine Art wechselseitiger Interessenkoalition: Hat das eine Volk »Interesse zu kaufen, so liegt dem anderen daran zu verkaufen; und alle Vereinbarungen beruhen auf den wechselseitigen Bedürfnissen« (ebd.). Hier offenbart sich zweierlei: zum einen eine gewisse Glorifizierung des Handelsgeistes, die in Spannung zu Montesquieus Lobpreisung republikanischer Freiheit und Bescheidenheit steht, und zum anderen eine eurozentristische Sichtweise, denn der Baron war ja auch Zeitgenosse der Kolonisation von Amerika und Indien, die sich nun wirklich nicht durch Friedfertigkeit auszeichnete. Zudem passt es nicht so recht zu diesem Argumentationszusammenhang, wenn Montesquieu an früherer Stelle (ebd., Bd. 1, S. 182) behauptet, Monarchien seien auf Krieg und Eroberung ausgerichtet. Schließlich weist er selbst darauf hin, dass ein umfassender Handel, gerade auch mit Luxusartikeln, nicht im Interesse aller Länder ist. So müssten die noch existierenden Republiken den Handel auf unersetzbare Güter beschränken, wollen sie nicht Gefahr laufen, ihrer Tugendhaftigkeit bzw. Mäßigung verlustig zu gehen. Und auch in jenen Monarchien, die wirtschaftlich eher unterentwickelt sind und deren Herrscher sich mehr dem eigenen Reichtum als dem Gemeinwohl verpflichtet fühlen, könne sich der Handel für viele Einwohner als unvorteilhaft erweisen. Mit Blick auf Polen schreibt Montesquieu: »Wenn Polen mit keinem Volke Handel triebe, wäre sein Volk glücklicher. Dann würden seine Großen, die nur ihr Getreide hätten, es den Bauern zum Leben geben; zu große Ländereien würden ihnen zur Last fallen, sie würden sie unter ihren Bauern aufteilen.« (Ebd., Bd. 2, S. 23) Es ist hier allerdings nicht der Ort, den Spannungen und Widersprüchen im Werk von Montesquieu en détail nachzugehen.[3]

Wichtiger ist jedoch, noch auf einen weiteren Grund hin-

3 Diesbezüglich ist immer noch Louis Althussers (1987) kleine Studie über Montesquieu lesenswert.

zuweisen, aus dem der französische Baron eine republikanische Staatsform für nicht zeitgemäß hielt. Republiken seien nämlich zu klein, um sich gegen äußere Feinde zu schützen. Daraus ergibt sich ein Dilemma: »Wenn eine Republik klein ist, so wird sie von einer auswärtigen Macht zerstört; ist sie zu groß, so geht sie an einem inneren Fehler zugrunde« (ebd., Bd. 1, S. 180). Das gilt, wie Montesquieu betont, gleichermaßen für Demokratien und Aristokratien. Allerdings gebe es einen Weg, diesem Dilemma der Größe zu entgehen, nämlich den Staatenbund (*Republique fédérative*). Diesen definiert er wie folgt:

> Diese Regierungsform ist ein Vertrag, durch den mehrere politische Gemeinwesen dahin übereinkommen, Bürger eines größeren Staates zu werden, den sie bilden wollen. Sie ist eine Gesellschaft von Gesellschaften, die eine neue bilden, die sich durch den Anschluß weiterer Mitglieder vergrößern kann, bis ihre Macht für die Sicherheit aller Verbündeten ausreicht. (Ebd.)

Als Beispiele für derartige Staatenbünde führt Montesquieu die Niederlande, die Schweizer Eidgenossenschaft und den »deutsche[n] Staatenbund« an, »der sich aus Fürsten und freien Städten zusammensetzt« (ebd., S. 183). Das ist insofern eine Bestätigung der These von der notwendigen Kleinräumigkeit von Republiken, als es sich ihm zufolge bei diesen Gebilden nicht um einzelne Republiken, sondern um Zusammenschlüsse von mehreren Republiken handelt. Montesquieu nennt zudem zwei Bedingungen für einen erfolgreichen Staatenbund. Zum einen führt er an, dass es sich bei den zusammengehenden Einheiten um »gleichartige Staaten« (ebd., S. 182), möglichst um Republiken handeln sollte, weswegen die Verfassung des Deutschen Reiches im Vergleich zu der der Schweiz und der Niederlande »unvollkommener« ausfalle. Zum anderen sollten die Republiken untereinander annähernd gleich groß und auch möglichst gleich mächtig sein. Zugleich zeigt Montesquieu aber, dass diese idealen Voraussetzungen in der politischen Welt eher nicht anzutreffen sind. Der Leser bleibt daher etwas ratlos zurück, inwieweit er einen Staatenbund tatsächlich als eine Alternative zum Trend zur Großräumigkeit begreift. Ungeachtet dessen formuliert Montesquieu Voraussetzungen eines Staatenbundes zwischen Republiken, auf die zurückzukommen sein wird.

Fragt man danach, welche ideale Staatsgröße Montesquieu vorschwebte, so ist die Antwort eine mittlere Ausdehnung und damit eine gemäßigte, heute würde man sagen, konstitutionelle Monarchie. Sein Vorbild war die englische Verfassung, anhand derer er auch seine berühmte Theorie der wechselseitigen Gewaltenkontrolle entwickelt hat. Vor allem aber unterstreicht Montesquieu, dass England eine gemischte Verfassung besaß, insofern dort nämlich nicht nur der König, sondern auch die Lords im Oberhaus sowie die (Groß-) Bürger im Unterhaus an den Regierungsgeschäften und ihrer Kontrolle beteiligt waren. Dieses System von ständischen »checks and balances« ist später für die Verfassung der USA zum Vorbild geworden, mit dem Unterschied, dass dort statt eines Monarchen ein gewählter Präsident an der Spitze der Exekutive steht. Die damit einhergehende Einschränkung des demokratischen Prinzips blieb im Zuge der Ratifizierungsdebatte von 1787/88 nicht unumstritten; die sogenannten Anti-Federalists wiesen mit Nachdruck auf die Gefahr hin, dass mit der neuen Verfassung und der damit verbundenen Konstituierung eines großräumigen Nationalstaates die demokratisch-republikanischen Errungenschaften der Revolution von 1776 verloren gehen könnten. Bevor ich mich damit und mit der von den Anti-Federalists propagierten Alternative zur US-amerikanischen Union befasse, soll noch auf einen »politischen Schwärmer« (Richter 1994, S. 92) eingegangen werden.

Wohl kaum ein politischer Denker der Neuzeit hat das Bedingungsverhältnis von Größe und Demokratie so stark betont wie Jean-Jacques Rousseau. In seinem *Gesellschaftsvertrag* aus dem Jahr 1762 untersucht er die Voraussetzungen eines demokratischen Gemeinwesens, welches zum einen durch eine direkte Gesetzgebung und zum anderen durch die Orientierung am Gemeinwillen gekennzeichnet ist. Im Zentrum seiner Überlegungen steht dabei die Frage, wie ein Volk beschaffen sein muss, das dem Wohl des Ganzen Vorrang vor den jeweiligen Partikularwillen einräumt. Rousseaus Antwort lautet Einfachheit der Sitten, eine Aversion gegen Luxus und eine möglichst große Ähnlichkeit zwischen den Bürgern. Die politische Gemeinschaft »benötigt«, wie Rousseau schreibt, »ein gesondertes Ich, ein ihren Gliedern gemeinsames Gefühl, eine Kraft, einen eigenen Willen« (Rousseau 1996 [1762], S. 66). Das sei jedoch nur in einem kleinen Gemeinwesen gegeben. Denn »je weiter sich das gesellschaftliche Band dehnt, um so mehr erlahmt es, und im allgemeinen ist ein kleiner Staat verhältnismäßig stärker als ein großer« (ebd., S. 50). Rousseau folgt Montesquieus Ansicht, dass ein kleines Gemeinwesen eine höhere Homogenität aufweist, und nennt eine Reihe technischer Gründe. So führe ein größeres Staatsgebiet zu einem Komplexitätswachstum der Verwaltung, welches nicht nur für Abstimmungsprobleme, sondern auch für vermehrte Kosten sorge. Und je größer der Staat, umso umfassender und freiheitseinschränkender sei die Regierung, gerade weil sie sich darum bemühen muss, auch abseits der Hauptstadt noch durchgreifen zu können. Hier scheint sich Rousseau ebenfalls an Montesquieu zu orientieren, der ja für ganz große Gebiete die Notwendigkeit einer despotischen Regierungsform betonte. Schließlich würden große Staaten zu einer dreifachen Entfremdung zwischen den Regierenden und den Regierten, zwischen den

Bürgern und ihrem Vaterland und schließlich innerhalb der Bürgerschaft führen, da sie sich nur selten begegnen und einander fremd bleiben. Letzteres desto mehr, je deutlicher sie sich in ihren Sitten und Gebräuchen voneinander unterscheiden.

Dennoch darf der Staat auch nicht zu klein sein. Erforderlich ist für Rousseau vielmehr eine Ausdehnung, welche dessen Autarkie garantiert. Denn das Gemeinwesen muss seine Bürger ernähren können, um nicht in Abhängigkeit von seinen Nachbarn zu geraten. »Jedes Volk, dem seine Lage nur die Wahl läßt zwischen Handel oder Krieg, ist in sich schwach; es hängt von seinen Nachbarn ab« (ebd., S. 53). Wie schon Aristoteles, so liefert auch Rousseau keine genauen Angaben über die ideale Größe eines Landes. Insgesamt läuft seine Argumentation jedoch auf die Bevorzugung von Kleinräumigkeit und Frugalität, also eine durch Subsistenzwirtschaft und Einfachheit gekennzeichnete Lebensweise, hinaus. Beide Prinzipien stützen sich wechselseitig und stellen laut Rousseau notwendige Bedingungen einer demokratisch verfassten Gesetzgebung dar. Denn diese setze sowohl voraus, dass sich die ganze Bürgerschaft versammeln kann, als auch, dass es dabei nicht zu größeren Interessengegensätzen kommt. Im Unterschied zu Montesquieu war Rousseau kein Freund von Handel und Luxus. Ganz im Gegenteil, beides sah er als freiheitsgefährdend an, und seine Schriften sind voll mit Überlegungen, wie ökonomische Aktivitäten eingeschränkt werden könnten. Sein Ideal war eine politische Gemeinschaft von Bauern, die nicht nur politisch, sondern auch ökonomisch gleichgestellt sind. Letzteres erfordert eine strikte Regulierung individuellen Gewinn- und Genussstrebens. Eine wichtige Voraussetzung hierfür ist Kleinräumigkeit.

Unklar ist jedoch die Frage, ob einzig Stadtstaaten, etwa Rousseaus Heimat Genf, oder auch größere Einheiten von

Männer« (Rousseau 1989b [1764], S. 380) alle Bürger an der Bestimmung der obersten Staatsgewalt teilhaben. Dies ist freilich ein Gedanke, welcher der im *Gesellschaftsvertrag* apodiktisch formulierten Ablehnung der Repräsentation widerspricht. Jedoch ist es alles andere als eindeutig, ob sich Rousseau dieses Widerspruchs bewusst war. Die diesbezüglichen Ausführungen in der Korsika-Schrift sind jedenfalls sehr knapp. Ausführlicher hat er sich mit der Frage der Repräsentation aber in den 1771 verfassten *Betrachtungen über die Regierung Polens* befasst.

In dieser Abhandlung bekräftigt Rousseau die These von der notwendigen Kleinräumigkeit einer republikanischen, also freiheitlichen Staatsform. Gerade in der Ausdehnung und der Größe der Bevölkerung sieht er den wesentlichen Grund für die damalige Schwäche der polnischen Nation. Rousseau geht sogar so weit, unmittelbar vor der ersten Teilung Polens im August 1772 eine durch äußere Mächte bewirkte Verkleinerung des Staatsgebietes als Wohltat für Polen zu preisen. Allerdings deutet er auch einen Weg an, ohne eine Zerschlagung des Landes die Vorteile der Kleinräumigkeit in einem Flächenstaat zu verwirklichen, nämlich die Idee einer Föderation. Konkret schlägt er die Aufteilung in 33 weitgehend autonome Kleinstaaten, die »Wojewodschaften«, vor. Es ist allerdings nicht ganz klar, wie er sich die Kompetenzverteilung zwischen den Teilrepubliken und der nationalen Ebene im Einzelnen vorstellt. Detaillierter geht Rousseau auf die Frage der Repräsentativverfassung mit Blick auf den Reichstag, also die nationale Gesetzgebungsversammlung, ein. Dabei skizziert er ein Modell, das auf einer möglichst engen Kontrolle der Deputierten beruht, die er als Landboten bezeichnet und die in den Wojewodschaften gewählt werden sollen. Mittel hierfür sind häufige Wahlen, die Rotation der Abgeordneten und auch Instruktionen. Vor allem auf letztere legt Rousseau großes Gewicht. Die Abgeordneten sollen dazu gezwungen werden, »genau ihren Instruktionen zu folgen«, schreibt Rousseau (Rousseau 1989a [1771], S. 461) und führt aus:

> In den Berichterstattungslandtagen, die man unbedingt wieder einführen sollte, müssen sie bei ihrer Rückkehr über ihr Tun hinsichtlich der Instruktionen Rechenschaft legen, und auf Grund dieser Rechenschaft sollen sie sodann entweder von jedem künftigen Landbotenamt ausgeschlossen oder aber, falls sie die Weisungen zur Zufriedenheit ihrer Wähler befolgt haben, als neuerlich wählbar erklärt werden. (Ebd., S. 462)

Unschwer ist in diesen und ähnlichen Passagen Rousseaus Bemühen zu erkennen, auch in einem Flächenstaat, in dem eine direkte Versammlung der Bürger nicht möglich ist, die Gesetzgebung in den Händen des Souveräns zu belassen und der Entstehung einer politischen Elite entgegenzuarbeiten. Er skizziert in seiner Polen-Schrift mithin eine Repräsentationstheorie, die gebundene Abgesandte vorsieht, keine freien Repräsentanten. Im Unterschied zu der zitierten Passage aus dem Verfassungsentwurf für Korsika, in der Rousseau die Vorteile der »Wahl aufgeklärter Männer« hervorhebt, geht er hier davon aus, dass einer derartigen Elite nicht zu trauen ist. Die Abgeordneten tendierten dazu, nicht den Gemeinwillen, sondern ihren Partikularwillen zu repräsentieren, wenn sie nicht durch geeignete Instrumente immer wieder an den Willen des Souveräns gebunden werden. Festzuhalten ist an dieser Stelle, dass Rousseau nicht bei der strikten Ablehnung repräsentativer Verfahren stehen geblieben ist, sondern insbesondere in seinen *Betrachtungen über die Regierung Polens* durchaus repräsentative Mechanismen befürwortet hat, zugleich aber bestrebt war, die Herausbildung einer abgesonderten politischen Elite zu verhindern. Zudem betont er auch hier die Notwendigkeit eines einheitlichen *demos*, und zwar noch deutlicher, als es in seinen anderen Werken der Fall ist. So fordert er eine besondere Pflege des Nationalcharakters, etwa durch nationale Trachten oder Feste. Dies soll der Auflösung nationaler Besonderheiten in einer Art kulturellem »Einheitsbrei« entgegenwirken, aber auch jene vaterländischen Tugenden erzeugen, ohne die eine Republik nicht überlebensfähig wäre. So beklagt Rousseau:

> Es gibt heute, was immer man auch behauptet, keine Franzosen, Deutschen, Spanier, ja selbst Engländer mehr; es gibt nur noch Europäer. Alle haben die gleichen Vorlieben, Leidenschaften, Sitten, weil kein Volk durch eine ihm eigentümliche Einrichtung eine nationale Gestalt bekommen hat. (Ebd., S. 441)

Was von überzeugten Europäern der Gegenwart begrüßt würde, sieht Rousseau also äußerst kritisch. Denn mit der Auflösung nationaler Identitäten geht für ihn die Vorherrschaft eines selbstverliebten und nur am seichten Konsum orientierten Menschentypus einher. Dieser Weltbürger verfügt ihm zufolge insbesondere nicht mehr über jene Tugenden, auf die die Praxis der Selbstgesetzgebung angewiesen ist. Aus eben diesem Grund empfiehlt Rousseau dann auch den Polen, ihre nationale Identität besonders zu pflegen und auf diese Weise dafür Sorge zu tragen, dass sie sich von anderen Völkern unterscheiden und sich nicht mit ihnen vermengen. Nur so würden sie aus »Lust und Liebe« den Gesetzen gehorchen und das Vaterland erfolgreich verteidigen: »Wenn ihr danach trachtet, daß ein Pole niemals ein Russe werden kann, stehe ich dafür ein, daß Rußland Polen nicht unterjochen wird« (ebd., S. 440). Bekanntlich hat sich diese Hoffnung Rousseaus nicht erfüllt.

Mit Montesquieu und Rousseau habe ich zwei politische Denker diskutiert, für die es ganz selbstverständlich war, dass ein demokratisches Gemeinwesen auf Kleinräumigkeit angewiesen ist. Zwar finden sich beim späten Rousseau Überlegungen zur Repräsentation, um eine annähernd demokratische Souveränität auch in kleineren Flächenstaaten zu ermöglichen, doch repräsentative Institutionen sind an drei Voraussetzungen gebunden: erstens eine möglichst große Homogenität der Bevölkerung und als Voraussetzung dafür eine überwiegend agrarische Subsistenzwirtschaft, zweitens eine föderale Struktur, die möglichst viele politische Kompetenzen auf der lokalen Ebene belässt, und drittens schließlich Mechanismen, welche die Volksvertreter eng an den Willen des *demos* binden sollen. All diese drei Elemente finden sich nun auch bei den Anti-Federalists wieder, jener Gruppe von Autoren, die sich 1787/88 gegen die neue amerikanische Unionsverfassung aussprachen. Ihr zentrales Argument war, dass die neue Verfassung die freiheitlich-demokratischen Errungenschaften des Amerikanischen Unabhängigkeitskrieges von 1775-1783 vernichten und die Herrschaft einer »neuen Aristokratie« etablieren würde, und zwar gerade aufgrund der räumlichen Ausdehnung des neuen Herrschaftsverbundes. Den Anti-Federalists standen die Federalists gegenüber, die die neue politische Ordnung verteidigten. Insbesondere die von Alexander Hamilton, James Madison und John Jay im Vorfeld des New Yorker Ratifizierungskonvents verfassten Artikel, die wenig später in Buchform zusammengefasst wurden, sind in den Kanon des politischen Denkens eingegangen. Das hat vor allem damit zu tun, dass sie radikal mit der Vorstellung brechen, eine freiheitliche Regierung sei nur in kleinräumigen Strukturen möglich. Die *Federalist Papers* werden daher von vielen Autoren als demokratietheoretischer Meilenstein gepriesen (Richter 1994; Vorländer 2003). Auch im Kontext der Diskussion über die Demokratisierung der Europäischen Union hört man häufig Verweise auf die amerikanische Unionsverfassung und ihre Apologeten. Das entbehrt jedoch insofern nicht einer gewissen Ironie, als es sich bei den Autoren der *Federalist Papers* um dezidierte Demokratiekritiker handelte, wie im Folgenden zu zeigen sein wird.

Die Größe der Republik im Spiegel der US-amerikanischen Ratifizierungsdebatte

Die neue Verfassung sollte die Konföderationsverfassung ersetzen, welche sich die 13 amerikanischen Kolonien im Zuge des Unabhängigkeitskrieges gegeben hatten.[4] Nach Ende des Krieges hatte sich diese Verfassung, welche einen lockeren Zusammenhalt zwischen den unabhängigen Republiken vorsah, in den Augen der politischen Elite als unzureichend erwiesen. Bemängelt wurde insbesondere eine wirtschaftliche und militärische Schwäche, die durch einen engeren Zusammenschluss überwunden werden sollte. Zugleich erhofften sich die »Verfassungsväter«, demokratische Forderungen und Erhebungen seitens der ärmeren Schichten durch die Einrichtung einer eigenständigen nationalen Legislative und Exekutive besser beherrschen zu können. Im Zuge des Unabhängigkeitskrieges hatte sich in der Bevölkerung nämlich ein starkes Streben nach politischer Autonomie entwickelt, welches nicht nur zur Ablösung vom englischen Mutterland, sondern eben auch zu einer Intensivierung der Selbstregierung führte. Diese schlug sich in ganz unterschiedlichen Formen nieder. Zu nennen sind hier insbesondere die »township meetings« sowie die Praxis regelmäßiger Wahlen nicht nur legislativer Versammlungen, sondern auch wesentlicher Amtspersonen. Hinzu traten verschiedene Mechanismen, welche

4 Ich werde auf die Konföderationsverfassung im letzten Kapitel noch ausführlicher eingehen.

die Abgeordneten an ihre jeweiligen lokalen Wähler rückbinden sollten, etwa das Rotationsprinzip und enge inhaltliche Instruktionen. Schließlich sind auch die häufigen Erhebungen des Volkes gegen die Regierung als Ausdruck einer weitverbreiteten radikaldemokratischen Gesinnung und Praxis anzusehen. Ebendiese demokratische Praxis war es, die in den Augen der US-amerikanischen Verfassungsväter die Stabilität der Gemeinwesen bedrohte. Zudem hatte kurz vor deren Zusammenkunft in Philadelphia ein Aufstand überschuldeter Kleinfarmer in Massachusetts für Unruhe unter den politischen Eliten gesorgt.[5]

Obgleich die Debatte über die Ratifizierung der US-Verfassung somit einem konkreten Anlass geschuldet war, wurden in der Auseinandersetzung zwischen den Autoren der *Federalist Papers* und ihren Widersachern, den Anti-Federalists, grundlegende Fragen politischer Ordnungsbildung thematisiert. Da ist zum einen der friedliche Zusammenschluss der amerikanischen Republiken zu einem Nationalstaat, für den es in der Weltgeschichte keinerlei Vorbilder gab. Zum anderen ist es das Prinzip der Volkssouveränität (*popular government*), das erstmalig in einem großen Flächenstaat gewährleistet werden sollte. Das sich daraus ergebende Programm, ein Territorium von der Größe der 13 amerikanischen Gemeinwesen in einem republikanischen Sinne zu regieren, war für die damalige Vorstellungswelt undenkbar. Für größere Gebilde, so die verbreitete, sich auf Montesquieu und Rousseau stützende Überzeugung, käme dagegen lediglich eine Monarchie oder eine gemischte Regierungsform, wie sie in Großbritannien existierte, infrage. Dieser Überzeugung widerspra-

5 Gemeint ist Shays' Rebellion; zur demokratischen Kultur und Praxis der Revolutionsära vgl. Wood (1969, S. 257-388) und Miller (1991, S. 51-80).

chen die Autoren der *Federalist Papers*: Wenn eine republikanische Regierung als repräsentative verstanden werde, sei sie auch in großen Nationalstaaten realisierbar.[6]

Die Quintessenz dieser begrifflichen Arbeit findet sich im zehnten Artikel, der aus der Feder von Madison stammt. In einem ersten Schritt beschreibt er die Demokratie hier als eine ebenso ungerechte wie maßlose Herrschaftsform. In ihr existiere die Tyrannei »einer eigensüchtigen und arroganten Mehrheit« (Hamilton/Jay/Madison 1994 [1788], S. 51), der die grundlegenden Rechte des Individuums schutzlos ausgeliefert seien. Streng genommen gilt dieser Angriff zunächst nur den antiken Demokratien, die Madison als kleine Gemeinwesen mit direktdemokratischen Praktiken versteht. Gleichwohl wird damit eine demokratische Ordnung überhaupt kritisiert, insofern er in einem nächsten Schritt begrifflich strikt zwischen einer Republik und einer Demokratie unterscheidet. Ziel ist, deren semantische Einheit aufzulösen, indem einem Begriff ein negativer, dem anderen ein positiver Gehalt eingeschrieben wird. Gegenüber den beschriebenen Mängeln der Demokratie biete eine Republik die Aussicht auf Stabilität und Ordnung. Doch bleibt es nicht allein bei dieser Entgegensetzung von Demokratie und Republik, vielmehr verbirgt sich auch in der Definition von »Republik« eine entscheidende Verschiebung, und zwar hinsichtlich ihrer räumlichen Dimension, ist es laut Madison doch gerade

6 Eine ähnliche Denkbewegung findet sich nahezu zeitgleich in Emmanuel Joseph Sieyès' Schriften zur Französischen Revolution; vgl. Jörke (2011, S. 192-199). Auch Thomas Paine (1962 [1790]) sieht im Repräsentationsprinzip die Möglichkeit, Demokratie von der Polis auf den Flächenstaat zu übertragen. Im Unterschied zu den Autoren der *Federalist Papers* und zu Sieyès kommt es bei Paine aber nicht zu einer elitentheoretischen Einhegung demokratischer Kräfte; vielmehr steht er dem Demokratieverständnis der Anti-Federalists nahe.

die Kleinräumigkeit, die einer freiheitlichen, also republikanischen Regierung entgegensteht. Einzig in einem territorial ausgedehnten Gemeinwesen, wie es die Vereinigten Staaten darstellen würden, wäre die Gefahr einer Mehrheitstyrannei ebenso wie die einer von Korruption geprägten Politik gebannt:

> Je kleiner ein Gemeinwesen ist, desto weniger Parteien und Sonderinteressen werden darin existieren, desto häufiger kann sich eine Mehrheit aus derselben Partei bilden. Je weniger Personen eine Mehrheit bilden können, und je enger sie beieinander leben, desto leichter fällt es ihnen, ihre Pläne zur Unterdrückung anderer zu koordinieren und ins Werk zu setzen. Vergrößert man das Gebiet, so umfaßt es eine größere Vielfalt von Parteien und Interessen, damit aber wird es weniger wahrscheinlich, daß eine Mehrheit des Ganzen ein gemeinsames Motiv hat und die Rechte anderer Bürger verletzt. (Ebd., S. 57)

Damit ist das herkömmliche Verständnis von Republik, dem sich auch die Verfassungsgegner in ihrer Mehrheit verpflichtet fühlen, in mehrfacher Hinsicht auf den Kopf gestellt. Erstens wird der Begriff in räumlicher Hinsicht neu definiert. War es für Autoren wie Montesquieu, Rousseau und eben auch die Anti-Federalists selbstverständlich, dass eine Republik nur in kleinen Räumen verwirklicht werden könne, so ist für Madison eine wirklich freie Republik nur in einem großen Territorium möglich. Zweitens lässt sich ihm zufolge auch nur dort von republikanischen Zuständen reden, wo die partikularen Parteiungen sich wechselseitig in Schach halten, wo also eine ausreichende Pluralität an Interessen und Gesinnungen existiert. Damit wird der Zusammenhang von Homogenität und Republikanismus aufgelöst. Drittens erfährt auch der Freiheitsbegriff eine entscheidende Neuakzentuierung. Madison artikuliert nicht mehr ein traditionell republikanisches Freiheitsverständnis im Sinne der Selbstregierung, sondern ein liberales Verständnis von Freiheit im Sinne des Schutzes von Abwehrrechten, wozu nicht zuletzt das Eigentumsrecht gehört.

Fragt man nun danach, worin genau der Zusammenhang zwischen Großräumigkeit, Pluralität und dem Schutz liberaler Freiheitsrechte besteht, so verweist Madison auf die Filterung des politischen Personals, welche sich aus der unvermeidlichen Größe der Wahlbezirke ergibt. Die Größe der Union führt ihm zufolge dazu, dass vornehmlich Männer aus den oberen Schichten die Wahlen gewinnen werden. Einer der entscheidenden Vorzüge einer großen Republik bestehe also in der höheren Qualität des politischen Personals. Dafür gäbe es zunächst einen arithmetischen Grund: Bei einer größeren Menge von Kandidaten sei die Wahrscheinlichkeit höher, dass sich unter ihnen auch genügend »wahre Wächter des öffentlichen Wohls« fänden (Hamilton/Jay/Madison 1994, S. 56). Sodann seien die gewählten Repräsentanten aber auch unabhängiger von lokalen und, wie Madison ergänzt, engstirnigen Interessen. In einer berühmten Passage beschreibt er sie als Männer, »deren aufgeklärte Ansichten und tugendhafte Einstellungen sie lokalen Vorurteilen und Komplotten gegen die Gerechtigkeit entheben« (ebd., S. 57). Der Vorteil eines überschaubaren – Madison wendet sich gegen die Forderung der Anti-Federalists, die Abgeordnetenzahl im Repräsentantenhaus zu erweitern – und von »erlesenen Charakteren« geprägten Parlaments besteht ihm zufolge in der Fähigkeit zur Läuterung partikularer wie irrationaler Meinungen und Leidenschaften. Repräsentation wirkt zusammen mit den berühmten »checks and balances« mithin als Mechanismus, der dazu dient, »das wahre Interesse des Landes« zu bestimmen. Madison fasst die Vorteile einer repräsentativen Republik wie folgt zusammen:

> Eine derartige Regelung kann sehr wohl dazu führen, daß die öffentliche Meinung aus dem Munde der Volksvertreter eher dem öffentlichen Wohl entspricht als [die] aus dem Munde des Volkes, sollte es selbst zu diesem Zweck zusammentreten. (Ebd., S. 55)

Die technische Frage der Realisierung der Beteiligung der Vielen in einem großen Flächenstaat ist also nur die eine Seite der Neuerfindung der Republik und später der Demokratie als repräsentative. Die andere Seite besteht darin, dass der Beteiligungsprozess nach Ansicht jener Autoren, die das moderne Verständnis der repräsentativen Demokratie wesentlich geprägt haben, gesiebt und kanalisiert werden muss. Die Autoren der *Federalist Papers* lehnen nicht nur eine allzu unmittelbare Beteiligung des *demos* ab, sondern verorten die politische Macht ganz explizit bei einer neuen Elite. Insgesamt zielen die institutionellen Vorkehrungen auf die Errichtung einer Wahlaristokratie, die zwar auf der einen Seite potenziell allgemeine Partizipationsrechte in Form der periodischen Stimmabgabe etabliert, auf der anderen Seite den politischen Willensbildungsprozess aber zuungunsten demokratischer Elemente filtert und Freiheit nicht länger als Selbstregierung, sondern in einem liberalen Sinne als Schutz vor Übergriffen durch den Mehrheitswillen begreift. Gegen beides richtete sich der Protest der Anti-Federalists.

Zwar wäre es verkehrt, alle Anti-Federalists als Verteidiger demokratischer Praktiken zu bezeichnen, doch findet sich unter ihnen eine Reihe von Autoren, die die neue Unionsverfassung insbesondere aufgrund befürchteter elitärer Tendenzen kritisierten. Die demokratisch gesinnten Anti-Federalists kamen größtenteils aus den Neuenglandstaaten sowie aus New York und Pennsylvania, also aus einer stärker durch die Beteiligung der mittleren und unteren Schichten gekennzeichneten politischen Welt, als es in den Südstaaten der Fall war.[7] Entsprechend werden in deren Schriften jene demokratischen Errungenschaften der Revolutionsära gerechtfertigt, die durch die neue Unionsverfassung eingeschränkt werden sollten. Kritisiert wurde jedoch nicht die Übertragung politischer Macht auf Repräsentanten als solche, sondern Brutus, Melancton Smith und der Federal Farmer[8] gingen von der Prämisse aus, dass die neue großräumige Ordnung gerade nicht zu einem Ausgleich zwischen den verschiedenen sozialen Klassen führen, sondern vielmehr die Interessen starker Akteure begünstigen würde. Diejenigen Angehörigen der politischen Elite, die Madison als die »wahre[n] Wächter des öffentlichen Wohls« charakterisierte, waren in den Augen der Anti-Federalists lediglich Vertreter partikularer und gerade nicht gemeinwohlorientierter Interessen.

So stellt etwa der Federal Farmer die Angehörigen einer »natürlichen Aristokratie«, bestehend aus den politischen und militärischen Eliten, den höheren Richtern, Großgrundbesitzern sowie reichen Kaufleuten, den Angehörigen einer »natürlichen Demokratie« gegenüber, welche sich aus Farmern, Kleinhändlern, Handwerkern und einfachen Soldaten zusammensetze. Entscheidend ist für ihn, dass diese beiden Klassen grundlegend unterschiedliche Interessen besitzen: »Es ist leicht zu erkennen, dass Männer dieser zwei Klassen, der aristokratischen und der demokratischen, mit gleichermaßen ehrlichen Ansichten, sehr unterschiedliche Überzeugungen haben, insbesondere was öffentliche und private Ausgaben, Gehälter und Steuern betrifft.« (28.97)[9] Wichtig ist

7 Vgl. zur Einteilung der Anti-Federalists in verschiedene politische Strömungen Cornell (1999) und Siemers (2002).

8 Die Autorenschaft der Pamphlete, die unter den Pseudonymen »Brutus« und »The Federal Farmer« publiziert wurden, ist bis heute ungeklärt.

9 Alle Zitate aus den Schriften der Anti-Federalists entstammen der

zweierlei: Erstens darf man diese Gegenüberstellung einer aristokratischen und einer demokratischen Klasse nicht als Klassengegensatz im marxistischen Sinne verstehen. Das Denken der Anti-Federalists war größtenteils noch vom Republikanismus der Whigs geprägt, der von einer Balance der verschiedenen Gesellschaftsschichten ausging. Im Hintergrund steht hier die Idee einer Mischverfassung. Auch findet sich bei den Anti-Federalists keine fundamentale Kritik an Eigentumsrechten und der Marktwirtschaft, wohl aber – und hierin können sie als Vorläufer des US-amerikanischen Populismus Ende des 19. Jahrhunderts gesehen werden – wenden sie sich gegen die Konzentration der politischen Macht bei denjenigen, die über erhebliche wirtschaftliche Macht verfügen. Das führt zum anderen Punkt: Die Anti-Federalists sahen durch die räumliche Ausdehnung das zuvor erreichte Gleichgewicht zwischen dem aristokratischen und dem demokratischen Teil zerstört. Mit anderen Worten, die von Madison gepriesene Großräumigkeit spielt der »natürlichen Aristokratie« in die Hände und negiert damit die Errungenschaften der Amerikanischen Revolution. So schreibt Melancton Smith in einer New Yorker Zeitung: »Ich bin überzeugt, dass diese Regierung so konstituiert ist, dass die Vertreter in der Regel aus der ersten Klasse der Gemeinschaft bestehen werden.« (612.16) Die Männer mit den größeren politischen Talenten und den größeren Vermögen würden sich bei den Wahlen gegenüber den gewöhnlichen Bürgern durchsetzen, und dies führe zu einer verzerrten Form der Repräsentation.

Warum das in der neuen Union der Fall sein würde, erläutert der Federal Farmer. Zu diesem Zweck unterteilt er die

von Herbert Storing herausgegebenen Sammlung *The Complete Anti-Federalist* (1981, 7 Bde.); die Verweise in den Klammern beziehen sich zunächst auf den jeweiligen Band und dann auf die von Storing unternommene Aufteilung.

Kandidaten in drei Klassen, und zwar die der »natürlichen Aristokratie«, die der »populären Demagogen« und die Klasse derjenigen, die den »wesentlichen und respektablen Teil der Demokratie« ausmachten (2.8.113). Die Demokraten charakterisiert er als das Rückgrat der lokalen Selbstverwaltung, die für gewöhnlich mittlere Verwaltungsposten innehaben, aber in großen Versammlungen zum Schweigen neigten. Dies sei der erste Grund, der verhindere, dass Männer aus dieser Klasse gewählt würden. Hinzu komme zweitens ihr geringer Organisationsgrad, der eine Bündelung ihrer Kräfte hemme und dem die hohe Organisationsfähigkeit der »natürlichen Aristokratie« gegenüberstehe, die auch räumliche Distanzen überbrücken könne. Drittens, und hier greift der Federal Farmer ein wiederkehrendes Motiv der Verfassungsgegner auf, sei die Anzahl der Abgeordneten viel zu gering und der Umfang der Wahlbezirke viel zu groß, als dass der »respektable« Teil der Bevölkerung eine Chance hätte. Dafür seien diese Männer schlichtweg zu unbekannt in Wahlbezirken, die 30000 oder mehr Einwohner umfassen.

In den Schriften der Anti-Federalists finden sich noch weitere Argumente, die den negativen Zusammenhang von Größe und Demokratie stützen sollen. So argumentiert Brutus, die Repräsentanten würden sich viel zu sehr von den einfachen Bürgern entfremden, da sie im fernen Philadelphia weitgehend unter sich blieben und nicht mehr in ihren lokalen Gemeinden verwurzelt seien. Hinzu käme die Heterogenität der Sitten aufseiten der einfachen Leute, die notwendig mit der neuen Union einhergehe:

> In einer Republik von der Größe dieses Kontinents wären die Menschen nur mit sehr wenigen ihrer Herrscher vertraut. Die Bürger in ihrer Gesamtheit wüssten wenig über deren Beratungen, und es wäre für sie extrem schwierig, diese zu beeinflussen. Die Menschen in Georgia und New Hampshire würden ihre wechselseitigen Ansich-

ten nicht kennen und könnten daher nicht an einem Strang ziehen, um einen allgemeinen Austausch der Repräsentanten herbeizuführen. (2.9.18)

Infolge der Heterogenität der Sitten seien die Bürger also nicht in der Lage, mit einer Stimme zu sprechen. Vielmehr würden Streit und Missgunst vorherrschen. Und das sei eine direkte Folge der Größe, da »die Gesetze und die Gebräuche in den einzelnen Staaten [...] in vielen Bereichen sehr verschieden [sind] und in einigen geradezu entgegengesetzt. Jeder würde die eigenen Interessen und Sitten bevorzugen« (ebd.). Das habe den Effekt, dass der *demos* nicht mit einer Stimme sprechen könne, während die »natürliche Aristokratie« im Allgemeinen und die politische Elite im Besonderen über genügend Gemeinsamkeiten verfügten, um ihre Interessen durchzusetzen: »In einer so großen Republik würden die hohen Regierungsbeamten sich rasch der Kontrolle der Bürger entziehen und sie würden ihre Macht missbrauchen, um sich wichtig zu machen und die Bürger zu unterdrücken.« (2.9.20)

Zwar erkennt Brutus durchaus die Notwendigkeit der Repräsentation an; entscheidend für den Geist einer »freien Republik« sei jedoch, dass die Repräsentanten sich nicht zu weit von den Repräsentierten entfernten, sie also an deren Willen rückgebunden blieben. Das sei allerdings nur in kleinen Republiken möglich, nicht aber in der neuen Union mit ihren riesigen Ausmaßen. Diese könne gar keine Republik darstellen, weil sie weder den erforderlichen sittlichen Zusammenhalt aufweisen noch eine wirkliche Repräsentation des Volkes ermöglichen würde. Kurzum, die Vereinigten Staaten würden sich sehr weit vom Ideal einer »freien Republik« entfernen. Bei Brutus finden wir somit eine traditionelle Begriffsverwendung, die er mit Montesquieu und Rousseau teilt, die aber zugleich der gelebten Erfahrung nach der Unabhängigkeit entstammt.

Dem elitären Repräsentationsmodell der Federalists stellte Brutus eine Art Spiegelmodell entgegen.[10] Die Interessen des Volkes seien dann, aber auch nur dann gewahrt, wenn die Repräsentanten den Repräsentierten möglichst stark ähnelten:

> Schon der Ausdruck »repräsentativ« impliziert, dass die Person oder der Körper, der für diesen Zweck ausgewählt wurde, denen ähnlich sein sollte, die sie ernennen – eine Repräsentation der Menschen Amerikas, wenn sie eine wahre ist, muss wie das Volk sein. [...] Es sollte dann garantiert sein, dass diejenigen, die anstelle des Volkes platziert sind, dessen Meinungen und Gefühle besitzen und von dessen Interessen regiert werden sollten, oder, mit anderen Worten, die stärkste Ähnlichkeit mit denjenigen haben sollten, in deren Zimmer sie sich befinden. (2.9.42)[11]

Um nun zu gewährleisten, dass auch tatsächlich sämtliche sozialen Gruppen repräsentiert werden, forderten Brutus und andere Anti-Federalists eine Erweiterung der Abgeordnetenzahl im Repräsentantenhaus. Auch wenn sie die neue Union aufgrund ihrer Größe ablehnten, zeigten sie sich also dennoch bemüht, zumindest die schlimmsten Auswüchse zu verhindern. Zu diesem Zweck finden sich nun mannigfache

10 Die klassische Formulierung dieses Konzepts stammt von John Adams: »Da die repräsentative Versammlung ein genaues Porträt, im Kleinen, der Menschen im Großen sein sollte, da sie wie sie denken, fühlen, räsonieren und handeln sollte, sollte bei ihrer Bildung große Sorgfalt angewandt werden, um unfaire, partielle und korrupte Wahlen zu verhindern.« (Adams 1851 [1776], S. 205) Vgl. zum Spiegel-Modell der Repräsentation Pitkin (1967, S. 60-91) und, im Anschluss an Pitkin und mit Blick auf die Vorstellungen der Anti-Federalists, auch Manin (2007, S. 152-182).

11 Dieses Insistieren auf der Notwendigkeit sozialer Ähnlichkeit ist ein wiederkehrender Topos der Kritik der Anti-Federalists. Vergleichbare Passagen finden sich etwa beim Federal Farmer (2.8.15, 2.8.97), bei Samuel Case (5.3.20) und Melancton Smith (6.12.15).

Vorschläge zur Übertragung derjenigen Mechanismen, die in den einzelnen Staaten die Responsivität der politischen Elite gewährleisten sollten. So wurden einerseits jährliche Wahlen eingefordert,[12] andererseits drei konkrete Verfahren benannt, die die Entscheidungen der Repräsentanten enger an den Willen der Repräsentierten binden sollten: schriftliche Instruktionen, die Möglichkeit der Abberufung und das Rotationsprinzip.

Schriftliche Instruktionen waren insbesondere in Neuengland bereits vor der Revolution, aber auch in den darauffolgenden Jahren ein durchaus geläufiges Mittel zur Kontrolle der Mandatsträger (vgl. Reid 1989, S. 96ff.). Auch der Mechanismus der Abberufung der Repräsentanten, etwa im Fall eines groben Bruchs von Wahlversprechen, war geläufig (vgl. Wood 1969, S. 189ff.; Miller 1991, S. 51ff.). Zudem schlägt der Federal Farmer vor, dass Abgeordnete, wenn sie vier Jahre ununterbrochen oder vier der vorangegangenen sechs Jahre im Kongress gesessen haben, für zwei Jahre von einer erneuten Kandidatur ausgeschlossen werden. Damit soll vornehmlich die Herausbildung einer politischen Klasse verhindert werden. Die Rotation soll sowohl davor schützen, dass die Repräsentanten zu einem geschlossenen Block mit eigenen Standesinteressen werden, als auch verhindern, dass sich die politische Macht auf wenige Männer mit besonderen politischen (etwa rhetorischen) Fähigkeiten oder finanziellen Ressourcen beschränke. Doch das sei nicht der einzige Vorteil: Die Rückkehr ins bürgerliche Leben habe darüber hinaus auch eine reinigende Funktion, ja wirke wie eine demokratische Frischzellenkur:

12 Etwa von An Officer of the Late Continental Army (3.8.3), Aristocratis (3.16.4) und John DeWitt (4.3.9).

> Es wird im allgemeinen zweckmäßig sein, dass ein Mann, der vier Jahre im Kongress gedient hat, nach Hause kommt, sich mit den Leuten vermischt und einige Zeit mit ihnen verbringt; dies wird dazu führen, ihn wieder mit den Interessen, Gefühlen und Ansichten der Leute vertraut zu machen und damit bei ihm die wesentlichen Qualifikationen eines Gesetzgebers aufzufrischen [...]. (2.8.147)

Nun ist sich der Federal Farmer der Einwände gegen das Rotationsprinzip natürlich durchaus bewusst; der am schwersten wiegende besteht darin, dass die Regierung einer so großen Nation wie der Vereinigten Staaten spezifische Kompetenzen erfordere, über die nur wenige verfügten. Aber diese Kritik ziele insofern an seinem Vorschlag vorbei, als es ihm lediglich um die Abgeordneten in der Legislative gehe, nicht jedoch um politische Beamte und Richter. Mit Blick auf die gewählten Mandatsträger komme es zwar durchaus vor, dass herausragende Talente für einen kurzen Zeitraum pausieren müssten, dieser Nachteil werde allerdings dadurch kompensiert, dass durch die Rotation mehr Männer mit der Kunst der Gesetzgebung in Berührung kämen und es als Nebeneffekt zu einer Verbreitung dieser Kenntnisse im Volk komme.

In den Schriften der Anti-Federalists finden sich neben der grundlegenden Kritik, dass der neue Nationalstaat aufgrund seiner Größe vornehmlich den Interessen der »natürlichen Aristokratie« zugutekommen, wenn nicht gar despotische Züge annehmen würde, somit viele konkrete Reformvorschläge, um die neue nationalstaatliche Ordnung wenigstens etwas freiheitlich-republikanischer (nach heutigem Begriffsgebrauch demokratischer) zu gestalten. Dazu gehörten neben der Erweiterung der Abgeordnetenzahl, der Verkürzung der Wahlperioden, den schriftlichen Instruktionen und dem Rotationsprinzip auch Vorschläge, die auf eine stärkere vertikale Verschränkung im Rahmen eines föderalistischen Systems (unter Einbeziehung der legislativen Versammlungen der einzelnen Staaten) abzielten, sowie die Forderung nach qualifizierten Mehrheiten für grundlegende Entscheidungen wie etwa die Einführung neuer Steuern oder in Fragen der nationalen Armee (2.8.120). Nicht zuletzt setzten sich die Anti-Federalists für die Beibehaltung der lokalen Geschworenengerichte ein, die ebenfalls zu einer stärkeren Kontrolle der Repräsentanten beitragen sollten.

An dieser Stelle bleibt jedoch festzuhalten, dass die institutionellen Forderungen der Anti-Federalists zwar durchaus mit repräsentativen Mechanismen vereinbar und insofern nicht dem Modell einer reinen Versammlungsdemokratie verhaftet waren, gleichwohl aber auf gesellschaftlichen Voraussetzungen beruhten, die auf der Unionsebene, wenn überhaupt, nur unzureichend existierten. Dazu zählten nicht zuletzt die Überschaubarkeit der politischen Prozesse und eine gewisse Einfachheit wie Einheitlichkeit der Sitten, Lebensgewohnheiten und Interessen, alles Merkmale eines republikanischen Politikverständnisses. Hintergrund des antiföderalistischen Beharrens auf Kleinräumigkeit war das Bestreben, kollektive Handlungsmacht für die mittleren und unteren Schichten zu gewährleisten, und das widersprach der geografischen Ausdehnung des Staates. Die Federalists vertraten demgegenüber eine liberale Theorie, die sich gegen eine vermeintliche Mehrheitstyrannei stellt und die Rechte der Individuen betont; die politische Beteiligung der meisten Bürger sollte sich auf den Wahlakt beschränken. Sie setzten auf ein System der »checks and balances« sowie auf politische Eliten, die sich deutlich von der Mehrzahl der Bürger abheben. In der Auseinandersetzung zwischen Federalists und Anti-Federalists kehrt mithin eine Unterscheidung wieder, auf die wir bereits zu Beginn dieses Abschnittes bei der Gegenüberstellung von Athen und Rom gestoßen sind. Ein republikanisches Verständnis von Demokratie setzt Kleinräumigkeit voraus, ein liberales Verständnis ist auch mit größeren Herrschaftsverbänden vereinbar. Daran hat sich bis zum heutigen Tag wenig verändert.

3. Size matters, aber small ist nicht immer beautiful

Der klassischen Auffassung zufolge setzen Demokratien, wie wir im vorigen Kapitel gesehen haben, Kleinräumigkeit und eine überschaubare Bevölkerungszahl voraus. In größeren Gebilden käme demgegenüber lediglich eine Monarchie infrage, und in ganz großen Territorien würde es notwendig zu einer Despotie kommen. Diese Einschätzung ist ganz offenkundig überholt. Seit der Erfindung der repräsentativen Demokratie am Ende des 18. Jahrhunderts haben wir uns daran gewöhnt, auch Flächenstaaten wie Frankreich, Italien und Deutschland als Demokratien zu bezeichnen. Und selbst Staaten von erheblicher Ausdehnung wie Kanada, die USA, Australien oder auch Brasilien werden gemeinhin als Demokratien klassifiziert, und zwar sowohl in politikwissenschaftlichen Publikationen als auch in der breiteren Öffentlichkeit. Hat also die klassische Lehre von der Größe der Demokratie ihre Überzeugungskraft verloren? Lässt sich überhaupt noch irgendein Zusammenhang zwischen Größe und Demokratie feststellen? Was heißt überhaupt Größe und was soll man unter Demokratie verstehen? Diese Fragen werden im Zentrum der nächsten Seiten stehen, und es wird sich zeigen, dass vor allem die letzte Frage entscheidend ist. Wenn man mit »Demokratie« lediglich die Existenz eines spezifischen Institutionensets, nämlich freie Wahlen, Parlamente, Parteien, Gewaltenteilung und Rechtsstaatlichkeit verbindet, also ein liberales Verständnis zugrunde legt, dann erweisen sich auch sehr große Staaten zumindest als demokratiefähig. Wird »Demokratie« jedoch republikanisch oder sogar sozialdemokratisch ausbuchstabiert, wie ich es im ersten Kapitel vorgeschlagen habe, dann ergeben sich Zweifel hinsichtlich der Demokratiequalität sehr großer Herrschaftsräume. Doch selbst wenn man einem liberalen Verständnis von Demokratie folgt, zeigt sich ein Zusammenhang. Zwar können auch sehr große Staaten (man denke etwa an die USA oder an Indien) liberal-demokratische Institutionen aufweisen, doch ist die Wahrscheinlichkeit hierfür bei kleineren Staaten erheblich größer.[1]

Natürlich hängen Aussagen über das Verhältnis von Größe und Demokratie ebenso davon ab, was unter Größe verstanden wird. Die Größe eines Herrschaftsverbands lässt sich prinzipiell in zwei Richtungen operationalisieren, also für die empirische Forschung handhabbar machen: über die Einwohnerzahl oder aber über die Fläche des Staates. Mit einer Entscheidung für eine der beiden Optionen können freilich erhebliche Verzerrungen verbunden sein, wie anhand von zwei Beispielen deutlich wird. Schaut man nur auf die Einwohnerzahl, würde Kanada mit 36 Millionen eher zu den mittelgroßen Staaten zählen; mit Blick auf das Gebiet sieht es mit knapp 10 000 000 Quadratkilometern ganz anders aus – Kanada wäre in dieser Hinsicht als ein Riesenstaat zu betrachten. Bangladesch wiederum zählt mit knapp 165 Millionen Einwohnern zu den größeren Staaten, verfügt aber mit einer Fläche von 147 600 Quadratkilometern über ein deutlich kleineres Territorium als Kanada. Ist Bangladesch nun ein größerer Staat als Kanada oder andersherum?

Führt man beide Dimensionen der Größe zusammen, gelangt man zur Bevölkerungsdichte. Was auf den ersten Blick

1 Es geht mir im Folgenden nur um die Größe von Staaten, ausgeblendet wird dagegen die Frage, welche Effekte die Größe auf die Praxis der lokalen Demokratie hat. Der überwiegende Befund ist, dass kleinere Kommunen eine höhere Partizipationsrate aufweisen und die Bürgerinnen und Bürger dort auch eine höhere Demokratiezufriedenheit besitzen; vgl. u. a. Hansen (2015) und Zeedan (2017).

wie eine elegante Lösung erscheint, ist jedoch nur bedingt aussagekräftig, insofern es zu kontraintuitiven Zuschreibungen kommen kann. Um das an einem weiteren Beispiel zu illustrieren: Die Niederlande zählen mit 17 Millionen Einwohnern und einer Fläche von gut 41 000 Quadratkilometern sicherlich zu den kleineren Staaten, weisen aber mit 408 Einwohnern pro Quadratkilometer eine sehr hohe Bevölkerungsdichte auf. Zum Vergleich seien die USA genannt, die bei einer Fläche von zehn Millionen Quadratkilometern und einer Einwohnerzahl von knapp 330 Millionen eine Bevölkerungsdichte von 33 Einwohnern pro Quadratkilometer aufweisen. Die Niederlande wären also als groß, die USA jedoch als klein einzustufen. Die Bevölkerungsdichte scheidet mithin als Indikator aus. Es bleiben die Größe des Staatsgebietes und die Bevölkerungszahl.

Auch wenn diese Operationalisierung von Größe nicht optimal ist, soll im Folgenden daher vorwiegend die Einwohnerzahl in den Blick genommen werden. Dafür spricht zunächst, dass die meisten sozialwissenschaftlichen Studien die Größe eines Staates auf diese Weise operationalisieren. Dafür spricht aber auch, dass die räumliche Ausdehnung infolge vielfältiger technologischer Entwicklungen heutzutage bei Weitem nicht mehr die Relevanz hat, die sie in der frühen Neuzeit innehatte, als Autoren wie Montesquieu, Rousseau, Madison und die Anti-Federalists über die maximale Größe einer Republik diskutierten. Ein zentrales Argument der Anti-Federalists war die schiere räumliche Entfernung der politischen Zentren und die damit verbundene Gefahr einer Abkopplung der politischen Elite. Zwar wird auch heutzutage über die abgehobene »politische Klasse« in Washington, Berlin oder auch Brüssel geschimpft, doch liegt das weniger daran, dass die Hauptstädte räumlich zu weit entfernt sind. Man braucht Anfang des 21. Jahrhunderts keine vier Tage, um von der Bretagne oder von Verden an der Aller nach Brüssel zu reisen, und selbst von Bukarest ist man in drei Stunden dort, wenn man sich den Flug denn leisten kann. Es gibt überregionale Medien, in denen regelmäßig aus den Hauptstädten berichtet wird. Hinzu treten die neuen Möglichkeiten der internetbasierten Kommunikation, mit der auch sehr große Entfernungen in Sekundenschnelle überwunden werden können. Wenn die räumliche Distanz nicht mehr über jene Relevanz wie in der Vergangenheit verfügt, heißt das jedoch nicht, dass sie völlig bedeutungslos geworden wäre. In Staaten mit großem Territorium existieren weiterhin eher regionale Differenzen – etwa hinsichtlich des Vorkommens von Rohstoffen oder der wirtschaftlichen Leistungsfähigkeit – als in solchen, die nur ein kleines Staatsgebiet besitzen. Und auch die Wahrscheinlichkeit, dass es nationale oder religiöse Minderheiten gibt, ist in ausgedehnten Ländern größer als in kleinen. So stellten bereits Robert A. Dahl und Edward R. Tufte in *Size and Democracy* fest: »Ein großes Land ist sehr viel heterogener als ein kleines Land. Umgekehrt ist ein kleines Land sehr viel homogener als ein großes Land.« (1973, S. 34) Indes ist davon auszugehen, dass dieser Zusammenhang auch mit Blick auf die Bevölkerungsgröße gilt (vgl. Alesina/Spolaore 2005, S. 4). Ein Land wie die USA mit knapp 330 Millionen Einwohnern ist wesentlich heterogener als Österreich mit knapp neun Millionen, Island mit 350 000 oder Nauru, der drittkleinste Staat der Erde, mit 10 000. Die Beobachtung ist mithin, dass Staaten mit einem großen Staatsgebiet in der Gesamtschau, was Ausnahmen nicht ausschließt, auch eine größere Einwohnerzahl und in der Konsequenz eine größere wirtschaftliche, soziale und kulturelle Heterogenität aufweisen. Allerdings ist es eine strittige Frage, ob damit notwendig eine Schwächung demokratischer Prinzipien einhergehen muss. Vertreter eines republikanischen Demokratieverständnisses sagen ja, Anhänger einer stärker liberalen Konzeption sind vom Gegenteil überzeugt. Was sind die jeweiligen Argumente?[2]

Theoretische Annahmen über den Zusammenhang von Größe und Demokratie

a) Argumente für kleine Demokratien

1. Es gibt dort weniger soziale und kulturelle Differenzen. Größere Homogenität, vor allem in Bezug auf Ethnie, Sprache, Religiosität, aber auch in sozioökonomischer Hinsicht, erzeugt einen stärkeren Gemeinsinn. Das Resultat ist zum einen eine lebendige demokratische Praxis, zum anderen eine größere Solidarität mit den Mitbürgern, was sich etwa in einer höheren Bereitschaft zur Zahlung von Steuern und Sozialbeiträgen zeigt.

2. Infolge der größeren Homogenität kommt es auch kaum zu grundlegenden Konflikten, die ein demokratisches Miteinander verunmöglichen. Dieser Zusammenhang lässt sich einerseits kulturell ausbuchstabieren. Übereinstimmung in Werten und gemeinsame Traditionen führen zu mehr Zusammenhalt. Er lässt sich andererseits sozioökonomisch ausdeuten. Bereits Rousseau, Montesquieu und die Anti-Federalists haben darauf verwiesen, dass Kleinräumigkeit zu geringeren wirtschaftlichen Differenzen und damit auch zu geringeren Interessensgegensätzen führt.

2 Die folgende Auflistung orientiert sich an den Übersichten in Dahl/Tufte (1973, S. 13-15) und Alesina/Spolaore (2005, S. 3-6). Argumente für Kleinheit finden sich zudem noch bei Kohr (1983, 2017), Anckar/Anckar (1995), Diamond/Tsalik (1999) und Ott (2000); ein Plädoyer für Großräumigkeit findet sich demgegenüber bei Gerring et al. (2015).

3. Der Einfluss jedes Einzelnen auf die politischen Entscheidungen ist größer. In einem Staat mit 10000 Einwohnern zählt die einzelne Stimme mehr als in einem Staat mit einer Million. Das führt zu einer höheren Zufriedenheit mit der Demokratie. Auch lassen sich Formen der direkten Beteiligung leichter realisieren. Allerdings besteht hier offensichtlich kein notwendiger Zusammenhang: Auch große Staaten können über einen hohen Grad der Bürgerbeteiligung verfügen, wenn sie denn den untergeordneten Einheiten entsprechende Gestaltungsspielräume gewähren.

4. Infolge der Kleinheit sind die Bürgerinnen und Bürger auch vertrauter mit den politischen Prozessen. Die politischen Probleme sind weniger komplex und leichter durchschaubar.

5. Es existieren bessere Möglichkeiten der Elitenkontrolle. Die Abgeordneten sind stärker in ihren Wohnorten verwurzelt und weisen mithin eine größere Bürgernähe auf. Auch sind weniger vermittelnde Instanzen erforderlich, etwa bei der Organisation politischer Parteien.

6. Die politischen Eliten unterscheiden sich weniger von der Durchschnittsbevölkerung. Umgekehrt gilt, dass es in großen Demokratien zu einer Vertiefung der Kluft zwischen Repräsentanten und Repräsentierten kommt. Bereits Madison hat auf die Filterfunktion von Wahlen hingewiesen. Diese sind umso stärker, je größer die Wahlbezirke sind. Anders ausgedrückt: Je größer die Zahl der Wähler je Repräsentanten ist, desto größer sind die Unterschiede in den sozialen Merkmalen, vor allem hinsichtlich des Berufs, der Bildung und der Einkommen. Damit einher gehen größerer Differenzen in den Werten und Weltdeutungen zwischen den Repräsentanten und den Repräsentierten, was zu einer Vertrauenskrise führen kann.

b) Argumente für große Demokratien

1. Es existiert eine höhere soziale und kulturelle Pluralität. In der Folge bestehen mehr Freiräume für unterschiedliche Lebensentwürfe. Kleinheit kann als belastend erfahren werden, insbesondere von jenen Menschen, die sich den herrschenden Normen verweigern oder von ihnen unterdrückt werden. In kleinen Gemeinschaften ist mithin die Wahrscheinlichkeit größer, dass es zu einer »Tyrannei der Mehrheit« kommt. Umgekehrt gilt, dass es infolge größerer Heterogenität zu einer stärkeren Dynamik kommt, und zwar nicht nur in kultureller, sondern auch in ökonomischer Hinsicht.

2. Es ist in großen Gemeinwesen weniger wahrscheinlich, dass spezifische Interessen, etwa von mächtigen Konzernen, die politische Agenda dominieren. Es gibt beispielsweise nicht den einen großen Arbeitgeber, der über Erpressungspotenzial verfügt. Auch ist die Abhängigkeit der Volkswirtschaft von einzelnen Branchen oder gar einzelnen Firmen – etwa wie in Finnland mit Nokia – weniger stark ausgeprägt. Das verschafft größere politische Freiräume.

3. Es herrscht mehr Wettbewerb zwischen den politischen Eliten. Es ist weniger wahrscheinlich, dass es zu einem Elitenkonsens kommt oder dass wenige Familienclans die politische Agenda bestimmen. Der stärkere politische Wettbewerb und die damit verbundene wechselseitige Kontrolle führt zu weniger Korruption.

4. Auch wenn die Intensität der politischen Beteiligung für die meisten Bürgerinnen und Bürger geringer ist, so haben sie mehr Wahlmöglichkeiten. Es herrscht weniger Konformitätsdruck, wie er in Formen der direkten Beteiligung zu beobachten ist. Zudem können regionale Unterschiede die Entstehung neuer Parteien oder einer innerparteilichen Opposition innerhalb etablierter Parteien erleichtern.

5. Große Herrschaftsverbände besitzen eine höhere Wahrscheinlichkeit, dass in ihnen ökonomisch prosperierende Regionen existieren, etwa infolge von Bodenschätzen, einem Seehafen oder auch spezifischen regionalen Mentalitäten. Von dem dort erzeugten Reichtum können dann durch Transferzahlungen auch sozioökonomisch schwächere Regionen profitieren. Insgesamt kommt es in großen Staaten zu mehr Wohlstand. Zudem gibt es Größeneffekte, die zu geringeren Kosten, etwa in der öffentlichen Verwaltung, der Versorgung oder der Berufsausbildung führen. Ein einschlägiges Beispiel für Letzteres ist die Ausbildung medizinischen Fachpersonals, welche sehr kostenintensiv ist.

6. Durch die Größe kommt es zu mehr Handlungsmacht. Kleine Staaten sind zwar größeren mit Blick auf die Intensität der Beteiligung sowie der Möglichkeit der Kontrolle der politischen Eliten überlegen. Doch zugleich sind sie auch stärker Mächten ausgesetzt, auf die sie nur geringen oder gar keinen Einfluss ausüben können. Das trifft auf den wirtschaftlichen Bereich zu – etwa Schwankungen von Preisen bei starker Abhängigkeit von internationalen Märkten, wie sie für Kleinstaaten typisch ist –, aber auch auf viele genuin politische Entscheidungsmaterien etwa im Feld der Sicherheitspolitik.

Es ist unschwer zu sehen, dass sich in dieser Gegenüberstellung der Vorzüge von Klein- und Großräumigkeit unterschiedliche Demokratievorstellungen wiederfinden, nämlich ein republikanisches Modell einerseits und eine liberale Konzeption andererseits. Beide Auffassungen sind für sich allein genommen wenig überzeugend. Das Lob der Kleinheit und der Homogenität ist ganz offenkundig nicht mehr zeitgemäß, zumindest in der Form, wie es vom klassischen Republikanismus vorgetragen wurde. Moderne Gesellschaften besitzen infolge von Einwanderungsprozessen und ökonomischen Dynamiken nicht mehr jenen Grad an Homogenität, die ein republikanisches Modell im strikten Sinne voraussetzt. Zudem ist das Argument, dass Kleinräumigkeit mit einem Verlust an Handlungskapazität einhergeht, angesichts vielfältiger transnationaler und globaler Probleme nicht zu bestreiten. Schon Rousseaus Vorstellungen von Kleinräumigkeit und Homogenität waren rückwärtsgewandt. Heute gilt das umso mehr. Dem steht jedoch entgegen, dass auch moderne Demokratien ohne einen gewissen Grad an Solidarität und Gemeinsinn nicht existieren können und dass es in großen Herrschaftsverbänden strukturelle Probleme bei der Kontrolle der Repräsentanten gibt. Die auf der Hand liegende Lösung für die wechselseitigen Probleme könnten sowohl Staaten mittlerer Größe als auch föderalistische Strukturen darstellen. Ersteres würde die jeweiligen Vor- und Nachteile von zu großen und zu kleinen Staaten ausgleichen, Letzteres dafür sorgen, dass jene Entscheidungen, die nur von lokaler oder regionaler Bedeutung sind, auch dort getroffen werden. Am Ende dieses Buches werde ich mit Blick auf die Europäische Union einen Vorschlag skizzieren, der sich an diesen Grundprinzipien orientiert. Im Folgenden sollen aber zunächst einige durchaus überraschende empirische Befunde präsentiert werden.

Der erste empirische Befund: Je kleiner, umso größer die Tendenz zur liberalen Demokratie

Zu Beginn dieses Kapitels habe ich auf die Republik Nauru verwiesen, einen Inselstaat im Pazifischen Ozean mit lediglich 10000 Einwohnern. Der kleinste Staat der Erde ist der Vatikanstaat mit lediglich 830 Einwohnern, der sich politisch als absolute Wahlmonarchie betrachten lässt. Insgesamt gibt es (Stand 2017) 28 Staaten, deren Bevölkerung unterhalb von 100000 liegt und die als Zwerg- oder Mikrostaaten gelten.[3] Zu ihnen gehören eine Reihe von Inselstaaten, aber auch die drei Fürstentümer Liechtenstein, Monaco und Andorra. Zur Gruppe der Kleinstaaten von 100000 bis zu einer Million Einwohnern zählen 19 Länder, darunter ebenfalls viele Inselstaaten im Pazifik und im Indischen Ozean, aber auch europäische Staaten wie Montenegro. Die Gruppe der mittelgroßen Staaten von einer bis zu zehn Millionen Einwohnern umfasst insgesamt 69 Länder, die über sämtliche Kontinente der Erde verteilt sind. Das gilt auch für die Großstaaten mit einer Einwohnerzahl von zehn bis 100 Millionen, zu der 77 Staaten zählen. Schließlich sind die 13 Riesenstaaten mit mehr als 100 Millionen Einwohner zu nennen. Dabei handelt es sich, aufsteigend nach Bevölkerungsgröße, um die Philippinen, Äthiopien, Japan, Mexiko, Russland, Bangladesch, Nigeria, Pakistan, Brasilien, Indonesien, die USA, Indien und die Volksrepublik China. Schaut man mit dieser Unterteilung auf den Zusammenhang von Größe und Demokratie, so lassen sich durchaus einige Korrelationen feststellen, die in der Beobachtung münden, dass kleinere Staaten nicht nur eine höhere Wahrscheinlichkeit aufweisen, demokratisch zu sein, sondern dass es in ihnen tendenziell auch zu mehr Partizipation kommt und sie über einen höheren Grad an Sozialstaatlichkeit verfügen. Allerdings treffen die beiden letzten Aussagen nur auf die etablierten Demokratien der OECD-Welt zu.

Zunächst einmal besteht ein Zusammenhang zwischen der Größe eines Staates und der Wahrscheinlichkeit, dass dieser überhaupt demokratische Strukturen besitzt. Das legen

3 In der einschlägigen Literatur finden sich unterschiedliche Bezeichnungen. Das gilt auch für die hier ebenfalls verwendeten Begriffe Kleinstaat, mittelgroßer Staat, Großstaat und Riesenstaat.

zumindest die Daten nahe, die die US-amerikanische Nichtregierungsorganisation Freedom House unter dem Titel »Freedom of the World« jährlich veröffentlicht. Freedom House unterteilt die Staaten der Welt auf der Grundlage von Expertenbefragungen in drei Kategorien, nämlich frei, teilweise frei und nichtfrei. Diese Unterteilung, die innerhalb der Kategorien graduell abgestuft ist, wird in der empirischen Demokratieforschung vielfach herangezogen und als Gradmesser für den demokratischen Charakter von Ländern akzeptiert.[4] Erhoben wird insbesondere, ob Wahlen frei und fair sind, es konkurrierende Parteien gibt, das Recht auf freie Meinungsäußerung gewährt wird, die Opposition sich frei artikulieren kann und die Presse frei und pluralistisch ist. Dahinter steht ein dezidiert liberales Demokratieverständnis. Der Datensatz von Freedom House produziert einen überraschenden Befund. Auf Grundlage der oben skizzierten Argumente würde man ja erwarten, dass die Wahrscheinlichkeit einer liberalen Demokratie mit der Größe des jeweiligen Landes steigt. Das ist jedoch nicht der Fall – ganz im Gegenteil, je geringer die Einwohnerzahl, umso höher ist die Wahrscheinlichkeit, dass sich das Land in der Gruppe der von Freedom House als frei eingestuften Staaten findet.

Von allen 195 von Freedom House untersuchten Staaten sind 88 frei, 58 teilweise frei und 49 nicht frei (Freedom House 2018). Von den elf erfassten Staaten mit weniger als 100000 Einwohnern, also den Mikrostaaten, werden zehn als frei und einer als teilweise frei eingestuft. Von den 28 Kleinstaaten zwischen 100000 und einer Million Einwohnern werden 20 als frei, zwei als teilweise frei und sechs als nichtfrei

4 Das ist jedoch nur überzeugend, wenn ein liberales Demokratiekonzept vorausgesetzt wird. Zur Diskussion um das Ranking von Freedom House als Grundlage der empirischen Demokratiemessung vgl. Müller/Pickel (2007) und Giannone (2010).

Abb. 1: Bevölkerungsgröße und liberale Demokratie (eigene Darstellung)

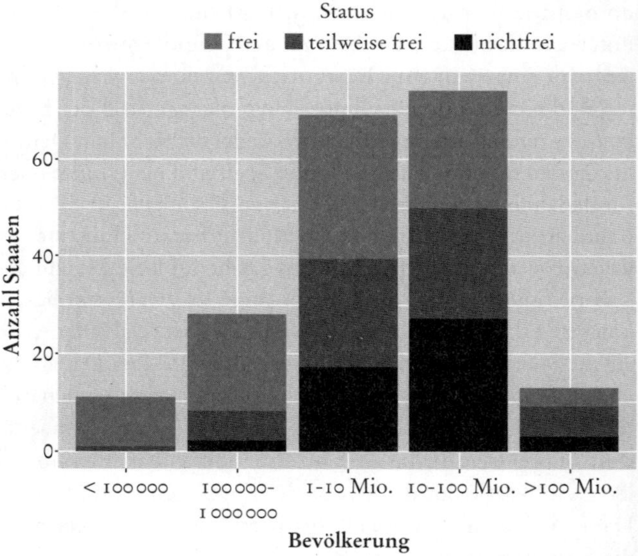

eingestuft, 71 Prozent gelten mithin als frei. Von den 69 mittelgroßen Staaten, deren Bevölkerungszahl zwischen einer und zehn Millionen liegt, sind 30 frei, 22 teilweise frei und 17 nichtfrei, es befinden sich also noch 43 Prozent in der Spitzengruppe. Von den 73 Großstaaten über zehn und unter 100 Millionen werden dagegen nur 24 als frei (32 Prozent) eingestuft, von den 13 Riesenstaaten lediglich 4, das sind 31 Prozent. Handelt es sich bei 77 Prozent der Staaten unter einer Million Einwohnern um Demokratien, so liegt der Anteil in der Gesamtschau bei lediglich 45 Prozent. Schaut man nur auf die Staaten unter 250000 Einwohner, dann gelten sogar 95 Prozent als frei. Als besonders demokratieaffin erweisen sich mithin jene Staaten, deren Bevölkerungszahl zwischen 100 000 und 250 000 liegt.

Eine Reihe von Politikwissenschaftlern hat diese deutliche Korrelation zwischen der Bevölkerungsgröße und der Wahrscheinlichkeit der Existenz liberaldemokratischer Institutionen zum Anlass genommen, ein Loblied auf die Kleinräumigkeit anzustimmen (Ott 2000; Anckar 2004; Colomer 2007). Sie verweisen dabei auf die Vorzüge kleiner Gemeinschaften, wie sie sich aus einer republikanischen Perspektive ergeben. Insbesondere werden eine größere Homogenität und der damit einhergehende Zusammenhalt, die enge Vertrautheit zwischen den Politikern und den Bürgern und die geringere Komplexität politischer Prozesse genannt. All diese sozialen Tatsachen würden einen Größeneffekt darstellen. Die Annahme ist, dass Kleinheit ein demokratieförderndes soziales Gefüge produziert. Sind damit die liberalen Argumente für Großräumigkeit erledigt? Und sollte man daraus die Forderung ableiten, möglichst viele Mikrostaaten zu schaffen, zumindest aber die Staatenwelt in kleine lokale Einheiten mit großer Autonomie zu untergliedern, wie es der 1994 verstorbene österreichische Wirtschaftswissenschaftler Leopold Kohr bereits in den sechziger Jahren vorgeschlagen hat? Kohr hat in einer Vielzahl von Schriften den modernen Hang zum Größenwachstum vor allem im ökonomischen und im politischen Bereich, aber auch in Architektur und Stadtplanung kritisiert (Kohr 1983 [1962]; 2017; vgl. Senghaas 2010). Für ihn sind nahezu alle Probleme der modernen Welt (Kriege, Armut, Arbeitslosigkeit usw.) weniger Ergebnis eines spezifischen Wirtschaftssystems, sondern Konsequenz »der Überwachsenheit der Gesellschaft« (Kohr 2017, S. 162). Daraus ergibt sich für ihn das Lob der Kleinheit. Eine wichtige Rolle spielt dabei auch die Frage nach der optimalen Staatsgröße. Darauf gibt Kohr keine allgemeingültige Antwort, er zeigt sich aber davon überzeugt, dass es in modernen Gesellschaften nicht mehr als 15 Millionen Einwohner sein sollten, allerdings föderalistisch gegliedert, wie es in der Schweiz der Fall ist. Kohrs Sympathie gilt aber insbesondere Liechtenstein, das in den sechziger Jahren lediglich knapp 15 000 (aktuell knapp 38 000) Einwohner hatte und in dieser Hinsicht dem aristotelischen Ideal einer überschaubaren Polis zumindest nahekam. Kohr hebt vor allem die geringen Kosten des Regierungsapparates, dessen Bürgernähe und die damit verbundene Problemlösungsfähigkeit hervor und kommt zu dem generellen Urteil: »Unter all dem Kleinen ist nur eines groß: die mit jeder Kleingemeinschaft naturgemäß verbundene Demokratie.« (Kohr 2017, S. 148)

Auch wenn Kohr die Gründe hierfür nicht im Einzelnen nennt, so muss man wohl annehmen, dass er insbesondere die wechselseitige Vertrautheit, die geringen Kosten demokratischen Engagements und nicht zuletzt die Überschaubarkeit der politischen Fragen im Sinn hat. Das sind Argumente, die auf eine Stärkung der lokalen und regionalen Selbstverwaltung verweisen. Fraglich ist jedoch, ob eine in Tausende Klein- und Kleinststaaten unterteilte Welt eine realistische Vorstellung darstellt. Dagegen spricht zunächst die normative Kraft des Faktischen: Die Bereitschaft der meisten Menschen, sich von ihrer Nation loszusagen und einen Kleinstaat zu gründen, dürfte sehr gering sein. Separatistische Bestrebungen sind daher auch eher die Ausnahme und beziehen sich auf größere Gebilde mit zumeist mehreren Millionen Einwohnern. Dagegen spricht aber auch ein zweiter Blick auf die Demokratieaffinität von Mikrostaaten. Bei genauerer Betrachtung ergeben sich nämlich einige dunkle Flecken auf deren vermeintlich weißer Weste.

So bestätigen sich bei einer qualitativen Untersuchung der politischen Kultur der Mikrostaaten die aus liberaler Sicht formulierten Vorbehalte. Es zeigen sich Patronagestrukturen, eine hohe Anfälligkeit für Korruption und – entgegen der Einschätzung von Freedom House – ein gering ausgeprägter politischer Wettbewerb. Das legt zumindest eine vergleichende Studie von vier Mikrostaaten, nämlich von San Marino, St. Kitts und Nevis, den Seychellen und Palau, nahe (Veenendaal 2015). Alle vier Staaten werden als Demokratien qualifiziert und alle vier haben weniger als 100 000 Einwohner, sie befinden sich jedoch auf unterschiedlichen Kontinenten. San Marino liegt in Italien, St. Kitts und Nevis in der Karibik, die Seychellen im Indischen Ozean und Palau im Pazifik. Damit einher gehen unterschiedliche historische Erfahrungen und kulturelle Einflüsse, dennoch weisen alle vier Mikrostaaten eine problematische politische Kultur auf. Auch andere Studien betonen die Anfälligkeit kleiner Staaten für derartige Probleme. Es herrschten Elitenkartelle, teilweise bestehend aus wenigen Familien. Weiterhin sei die Exekutivlastigkeit und die geringe Macht der Legislative zu bemängeln (vgl. Waschkuhn 1995, S. 163).

Hinzu kommt, dass viele der Mikrostaaten gerade im Bereich der Finanzdienstleistungen zu einem eher problematischen Ruhm gelangt sind. Bereits 1995 hat Arno Waschkuhn festgestellt, dass diese Staaten »im Bereich des Treuhand-, Banken- und Versicherungswesens, der Unternehmens- und Rechtsberatung sowie bei den Kommunikationstechnologien zum Teil stark expandierende Dienstleistungsfunktionen entwickelt« haben (ebd.). Daran hat sich bis heute wenig geändert, wovon die »Luxemburg Leaks« und die Diskussion über Steueroasen zeugen. Auf der im Jahr 2017 von der Europäischen Kommission veröffentlichten »Schwarzen Liste« der Steueroasen befinden sich mit Palau, St. Lucia, Samoa sowie St. Kitts und Nevis auffallend viele der Mikrostaaten. In der Presse werden neben Luxemburg immer wieder auch europäische Staaten wie Monaco, Liechtenstein, San Marino sowie Gibraltar und die Kanalinsel Jersey genannt, die beide zu Großbritannien gehören.[5] Dass sich so viele der Mikrostaaten auf der »Schwarzen Liste« und im Fokus der Öffentlichkeit befinden, ist alles andere als zufällig. Angesichts eines kaum vorhandenen Binnenmarktes und einer wenig ausgeprägten Industrieproduktion suchen diese Mikrostaaten ganz offensichtlich nach »kreativen« Möglichkeiten der Wertschöpfung. Gerade weil die öffentliche Verwaltung keine größeren Summen verschlingt und etwa die Verteidigungskosten infolge der zumeist engen Kooperation mit militärischen Schutzmächten (größtenteils die USA, aber auch europäische Staaten wie Frankreich und Großbritannien) gering sind, können sich diese Staaten sehr niedrige Steuersätze leisten. Wirtschaftswissenschaftler (etwa Alesina/Spolaore 2005) nennen als wesentlichen ökonomischen Erfolgsfaktor die Einbettung von Klein- und Mikrostaaten in einen offenen und globalen Markt. Was dabei jedoch nicht zur Sprache kommt, ist die spezielle Natur der Waren bzw. Dienstleistungen, denen sie ihre Prosperität verdanken.

Auch aus einem weiteren Grund sollten die Daten von Freedom House nicht zu einem vorschnellen Lob der Kleinräumigkeit verleiten. Denn bei genauerer Betrachtung lässt sich durchaus bezweifeln, dass die Größe der Mikrostaaten der wesentliche Faktor zur Erklärung ihrer Demokratieaffinität ist. Zunächst einmal muss die Annahme, dass dafür eine ausgeprägte Homogenität verantwortlich sei, infrage gestellt werden. Wie Carlo Masala (2004) in einer vergleichenden Untersuchung betont hat, ist es im Fall der Inselstaaten im Südpazifik und in der Karibik eher die isolierte Lage, die eine

5 Jersey gehört, streng genommen, nicht zu Großbritannien, sondern befindet sich im Besitz des britischen Königshauses.

besonders demokratieförderliche politische Kultur erzeugt. Doch die spezielle Insellage hat darüber hinaus auch einen doppelten geopolitischen Effekt, der berücksichtigt werden sollte: Zum einen befänden sich, so Masala, diese Inseln, da es wenig Anlass für Grenzkonflikte gibt, in einem vergleichsweise friedlichen Umfeld, was sich positiv auf deren politische Kultur auswirke. Zum anderen sei die Existenz demokratischer Strukturen den Schutzmächten Australien und USA zu verdanken.

Die Ausführungen von Masala verweisen auf ein Problem, auf das bereits Dahl und Tufte (1973) aufmerksam gemacht haben, dass nämlich bei der Diskussion von Größeneffekten nicht vorschnell von Korrelationen auf Kausalitäten geschlossen werden sollte. Die Größe eines Landes ist sicherlich ein nicht zu vernachlässigender Faktor bei der Frage nach dessen Demokratieaffinität, daneben sind aber auch andere Aspekte wie die geografische Lage, das geopolitische Umfeld und historische Pfadabhängigkeiten zu beachten. Zu Letzteren zählen mit Blick auf viele der Mikrostaaten der Kolonialismus und auch die Blockkonfrontation.

Heißt das nun, dass die Frage nach dem Zusammenhang zwischen Größe und Demokratie sich erübrigt hat? Nein, denn selbst wenn man von dem speziellen Fall der Mikrostaaten absieht, bleibt die Tatsache bestehen, dass kleine und mittelgroße Staaten auch bei einem liberalen Verständnis demokratieaffiner sind als die Groß- und Riesenstaaten. Vor allem aber verfügen diese Staaten, sofern sie zu den etablierten Demokratien gehören, über zwei weitere Vorteile: Sie weisen tendenziell einen höheren Grad an politischer Beteiligung und an sozialer Gleichheit auf.

Der zweite empirische Befund: Unter den etablierten Demokratien sind die mittelgroßen demokratischer

Der britische Sozialwissenschaftler Thomas H. Marshall hat in seinem wichtigen Aufsatz »Staatsbürgerrechte und soziale Klassen« aus dem Jahr 1950 zwischen bürgerlichen, politischen und sozialen Elementen des Staatsbürgerstatus unterschieden. Es handelt sich dabei um Rechte, die kollektiv erkämpft worden sind, jedoch jedem Einzelnen zugutekommen: »Staatsbürgerrechte verleihen einen Status, mit dem all jene ausgestattet sind, die volle Mitglieder der Gemeinschaft sind. Alle, die diesen Status innehaben, sind hinsichtlich der Rechte und Pflichten, mit denen der Status verknüpft ist, gleich.« (Marshall 1992 [1950], S. 53) Marshall zeigt nun, dass sich die drei Elemente des Staatsbürgerstatus stufenweise entwickelt haben, wobei er sein Modell anhand der Geschichte Englands skizziert. Bürgerliche Rechte, also die Freiheit der Person, Eigentumsschutz, Redefreiheit, Gedanken- und Glaubensfreiheit sowie Schutz vor willkürlicher Verhaftung, können auf eine lange Tradition seit der Magna Charta zurückblicken, wurden aber für die breite Bevölkerung erst während des 18. Jahrhunderts realisiert. Politische Rechte, worunter Marshall die »Teilnahme am Gebrauch politischer Macht« versteht (ebd., S. 40), wurden während des 19. Jahrhunderts sukzessive erweitert. 1918, also nach dem Ersten Weltkrieg, kam es zur Einführung des allgemeinen Wahlrechts, und zwar gleichermaßen für alle erwachsenen Männer und Frauen. Der Kampf um soziale Rechte erfolgte schließlich während der ersten Hälfte des 20. Jahrhunderts und schützte den Einzelnen vor der Willkür der Märkte:

> Mit dem sozialen Element bezeichne ich eine ganze Reihe von Rechten, vom Recht auf ein Mindestmaß an wirtschaftlicher Wohlfahrt und Sicherheit, über das Recht an einem vollen Anteil am gesellschaftlichen Erbe, bis zum Recht auf ein Leben als zivilisiertes Wesen entsprechend der gesellschaftlich vorherrschenden Standards. (Ebd.)

Wichtig ist zum einen, dass nach Marshall erst mit der Realisierung aller drei Elemente von einem vollumfänglichen Staatsbürgerstatus ausgegangen werden kann. Werden etwa die sozialen Rechte verwehrt, gäbe es infolge der Marktdynamiken Bürger zweiter und vielleicht auch dritter Klasse, was nicht nur dem Ideal der sozialen, sondern in der Konsequenz auch dem Ideal der politischen Gleichheit widerspricht. Der Rechtsschutz fällt bekanntlich ebenfalls für jene anders aus, die sich einen Staranwalt leisten können, als für jene, die dazu nicht in der Lage sind. Zum anderen treffen sich Marshalls Ausführungen mit den obigen Überlegungen zu den beiden zentralen Versprechen der Demokratie. Dazu zählte ja erstens die effektive politische Gleichheit und zweitens die Realisierung eines Mehrs an sozialer Gleichheit. Das führt nun zurück zur Frage des Verhältnisses von Größe und Demokratie. Gibt es einen empirischen Zusammenhang zwischen der Einwohnerzahl einer Demokratie und ihrem Grad an politischer und sozialer Gleichheit? Mit Blick auf das Verhältnis von politischen Rechten und Staatsgröße haben wir die Antwort zumindest auf den ersten Blick bereits erhalten, denn im Index von Freedom House werden sowohl bürgerliche als auch politische Rechte erfasst.

Schaut man nämlich allein auf den Zusammenhang von politischen Rechten und Bevölkerungsgröße, dann ergibt sich wenig überraschend nur ein minimal abweichendes Bild: Hier sind etwa 72 Prozent der Staaten unter einer Million Einwohnern als frei einzuordnen, immerhin noch 39 Prozent der Staaten zwischen einer und zehn Millionen Einwohnern, aber nur ein Drittel der größeren Staaten. Umgekehrt gelten lediglich fünf Prozent der untersuchten Staaten unter einer Million Einwohnern im Hinblick auf die Dimension der politischen Rechte als unfrei, aber ca. jeder vierte Staat mit zwischen einer und zehn Millionen Einwohnern und 32 Prozent der Staaten mit über zehn Millionen Einwohnern.[6]

Allerdings ist mit der Existenz von politischen Rechten noch wenig darüber gesagt, ob eine lebendige demokratische Praxis existiert. Darunter ist vor allem eine intensive Teilhabe der Bevölkerung an den politischen Entscheidungen zu verstehen. Diese zeigt sich in erster Linie durch eine hohe Wahlbeteiligung, aber auch die Möglichkeit und die Häufigkeit von Volksentscheiden weisen auf einen hohen Grad an demokratischer Praxis hin. Beides geht in einen von dem finnischen Politikwissenschaftler Tatu Vanhanen entwickelten Demokratieindex ein. Die Erhebung und Berechnung der einzelnen Faktoren ist relativ kompliziert und wird in der Literatur teilweise kritisch diskutiert (vgl. Schmidt 2008, S. 374-378). Doch auch wenn er nicht gänzlich frei von Verzerrungen ist, die sich etwa dadurch ergeben, dass Vanhanen den Grad der Partizipation ermittelt, indem er die Wahlbeteiligung in Relation zur Gesamtbevölkerung setzt, dabei aber die unterschiedlichen Altersstrukturen der einzelnen Länder ausblendet, handelt es sich doch um den bislang einzig verfügbaren Demokratieindex, der die tatsächliche Beteiligung misst. Die Befunde bestätigen die Vermutung eines Zusammenhangs zwischen der Staatsgröße und der politischen Beteiligung, und zwar durchaus in der erwarteten Richtung. Kleinere Staaten

6 Streng genommen verwendet Freedom House die Unterteilung frei/ teilweise frei/ nichtfrei nur für den Gesamtindex, nicht jedoch für dessen Teildimensionen. Für die obige Aufstellung wurden die für den Gesamtindex vorgenommenen Definitionen auf die Dimension der politischen Rechte übertragen.

weisen tendenziell einen höheren Grad an politischer Beteiligung und politischem Wettbewerb auf als größere.

Die Ergebnisse bewegen sich zwischen 0 für Autokratien wie Turkmenistan, Irak, China oder Somalia bis hin zu 44,2 für Dänemark. Insgesamt liegen – wenig verwunderlich – die etablierten Demokratien des Westens in der Spitzengruppe. Wenn man sich nur die 20 Gründungsmitglieder der OECD anschaut, ergibt sich das in Abb. 2 dargestellte Bild (vgl. Vanhanen 2003, S. 141-144).

In der Spitzengruppe zwischen 38 und 44 befinden sich ausnahmslos Länder mittlerer Größe, nämlich zwischen 5,3 Millionen Einwohnen in Norwegen und 17,1 Millionen in den Niederlanden. Die durchschnittliche Einwohnerzahl dieser Gruppe beträgt 9,6 Millionen. Allerdings wird auch deutlich, dass sich eine mittlere Bevölkerungsgröße zwar positiv auf die demokratische Kultur auswirken kann, dass das jedoch keine hinreichende Bedingung ist, wie mit Blick auf Irland und Portugal deutlich wird, die zwar ebenfalls nur von mittlerer Größe sind, jedoch im Vanhanen-Index vergleichsweise schlecht abschneiden. Auch wenn die Daten von Vanhanen aus dem Jahr 2001 stammen und daher etwas veraltet sind, lassen sie sich jedoch zumindest als Indiz für einen Zusammenhang zwischen einem hohen Partizipationsgrad und einer, gemessen an der Bevölkerungszahl, mittelgroßen Demokratie deuten. Bemerkenswert ist zudem, dass die beiden Kleinstaaten in dieser Liste, Island und Luxemburg, keine Spitzenwerte aufweisen. Und auch andere Kleinstaaten mit bis zu einer Million Einwohnern, sofern sie im Datensatz von Vanhanen enthalten sind, schneiden verhältnismäßig schlecht ab. So kommt Malta mit 430 000 Einwohnern nur auf einen Wert von 33,7. Ein besonders anschauliches Beispiel außerhalb der OECD-Staaten ist Barbados, ein Land in der Karibik mit einer Bevölkerung von 300 000. Von Free-

Abb. 2: Bevölkerungsgröße und politische Beteiligung

Land	Vanhanens Demokratieindex	Bevölkerung in Millionen[7]
Dänemark	44,2	5,4
Belgien[8]	42,8	10,2
Schweiz	40,3	7,1
Norwegen	39,2	4,5
Niederlande	38,4	15,8
Österreich	37,7	8,2
Schweden	37,7	8,9
Italien	36,8	57,4
Griechenland	36,1	10,7
Deutschland	35,5	82
Island	35	0,3
USA	34,4	276
Vereinigtes Königreich	33,5	58,7
Irland	32,7	3,7
Spanien	31,7	39,5
Luxemburg	29,1	0,5
Frankreich	27,7	58,6
Kanada	24,9	30,6
Portugal	23,9	10
Türkei	22,4	65,3

7 Zahlen entnommen aus Vanhanen (2003); sie beziehen sich auf die Jahre 1997-2001.

8 In Belgien besteht eine Wahlpflicht, die bis 2003 auch durch Geldstrafen durchgesetzt wurde, was den vergleichsweise hohen Wert für Belgien (erfasst wurde die Parlamentswahl 1999) mit bedingt.

dom House wird Barbados zu den freien Ländern gezählt und erreicht mit 96 von 100 möglichen Punkten nahezu einen Spitzenwert. Die Einstufung hat sich dabei zwischen 2001 und 2018 nicht wesentlich verändert. Bei Vanhanen erzielt Barbados dagegen nur einen Wert von 16,1. Schaut man also auf die tatsächliche Beteiligung, dann sind es eher die mittelgroßen Staaten, die hervorstechen. Kleinstaaten weisen demgegenüber eine durchschnittliche Bilanz auf und unterscheiden sich nicht wesentlich von den großen Demokratien, kleine Länder tendieren also zu einer liberalen, aber nicht sonderlich partizipativen Form der Demokratie. Dass Staaten mittlerer Größe positiv hervorstechen, zeigt sich gleichfalls bei den sozialen Rechten.

Sowohl Manfred G. Schmidt (2008, S. 366-369) als auch Thomas Meyer (2009, S. 270-283) haben im Rahmen einer vergleichenden Wohlfahrtsstaatsforschung Indizes der sozialen Demokratie entwickelt. Die Liste umfasst ausschließlich etablierte Demokratien, die bei Freedom House zur Spitzengruppe zählen und zu den führenden Industrienationen gehören, was die Vergleichbarkeit garantiert. Zudem stammen die Daten aus der Zeit vor dem Ausbruch der Weltwirtschaftskrise im Jahr 2008. In beide Indizes gehen der Grad an sozialer Sicherung, die Institutionalisierung der sozialen Grundrechte, die Sozialleistungsquote, die Erwerbsquote, aber auch die Einbindung der Gewerkschaften in die politischen Prozesse ein. Dennoch gibt es Unterschiede zwischen den beiden Messungen, die aus unterschiedlichen Gewichtungen und Einschätzungen resultieren, vor allem aber auch, weil Meyer im Unterschied zu Schmidt auch die Einkommensgleichheit erfasst. Daraus resultiert insbesondere eine abweichende Eingruppierung von Deutschland, Finnland, Belgien und Portugal. Ansonsten stimmen die Ergebnisse größtenteils überein (Abb. 3).

Abb. 3: Größe und soziale Demokratie

Land	**Soziale Demokratie-Index (Schmidt)**	**Soziale Demokratie-Index (Meyer)**	**Bevölkerung in Millionen (2008)[9]**	**Fläche in qkm**
Schweden	groß (15,3)	hoch inklusiv (24)	8,9	450295
Dänemark	groß (15,1)	hoch inklusiv (24)	5,4	43094
Norwegen	groß (14,4)	hoch inklusiv (22)	4,5	323802
Niederlande	groß (13,9)	hoch inklusiv (20)	15,8	41543
Österreich	groß (13,9)	hoch inklusiv (20)	8,2	83871
Schweiz	groß (13,6)	hoch inklusiv (20)	7,1	41277
Portugal	groß (13,6)	schwach inklusiv (12)	10	92090
Deutschland	groß (13,3)	mittel inklusiv (16)	82	357121
Italien	mittel (12,5)	schwach inklusiv (13)	57,4	301340
Belgien	mittel (12,3)	schwach inklusiv (11)	10,2	30528
Japan	mittel (11,5)	mittel inklusiv (14)	128,6	377915
Frankreich	mittel (11,1)	mittel inklusiv (16)	58,6	551500
Finnland	mittel (11,0)	hoch inklusiv (22)	5,3	338145

9 Quelle: UN World Population Prospects, online verfügbar unter: {https://population.un.org/wpp/} (Stand Januar 2019).

Land	Soziale Demokratie-Index (Schmidt)	Soziale Demokratie-Index (Meyer)	Bevölkerung in Millionen (2008)[9]	Fläche in qkm
Irland	gering (9,3)	exklusiv (8)	3,7	70 273
Spanien	gering (8,8)	schwach inklusiv (10)	39,5	505 370
USA	gering (8,8)	exklusiv (3)	276	9 826 675
Griechenland	gering (8,4)	k. A.	10,7	131 957
Neuseeland	gering (8,4)	schwach inklusiv (13)	4,3	267 710
Australien	gering (7,3)	schwach inklusiv (11)	21,3	7 741 220
Vereinigtes Königreich	gering (7,0)	schwach inklusiv (11)	58,7	243 610
Kanada	gering (5,1)	schwach inklusiv (12)	30,6	9 984 670

Die Ergebnisse sind ähnlich wie beim Vergleich der Partizipationsintensität. Die besten Werte erzielen Staaten mit einer Einwohnerzahl zwischen fünf (Norwegen und Dänemark) und 17 Millionen (Niederlande). Die einzige Ausnahme ist Deutschland mit einer Bevölkerung von 80,3 Millionen, jedoch gilt dies nur für den Index von Schmidt, bei Meyer landet Deutschland dagegen im Mittelfeld. Doch auch hier gilt, dass eine mittlere Größe nicht automatisch zu einem hohen Grad an sozialer Demokratie führt, wie Irland, Belgien und Neuseeland zeigen. Die Größe der Bevölkerung ist also ein Faktor, jedoch gibt es weitere Faktoren und historische Pfadabhängigkeiten, die den Grad an sozialer Demokratie bedingen. In Belgien stellt zum Beispiel die Zerrissenheit des Landes zwischen den Wallonen und den Flamen einen wichtigen Aspekt dar; in Irland die Geschichte der englischen Kolonialisierung. Mit Blick auf die angelsächsischen Länder insgesamt dürfte auch die im Vergleich zum skandinavischen Raum stark individualistische Kultur einer sozialen Demokratie im Weg stehen. Dennoch spielt die Einwohnerzahl eine wichtige Rolle bei der Frage, wie stark sozial-demokratische Strukturen ausgebildet sind. Interessant ist an dieser Stelle auch der Vergleich der räumlichen Ausdehnung. Von den sieben Staaten, die eine Fläche von weniger als 100 000 Quadratkilometern aufweisen, gehören immerhin fünf zur Spitzengruppe. Von den zehn Ländern mit einem Staatsgebiet zwischen 100 000 und 1 000 000 Quadratkilometern jedoch nur noch drei (Deutschland, Norwegen und Schweden bei Schmidt bzw. Finnland, Norwegen und Schweden bei Meyer). Die drei Riesenstaaten mit jeweils nahezu 10 000 000 Quadratkilometern, nämlich die USA, Kanada und Australien, weisen in beiden Messungen jeweils nur einen geringen Grad an sozialer Demokratie auf.

Was lässt sich nun diesen Befunden entnehmen? Es gibt ganz offensichtlich einen Zusammenhang zwischen der Größe eines Staates und seiner Demokratieaffinität. Das gilt jedoch nicht nur hinsichtlich der Existenz liberaldemokratischer Institutionen, wie sie von Freedom House erfasst werden, sondern, wenn auch weniger stark ausgeprägt, mit Blick auf den Partizipationsgrad und die Höhe der sozialen Demokratie. Doch sollte man hier keine Kausalität annehmen. Wie schon mehrfach betont, wäre eine derartige Schlussfolgerung unterkomplex. Soziale Strukturen entstehen nicht monokausal, stattdessen wirken immer mehrere Faktoren zusammen, die sich aber auch wechselseitig bedingen können. Um das an einem Beispiel zu illustrieren: Der starke Individualismus, wie er gerade in den ehemaligen britischen Kolonien vorherrscht, hat sicherlich viel mit der Geschichte der Kolonialisierung und der Auswanderung zu tun. Er ist aber auch eine Folge des großen Raumes, der in Nordamerika und in Australien besteht. Dieser erschwert die Ausbildung belastbarer kollektiver Identitäten und bietet die Möglichkeit, bei wirtschaftlichen Schwierigkeiten woanders sein Glück zu versuchen.

Doch derartige Thesen lassen sich aufgrund der Komplexität der sozialen Welt nicht »beweisen«, sondern höchstens plausibilisieren. Sehr plausibel ist auf jeden Fall die Annahme, dass eine anspruchsvolle Demokratiekonzeption, in deren Zentrum die beiden Versprechen der Demokratie stehen, eher in mittelgroßen Staaten verwirklicht werden kann.

Das dahlsche Größendilemma

Bereits Dahl und Tufte haben auf das zentrale Größendilemma hingewiesen: Kleine Staaten sind zwar größeren mit Blick auf die Intensität der Beteiligung sowie die Möglichkeit der Kontrolle der politischen Eliten überlegen. Doch dieser Vorzug wird erkauft durch eine geringere Handlungskapazität:

> Das Ziel der Maximierung der Bürgereffektivität in Angelegenheiten, die für den Bürger sehr wichtig sind, kann dem Bemühen widersprechen, die Kapazität des Systems (und damit letztendlich, wenn auch in einem anderen Sinne, der Effektivität des Bürgers) zu maximieren, und tut dies tatsächlich auch. (Dahl/Tufte 1973, S. 138)

Ein eindrucksvolles Beispiel hierfür sind die oben diskutierten Mikrostaaten im südlichen Pazifik. Dem voraussichtlichen Anstieg des Meeresspiegels, den sie nicht verursacht haben, den sie aber auch nicht stoppen können, sind sie weitgehend hilflos ausgeliefert. Dahl und Tufte legen sehr überzeugend dar, dass aufgrund des Größendilemmas kleinere Demokratien, wenn sie über Handlungskapazität verfügen wollen (wenn demokratische Entscheidungen also einen Unterschied machen sollen), mit anderen Staaten kooperieren müssen. Ihr Beispiel hierfür ist Luxemburg, das in den fünfziger und sechziger Jahren stark von der Montanunion und vom gemeinsamen Markt profitierte. Doch die Notwendigkeit der Kooperation gilt je nach Politikbereich auch für mittelgroße und selbst für große Staaten. Allerdings ist dabei an eine Einsicht von Montesquieu zu erinnern. Der französische Baron hatte in Bezug auf Föderationen zum Zwecke der Friedenssicherung darauf hingewiesen, dass diese nur so lange als autonomieschonend gelten können, wie ihre Mitglieder ungefähr gleich mächtig oder gleich groß sind. Komme es dagegen zu einer hegemonialen Stellung eines der Mitglieder, könne nicht länger von einem freiwilligen Zusammenschuss ausgegangen werden.

Nach Dahl und Tufte wäre die ideale Demokratie eine, in der die Bürger sich direkt versammeln können und das Gemeinwesen völlig autonom ist. Ein derartiges Szenario habe mit Abstrichen etwa hinsichtlich der Sicherheitspolitik in den antiken Stadtstaaten existiert, in der modernen Welt sei es schlichtweg nicht realistisch. So existierten mit wenigen Ausnahmen keine Stadtstaaten mehr, stattdessen ist der Flächenstaat die bei Weitem vorherrschende Form der Organisation politischer Herrschaft. Zugleich könne auch nicht mehr von einer vollständigen Autonomie dieser Einheiten ausgegangen werden. Vielfältige wirtschaftliche und kulturelle Verflechtungen, aber auch Formen der internationalen Kooperation und der Verrechtlichung haben spätestens seit der Mitte des 20. Jahrhunderts zu einem Verlust der Handlungsautonomie von Staaten beigetragen.[10] Doch muss damit nicht

10 Auch mit Blick auf das 19. und die erste Hälfte des 20. Jahrhunderts kann nur bedingt von einer vollständigen Autonomie der National-

notwendig ein Verlust an Demokratie einhergehen. Vielmehr trägt gerade internationale Kooperation zur Steigerung der Handlungskapazität und damit auch der Demokratiequalität bei.

Für Dahl und Tufte folgt daraus die Einsicht, dass es keine Einheitsgröße gibt, die für »jeden Zweck optimal« ist (ebd., S. 28). Demokratie müsse entsprechend auf vielen Ebenen und auch in mehreren Formen gedacht und institutionalisiert werden. Das heißt, Demokratie könne eben nicht nur auf der Ebene des Nationalstaates ihren Ort haben, sondern auch auf unteren Ebenen, etwa in der Kommune oder, in föderalen Systemen, in den Ländern und gegebenenfalls auch auf übergeordneten Ebenen, etwa in supranationalen Gebilden. Das sind natürlich keine völlig überraschenden Einsichten, vielmehr handelt es sich um eine bestehende demokratische Praxis. Bemerkenswert ist die Argumentation von Dahl und Tufte jedoch insofern, als sie bereits Anfang der siebziger Jahre den Autonomieverlust der Nationalstaaten vorhergesagt haben. Wenn die Prozesse der Trans- und Supranationalisierung voranschritten, könne der Nationalstaat selbst zu einer Art lokalen Regierung transformiert werden (ebd., S. 129). Damals dachten die beiden Autoren noch, das könne in einer demokratieschonenden Art und Weise geschehen.

Ein Vierteljahrhundert später hat sich Dahl von dieser optimistischen Diagnose distanziert. In einem Artikel, der schon im Titel die Frage aufwirft, ob internationale Organisationen demokratisch sein können (Dahl 1999), kommt er zu einer negativen Antwort. Als Gründe hierfür führt er zum einen deren erhebliche Heterogenität im Hinblick auf kul-

staaten ausgegangen werden. Gleichwohl hat der Autonomieverlust zumindest europäischer Staaten in der zweiten Hälfte des 20. Jahrhunderts erst im Kontext der Blockkonfrontation und dann im Rahmen der Europäischen Union erheblich zugenommen.

turelle Identitäten, Religionen, Sprachen, historische Erfahrungen, politische Überzeugungen und die wirtschaftliche Leistungsfähigkeit an, die das Zustandekommen eines gemeinsamen Interesses oder einer Art Gemeinwohl äußerst unwahrscheinlich werden lasse. Zum anderen sei in internationalen Organisationen und supranationalen Gebilden die Wahrscheinlichkeit groß, dass ein Elitenkonsens die politische Agenda bestimme, der nur rudimentär demokratisch fundiert sei, wie Dahl gerade auch hinsichtlich der Europäische Union konstatiert. Der Aufsatz ist aber nicht nur wegen des darin artikulierten Pessimismus und der Vorwegnahme einer wachsenden Kluft zwischen den kosmopolitisch orientierten Entscheidungs- und Meinungseliten einerseits und großen Teilen der Bevölkerung, die weiterhin nationalstaatlich orientiert sind, andererseits immer noch lesenswert. Darüber hinaus warnt Dahl zu Recht davor, allzu leichtfertig Herrschaftssysteme mit einer vermeintlichen demokratischen Legitimität zu adeln, die diese ganz offensichtlich nicht besitzen. Angemessener sei es, inter-, trans- und supranationale Organisationen als »bürokratische Verhandlungssysteme« zu betrachten (ebd., S. 33). Vor allem sollten Anhänger der Demokratie dem Argument widerstehen, eine weitere Aufgabe nationaler und subnationaler Handlungskompetenzen sei unvermeidbar, weil die Globalisierung unvermeidbar sei. Welche demokratieaushöhlenden Konsequenzen mit dieser Logik verbunden sind, lässt sich seit einiger Zeit anhand der Europäischen Union studieren.

4. Liberale Autokratie in Europa als Folge der Größe

Ein großes Reich setzt eine despotische Gewalt seines Herrschers voraus […]. (Montesquieu 1951, S. 175)

Eines der zentralen Argumente der Anti-Federalists gegen die US-amerikanische Verfassung von 1787 war die räumliche Ausdehnung des Staates, für den sie gelten sollte. Dabei hatten sie sowohl die unterschiedlichen ökonomischen Strukturen als auch die ausgeprägten Mentalitätsunterschiede zwischen den Republiken des Nordens und denen des Südens im Sinn. Gegen eine engere Vereinigung sprachen ihnen zufolge mithin erhebliche Interessengegensätze auf der einen und die Nichtexistenz einer gemeinsamen politischen Kultur auf der anderen Seite. Zudem befürchteten die Anti-Federalists eine erhebliche Abschwächung demokratischer Einflussnahme als Folge des größeren politischen Raumes. Die politischen Eliten würden sich nicht nur deutlicher von der Mehrheit der Bürger unterscheiden, sie würden sich im fernen Philadelphia auch weniger leicht kontrollieren lassen. Das Resultat seien despotische Verhältnisse.

Die Europäische Union ist gewiss keine Despotie. Sie passt insofern nicht in das Szenario, das die Anti-Federalists mit Blick auf die neue US-amerikanische Union und das Montesquieu im obigen Zitat beschworen hat. Doch hat sie sich in den letzten Jahren zunehmend zu einem liberal-autoritären Regime entwickelt. Was sich paradox anhört, beschreibt eine Realität, in der die Durchsetzung spezifisch (neo)liberaler Zielsetzungen gegen den Willen der Bevölkerungen geschieht. Dies ist möglich, weil in der EU wesentliche Politikbereiche der Einflussnahme durch die Bürgerinnen und Bürger entzogen wurden. Zum einen sind zentrale inhaltliche Materien – etwa das Wettbewerbsrecht, die Frage des internationalen Kapitalverkehrs, die sogenannten Stabilitätskriterien – bereits im Vertragsrecht geregelt und haben damit gleichsam Verfassungsrang erhalten, sind also sakrosankt. Zum anderen wurden mit dem Europäischen Gerichtshof, der Europäischen Kommission und der Europäischen Zentralbank gestaltungsmächtige Institutionen etabliert, die nur einer sehr indirekten demokratischen Kontrolle unterliegen.

Die Römischen Verträge von 1957 unterzeichneten sechs Staaten. Mittlerweile, nach insgesamt sieben Erweiterungsrunden, gibt es (Stand März 2019) 28 Mitgliedstaaten. Betrug die Gesamtbevölkerung der Gründungsmitglieder im Jahr 1957 ca. 168 (aktuell 236) Millionen, so sind es in der gesamten Europäische Union heute 512 Millionen. Auch räumlich ist es zu einer erheblichen Vergrößerung gekommen, nämlich von ca. 1178000[1] auf 4381324 Quadratkilometer. Schließlich stieg die Zahl der Amtssprachen von sechs auf 24. All das, so das Argument dieses Kapitels, stellt die Europäische Union vor erhebliche Herausforderungen und ist ein zentraler Grund dafür, dass sie sich nicht demokratisieren lässt. Doch nicht nur dies; die mit der zunehmenden Größe ebenfalls gewachsene Heterogenität des europäischen Wirtschafts- und Kulturraumes ist auch einer der Faktoren, die für die seit gut drei Jahrzehnten zu beobachtenden negativen Auswirkungen der Europäischen Union auf den Zustand der Demokratie in ihren Mitgliedsländern verantwortlich sind, wie im Folgenden ausgeführt wird.

Die Europäische Union ist hervorgegangen aus der Montanunion, die später zu einem gemeinsamen Binnenmarkt er-

1 Ohne Kolonien und Überseegebiete.

weitert wurde. Dieser bestand de jure schon seit den Römischen Verträgen von 1957 und beruhte insbesondere auf den sogenannten vier Grundfreiheiten: dem freien Warenverkehr, dem freien Kapital- und Zahlungsverkehr, der Dienstleistungsfreiheit sowie der Personenfreizügigkeit. Tatsächlich waren diese Freiheiten bis Ende der siebziger Jahre stark eingeschränkt, beim Warenverkehr etwa durch unterschiedliche Produktstandards, beim Kapitalverkehr durch umfangreiche Kapitalverkehrskontrollen. Auch die Arbeitsmigration war damals bei Weitem nicht so stark ausgeprägt wie heute. Das hat sich jedoch seit den achtziger Jahren sukzessive geändert. Ein entscheidender Schritt hierbei war die »Cassis de Dijon«-Entscheidung des Europäischen Gerichtshofs aus dem Jahr 1979, der zufolge alle Produkte aus einem Land der Europäischen Gemeinschaft in allen anderen Mitgliedsländern verkauft werden dürfen, sofern nicht dringende Interessen – etwa des Verbraucherschutzes – dem entgegenstehen. Bereits 1964 hatte der Europäische Gerichtshof in der »Costa/ENEL«-Entscheidung den Vorrang des Gemeinschaftsrechts vor den nationalen Gesetzestexten betont. Damals ging es bezeichnenderweise um das Vorhaben Italiens, seine Elektrizitätswerke zu verstaatlichen. Nach Auffassung der Richter verstieß dieses Vorhaben gegen die europäische Rechtsordnung.

Insgesamt stellte die Europäische Gemeinschaft spätestens seit den achtziger Jahren zumindest auch ein Projekt dar, mit dessen Hilfe Forderungen nach Umverteilung ausgebremst werden konnten. Vor allem in Frankreich war die Europäisierung der Wirtschafts- und Währungspolitik Teil einer Doppelstrategie: Einerseits sollte der Einfluss der Kommunistischen Partei, die damals Teil der Regierungskoalition unter François Mitterrand war, begrenzt werden. Das geschah, indem spezifische Politikinhalte auf eine Ebene verschoben wurden, wo sie durch nationalstaatliche Mehrheiten höchstens mittelbar gesteuert werden können. Andererseits konnten auf diese Weise »modernistische« Kräfte innerhalb der Sozialistischen Partei, eine frühe französische Variante des »Dritten Weges«, die vor allem von Jacques Delors verfochten wurde, ihre wettbewerbsfreundliche Agenda leichter durchdrücken. Entsprechend setzte sich Mitterrand in Europa »für Regelungen ein, die vor allem die Finanz- und Haushaltspolitik betrafen und den Bereich, auf dem die politischen Vermittlungsprojekte in Frankreich miteinander konkurrierten, tiefgreifend veränderten« (Amable/Palombarini 2018, S. 108).

Unter der Präsidentschaft von Delors (1985-1995) ist die Europäische Kommission dann auch zu einem immer wichtigeren Integrationsbeschleuniger geworden (vgl. van Middelaar 2016, S. 273-275; Mitchell/Fazi 2017, S. 76-92). Im Zentrum stand das Ziel der Vereinheitlichung und des Abbaus sogenannter Wettbewerbsschranken. Zwischen 1985 und 1992 wurden fast 280 europäische Rechtsakte verabschiedet, durch welche die Märkte geöffnet wurden, am Ende stand der gemeinsame Binnenmarkt. Begleitet wurde dieses Unterfangen durch zahlreiche politische Initiativen, die 1992 schließlich in den Vertrag von Maastricht und die Gründung der Europäischen Union mündeten. Seitdem sind wesentliche Politikbereiche vergemeinschaftet, das heißt, man weicht bei vielen Entscheidungen vom Einstimmigkeitsprinzip ab, etwa im Bereich der Agrar-, der Umwelt- und der Verbraucherschutzpolitik. Das ist von erheblicher Bedeutung, denn die Repräsentanten demokratisch legitimierter Regierungen können im Rat mit einer qualifizierten Mehrheit überstimmt werden. Insofern die in diesem »ordentlichen Gesetzgebungsverfahren« erlassenen Direktiven und Verordnungen für die Mitgliedstaaten rechtsverbindlich sind, ist damit der Übergang von einem reinen Staatenbund hin zu einer quasistaatlichen Ordnung vollzogen worden, auch wenn das Bundesverfassungsgericht in seinem »Maastricht«-Urteil das Gegenteil behauptet hat (BVerfGE 89, 155). Zwar ist 2005 der Versuch, eine Verfassung für Europa zu etablieren, bei Referenden in den Niederlanden und in Frankreich gescheitert. Doch mit dem inhaltlich nahezu identischen Vertrag von Lissabon, der 2009 in Kraft trat, wurden die Politikfelder, die dem »ordentlichen Gesetzgebungsverfahren« unterliegen, um den Bereich der polizeilichen und justiziellen Zusammenarbeit ausgeweitet und auch die Mitwirkungsrechte des Europäischen Parlamentes wurden noch einmal ausgedehnt. Allerdings ist mit Letzterem weniger eine Demokratisierung als eine Teil-Parlamentarisierung verbunden, da die für eine Demokratisierung notwendigen gesellschaftlichen Voraussetzungen fehlen, zuvörderst ein gemeinsamer Diskursraum und gesamteuropäische Parteien – ein Aspekt, der uns im nächsten Kapitel noch beschäftigen wird. Die Entdemokratisierung zeigt sich aber insbesondere darin, dass in vielen Bereichen der nationalen Legislation mittlerweile über 50 Prozent der Gesetze von der europäischen Ebene stammen, also gewissermaßen in das nationale Recht umgesetzt werden, ohne dass es zu einer ernsthaften demokratischen Debatte in den nationalen Parlamenten, geschweige denn nationalen Öffentlichkeiten kommt. In der Agrarpolitik liegt die Quote bei gut 80 Prozent, allerdings gibt es auch Politikfelder, auf denen der Europäisierungsgrad mit zehn Prozent vergleichsweise gering ist, etwa in der Sozialpolitik (vgl. Töller 2014).

Die integrationsfreundlichen Maßnahmen der vergangenen 30 Jahre konnten sich auf das »Primärrecht« stützen, das zunehmend expansiv ausgelegt wurde. Als solches werden jene inhaltlichen Bestimmungen bezeichnet, die in den

Verträgen der Europäischen Union festgehalten sind, vor allem im Bereich der Wirtschafts- und Währungspolitik. Hier erfolgt ein entpolitisierter Modus der Durchsetzung vor allem der europäischen Grundfreiheiten für Waren, Dienstleistungen, Kapital und Personen. Die durch die Kommission und den Europäischen Gerichtshof betriebenen Maßnahmen einer »negativen Integration« (Scharpf), worunter vor allem der Abbau von »Wettbewerbsverzerrungen« fällt, haben einen wirtschaftspolitischen Rahmen erzeugt, der den gewählten Vertretern auf nationaler, regionaler und kommunaler Ebene kaum noch Spielraum für die Verfolgung einer eigenständigen Agenda lässt, etwa hinsichtlich der Subventionierung einheimischer Industrien oder der Bevorzugung lokaler Anbieter bei öffentlichen Ausschreibungen. Hervorzuheben ist nicht zuletzt die sehr integrationsfreundliche Rechtsprechung des Europäischen Gerichtshofs, durch die immer mehr Politikfelder der nationalstaatlichen Gesetzgebung, aber auch dem Verwaltungshandeln entzogen wurden (vgl. Schmidt 2018). Eine positive Integrationspolitik, etwa im Bereich des Sozialen, ist aufgrund der hierfür erforderlichen Einstimmigkeit im Europäischen Rat hingegen lediglich marginal ausgebildet. Gleiches gilt für eine europaweite einheitliche Steuerpolitik oder eine wirksame Bekämpfung von Steuerschlupflöchern. Auch die seit dem Ausbruch der Finanzkrise selbst von führenden Politikern geforderte europäische Finanztransaktionssteuer ist bis heute nicht zustande gekommen. Ursächlich hierfür sind die hohen Konsensschwellen. An dieser Stelle erweist sich insbesondere die gewachsene Heterogenität und die damit verbundene gestiegene Interessenvielfalt zwischen den Mitgliedsländern als Hindernis einer gemeinsamen Politikgestaltung.

Das trifft umso mehr auf mögliche Veränderungen der europäischen Verträge zu, die Einstimmigkeit erfordern. Dies stellt ein Erfordernis dar, das nicht nur weit höher liegt als bei nationalen Verfassungsänderungen, sondern dessen Erfüllung zudem mit jeder Erweiterungsrunde in noch weitere Ferne gerückt ist. Denn mit der dadurch gewachsenen Heterogenität der Wirtschaftsräume und politischen Kulturen ist die Wahrscheinlichkeit eines gemeinsamen Willens zur Veränderung, etwa mit Blick auf die Einführung von Kapitalverkehrskontrollen, die gegenwärtig durch Artikel 63 AEUV verboten sind, gesunken. So wurde mit den Verträgen von Maastricht und Lissabon, also in einer Zeit der nahezu unangefochtenen Hegemonie des Neoliberalismus, mithin eine Wirtschaftsordnung etabliert, die faktisch nicht veränderbar ist. Wie auch Hauke Brunkhorst betont, sind somit »wesentliche Teile des Europarechts der nationalen und der europäischen Gesetzgebung« entzogen (Brunkhorst 2014a, S. 511).

Die aus dem Primat der negativen Integrationspolitik resultierende »Tendenz zur schleichenden Aushöhlung der staatlichen Gesetzgebungsbefugnisse« (Grimm 2009, S. 493) hat in den einzelnen Mitgliedsländern jedoch erhebliche Konsequenzen für die Systeme der sozialen Sicherung, das Kräfteverhältnis von Kapital und Arbeit sowie die Bereitstellung öffentlicher Güter, etwa auf kommunaler Ebene. In all diesen Bereichen wird die demokratische Selbstgestaltungsfähigkeit durch das europäische Richterrecht und die Europäische Kommission ausgehebelt (vgl. Dreier 2018; Murswiek 2018). Insgesamt ist die Europäische Union somit durch einen Vorrang (neo)liberaler Prinzipien charakterisiert. Individuelle Rechte werden allen EU-Bürgern gleichermaßen garantiert, demokratische Mehrheitsentscheidungen werden demgegenüber durch hohe institutionelle Hürden erschwert. Daher ist Fritz Scharpf zuzustimmen, wenn er die Europäische Union »als Extremfall eines den liberalen Prinzipien verpflichteten Gemeinwesens, das zugleich aller republikanischen Legitimitätsmerkmale entbehrt«, beschreibt (Scharpf 2009, S. 248). Dieter Grimm (2016) spricht von einer »Überkonstitutionalisierung«, die darin bestehe, dass in den europäischen Verträgen nicht nur Grundrechte formuliert und die institutionelle Struktur festgelegt wurden, sondern darüber hinaus auch ganz konkrete, nämlich neoliberale, Politikinhalte gleichsam Verfassungsrang bekommen haben. Dazu zählen insbesondere die bereits erwähnten vier Grundfreiheiten, aber auch jene Bestimmungen, die die Währungsunion betreffen.

Mit dem Vertrag von Maastricht ist eine Währungsunion geschaffen worden, der nominell alle Mitgliedstaaten angehören, wobei gegenwärtig lediglich 19 von ihnen eine gemeinsame Währung besitzen; diese haben sich in der Eurogruppe zusammengeschlossen und koordinieren nun ihre Wirtschafts- und Währungspolitik. Man hat eine Europäische Zentralbank eingerichtet, welche größtenteils der deutschen Bundesbank mit der für sie typischen Stabilitätsorientierung nachempfunden wurde. Die vergemeinschaftete Geldpolitik zielt darauf ab, einen stabilen Euro zu gewährleisten und die Inflation gering zu halten. Zu diesem Zweck haben sich die Mitgliedstaaten dazu verpflichtet, die »Stabilitätskriterien« zu respektieren, denen zufolge der Schuldenstand nicht mehr als 60 Prozent und die jährliche Neuverschuldung nicht mehr als drei Prozent des Bruttoinlandsproduktes umfassen darf. Diese Vorgaben werden von der Europäischen Kommission überwacht, bei Nichteinhaltung gibt es »blaue Briefe« aus Brüssel, unter Umständen kann der Rat der Europäischen Union auch Sanktionen gegen die »Defizitsünder« verhängen. Dazu ist es bislang zwar nicht gekommen, zumal Geldstrafen eine wenig sinnvolle Sanktion für Staaten darstellen, die sich ohnehin bereits in finanziellen Nöten befinden. Dennoch sollte man die Wirksamkeit der »Stabilitätskriterien« sowie die Machtstellung der Europäischen Zentralbank nicht unterschätzen. Erstere erzeugen einen vorauseilenden wirtschaftspolitischen Gehorsam, Letztere hat einer eigenständigen Währungspolitik der Mitgliedsländer einen Riegel vorgeschoben. Das ist insofern wichtig, als es Regierungen nun nicht mehr möglich ist, die eigene Währung abzuwerten, um etwa der heimischen Industrie während einer Rezession wieder auf die Beine zu helfen. Zu welchen Verwerfungen dieses Regime führt, lässt sich gegenwärtig in Südeuropa beobachten.

Mit der konstitutionell verankerten Wettbewerbsfreiheit und den im Maastricht-Vertrag festgeschriebenen Konvergenzkriterien ist eine neoliberale Wirtschaftsordnung somit vorprogrammiert. Dies wiederum führt zu einer Pfadabhängigkeit des geld- und wirtschaftspolitischen Handelns in den Mitgliedsländern, denen sich die demokratisch gewählten nationalen Parlamente beugen müssen, und das ist durchaus so gewollt (vgl. Schäfer/Streeck 2013; Mair 2013). In der Summe stellt der »Abriss von wirtschaftlich wirksamen Grenzen, von Handels- und Effizienzhemmnissen sowie von nationalen Schutzrechten«, wie Claus Offe festhält, »eine Liberalisierungsmaschine dar, die Staaten und ihre demokratische Basis schleichend entmachtet« (Offe 2016, S. 163).

Diese aus demokratietheoretischer Perspektive eindeutig negative Entwicklung hat mit der Finanz- und Eurokrise eine neue Qualität gewonnen. Die in Griechenland und Italien vorübergehend inthronisierten »Expertenregierungen« stellten dabei nur den traurigen Höhepunkt einer Politik dar, die sich mehr an »den Finanzmärkten« als am Willen der Bürger orientierte, was sich auch daran zeigte, dass die entsprechenden Exekutiven sich bei Wahlen nicht behaupten konnten. Im Rahmen der von 2010 bis 2013 beschlossenen Programme zur Rettung des Euro ist es zudem zu einer erheblichen Ausweitung der Kompetenzen der Europäischen Kommission gekommen. Und es wurde mit dem Europäischen Stabilitätsmechanismus (ESM) eine Institution geschaffen, die sich demokratischer Kontrolle größtenteils entzieht.[2]

So wurde 2013 im Rahmen des »Two-Packs«, der die zwei Jahre zuvor beschlossenen Maßnahmen des »Six-Packs« ergänzen sollte, eine Ausweitung der von der Europäischen Kommission ausgeübten Oberaufsicht über die nationalen Haushalte durchgesetzt, womit eines der vornehmsten Rechte der nationalen Parlamente erheblich eingeschränkt wurde. Der Europäische Fiskalpakt, der ebenfalls seit 2013 gilt, sieht zudem die zwingende Einführung einer sogenannten »Schuldenbremse« vor, auch dies ein ganz erheblicher Eingriff in das Haushaltsrecht der Mitgliedsländer. Der auf Dauer angelegte ESM beinhaltet, dass Staaten, die seine Hilfe in Anspruch nehmen wollen, sich zugleich einem makroökonomischen Anpassungsprogramm unterwerfen müssen, welches von der Europäischen Zentralbank (EZB), der Europäischen Kommission und dem Internationalen Währungsfonds (IWF), den sogenannten »Institutionen«, überwacht wird. Dabei stehen die Ziele der »Haushaltsdisziplin« und der neoliberalen »Reformen« zur Steigerung der Wettbewerbsfähigkeit an vorderster Stelle, mit zum Teil verheerenden Auswirkungen in den betroffenen Ländern im Süden der EU. Dort ist es zu einem massiven Verlust an Demokratie gekommen, und zwar sowohl auf der Ebene der Politikformulierung als auch hinsichtlich der Ergebnisse, welche vor allem in Kürzungen von Renten und Sozialausgaben sowie Privatisierungen be-

2 Eine kurze Zusammenfassung der antidemokratischen Implikationen der »Rettungsmaßnahmen« findet sich bei Streeck (2013, S. 153-156; 2015); eine ausführlichere Analyse liefern Enderlein (2013), Oberndorfer (2016) und Kreuder-Sonnen (2018).

stehen, die von der Mehrheit der jeweiligen Bevölkerung abgelehnt werden (vgl. Matthijs 2017). Das zeigt sich in der regelmäßigen Abwahl jener Regierungen, die die »Maßnahmen« umsetzen dürfen.

Für die Anti-Federalists stand fest: Die ökonomischen Unterschiede zwischen dem durch Kleinfarmer geprägten Norden und dem von Großgrundbesitzern dominierten Süden sind schlichtweg zu groß, als dass eine Politik im gleichen Interesse aller formuliert werden könnte. Nicht zuletzt befürchteten sie infolge der Ausdehnung des Herrschaftsraumes eine Machtverschiebung in Richtung auf die »natürliche Aristokratie« und damit auf finanzstarke Akteure. Ähnliches lässt sich gegenwärtig in der Europäischen Union beobachten. Im Zuge des Abbaus von Wettbewerbsschranken und verschärft durch die Eurorettungspolitik erfolgt die Durchsetzung eines Wirtschaftsmodells, mit dem die Mitgliedsländer im Norden in den letzten Jahren gute Erfahrungen gemacht zu haben glauben, auf Wirtschaftsräume, die davon ganz offensichtlich nur wenig profitieren. Anders ausgedrückt: Konnte man bis in die achtziger Jahre auch mit Blick auf die Europäische Union von einer gewissen Vielfalt kapitalistischer Wirtschaftsräume ausgehen, so wird diese Vielfalt gegenwärtig zugunsten einer neoliberalen Wettbewerbsideologie und eines Austeritätsfetischs eingeebnet. Dabei erfolgt die Ausdehnung wirtschafts- und finanzpolitischer Herrschaftsbefugnisse auf Kosten beider Versprechen der Demokratie.

Die von der Kommission und dem Gerichtshof betriebene Durchsetzung der Wettbewerbsfreiheiten sowie die zunehmend autoritäre Intensivierung einer neoliberalen Politik seit der »Eurokrise« bewirken nämlich nicht nur eine erhebliche Beschneidung demokratischer Rechte, sondern sie besitzen auch einen deutlichen Bias zugunsten wohlhabender

Menschen, und zwar insbesondere mit Blick auf die Vermögensentwicklung.[3] Man sollte jedoch nicht aus den Augen verlieren, dass es auch innerhalb der von der Austeritätspolitik betroffenen Länder im Süden Europas durchaus Gewinner gibt. Die geläufige Gegenüberstellung von reichen und armen Staaten innerhalb der Europäischen Union ist also verkürzt. Stattdessen müsste eine politikökonomische Analyse die jeweiligen Verteilungseffekte des gegenwärtigen Euroregimes in den Blick nehmen. Wohlhabende Menschen aus dem Norden und dem Süden profitieren gleichermaßen von der Niedrigzinspolitik der Europäischen Zentralbank. Sie können günstige Kredite aufnehmen und dann ihr Kapital gewinnbringend anlegen, etwa auf dem Wohnungsmarkt europäischer Großstädte. Das führt in den nachgefragten Metropolen zu steigenden Preisen, und zwar sowohl beim Erwerb von Eigentum als auch bei den Mieten. In der südlichen Peripherie kommt es auf der anderen Seite zu einem Verfall von Preisen und einer Übernahme von ehemaligen Staatsbetrieben und Immobilien durch ausländische Investoren. Schließlich ist darauf zu verweisen, dass auch von der so oft gepriesenen Arbeitnehmerfreizügigkeit nur eine Minderheit profitiert, sie für die Mehrheit jedoch mit einem Mehr an Konkurrenz verbunden ist:

> Die Kehrseite der erhöhten Freizügigkeit ist die Verdrängung vom Markt, welche diejenigen zu spüren bekommen, die zu Hause bleiben: der französische Klempner in Frankreich, der österreichische Student in Österreich, der Luxemburger Wähler in Luxemburg. Und das ist die Mehrheit. Das Tauschgeschäft, dessen Nutznießer eigentlich alle Bürger sein sollten, bringt lediglich einer kosmopolitischen

3 Dass eine Niedrigzinspolitik auch auf dem Arbeitsmarkt positive Effekte haben kann und sich solche teilweise auch in den südeuropäischen Ländern, vor allem in Portugal und Spanien, feststellen lassen, soll damit nicht bestritten werden. Mir geht es hier jedoch vorwiegend um die langfristigen Effekte auf die Vermögensverteilung.

> Elite oder denjenigen etwas, die nichts zu verlieren haben. (Van Middelaar 2016, S. 419)

Diese Analyse von Luuk van Middelaar ist vor allem deshalb so bemerkenswert, weil sie von einem grundsätzlichen Befürworter des Einigungsprozesses stammt. Doch auch er muss einräumen, dass der gemeinsame Wirtschaftsraum deutlich mehr Verlierer als Gewinner produziert und der häufig zu vernehmende Hinweis auf die ökonomischen Vorteile der Europäischen Union daher für viele wenig überzeugend ist. Es ist also kaum verwunderlich, dass der europäische Einigungsprozess vornehmlich von den wirtschaftlich erfolgreichen und akademischen Mittelschichten unterstützt wird, wie die Umfragedaten des Eurobarometers zeigen. Schlüsselt man die Antworten nach soziostrukturellen Faktoren auf, fallen erhebliche Unterschiede in der Einstellung gegenüber dem europäischen Einigungsprozess auf:

> Wer hoch gebildet, gut informiert, jung und postmaterialistisch ausgerichtet ist, der unterstützt die europäische Integration stärker, sieht für das eigene Land eher Vorteile in der EU-Mitgliedschaft, empfindet sich mehr als Europäer und entwickelt insgesamt mehr Vertrauen und ein stärkeres europäisches Zusammengehörigkeitsgefühl als seine Mitbürger. Mit anderen Worten, Unterstützung für Europa ist eher unter den Eliten zu finden, die auch die öffentliche Diskussion zu Europa maßgeblich bestimmen [...]. (Kohler-Koch et al. 2004, S. 206; vgl. Hakhverdian et al. 2013)

An diesem Befund aus dem Jahr 2004 hat sich bis heute nichts geändert; im Gegenteil, die Spaltung in Befürworter und Gegner der Integrationspolitik entlang sozioökonomischer Variablen hat sich seit dem Ausbruch der Eurokrise deutlich intensiviert. Inzwischen sprechen viele Sozialwissenschaftler (Kriesi 2010; Merkel 2017; Hooghe/Marks 2017) von einem neuen Cleavage zwischen Kosmopoliten, die sich in Deutschland etwa bei Pulse of Europe engagieren, zumindest aber einer weiteren Europäisierung gegenüber sehr aufgeschlossen sind, auf der einen Seite und Traditionalisten (bisweilen ist auch von »Kommunitaristen« die Rede), die den Nationalstaat verteidigen, Immigration gegenüber skeptisch eingestellt sind und den Freihandel ablehnen, auf der anderen Seite. Letztere finden sich dann nicht nur besonders häufig unter den Wählern rechtspopulistischer Parteien, sondern weisen im Vergleich zum Lager der Kosmopoliten auch in soziodemografischer Hinsicht spezifische Merkmale auf: Sie sind im Schnitt älter, verfügen über mittlere oder untere Bildungsabschlüsse, sind weniger mobil und eher materialistisch orientiert. Jedoch ist es verkürzt, den Umstand, dass bestimmte Bevölkerungsgruppen eine weitere Vertiefung der europäischen Integration ablehnen, als »nationalistisch« zu verdammen. Vielmehr gilt es, die durchaus rationalen Motive der Europagegner erstens überhaupt sehen zu wollen und zweitens zu verstehen, dass die Gewinne und Verluste der Globalisierung im Allgemeinen und des europäischen Einigungsprozesses im Besonderen sehr ungleich verteilt sind und dass dies die vermeintlich nationalistischen Einstellungen wesentlich bedingt. Eine moralistische Verurteilung antieuropäischer Haltungen ist jedoch nicht nur wohlfeil, sondern führt zur Verfestigung der Kluft zwischen den Proeuropäern und den Europaskeptikern. Letztere fühlen sich moralisch nach unten gedrückt, was ihren Zorn auf die Meinungseliten verstärkt, die Proeuropäer können sich erneut bestätigt fühlen, gibt es so doch noch mehr Anlass, sich über den Nationalismus der Antieuropäer aufzuregen (vgl. Jörke/Selk 2015; Jörke/Nachtwey 2017).

Doch was haben all diese inzwischen vielfältig diskutierten demokratieschädlichen Effekte der Supranationalisierung mit der Frage der Größe zu tun? Hingewiesen wurde bereits auf die Heterogenität zwischen den Mitgliedsländern, die eine »positive« Integrationspolitik nahezu verunmöglicht. Und dies gilt nicht nur mit Blick auf wirtschafts- und sozialpolitische Fragen, sondern auch hinsichtlich einer gemeinsamen Wertepolitik, wie sich zuletzt in der Auseinandersetzung über die Verteilung der Bürgerkriegsflüchtlinge aus Syrien gezeigt hat. Zu unterschiedlich sind die jeweiligen historischen Erfahrungen, politischen Kulturen und Mentalitäten, als dass etwas Gemeinsames entstehen könnte, das nicht nur für kosmopolitisch orientierte Menschen handlungsleitend ist. Die Europäische Union ist mithin keine politische Gemeinschaft, die einen einheitlichen Willen ausbilden könnte, und das gilt insbesondere hinsichtlich der jeweiligen mitgliedstaatlichen *demoi*, die sich offensichtlich nicht zu einem gemeinsamen *demos* vereinigen können. Ursächlich dafür ist vornehmlich, dass kein gemeinsamer Bedeutungsraum existiert. Die Ausbildung dessen, was man mit einer gewissen Vorsicht als eine europäische Identität bezeichnen könnte, ist größtenteils auf akademische Milieus beschränkt. Auch die Wahlen zum Europäischen Parlament, die eine notorisch geringe Beteiligung aufweisen und in der Politikwissenschaft nicht zu Unrecht als »Wahlen zweiter Ordnung« bezeichnet werden, sind größtenteils durch nationalstaatliche Wahrnehmungsmuster geprägt (Clark 2014). Demokratie bleibt daher in Europa notwendig halbiert bzw. ist, etwas polemischer ausgedrückt, liberal entgleist. Die Europäische Union ist zu groß für die Ausbildung republikanischer Werte und Praktiken.

Wolfgang Streeck hat in seinem viel diskutierten Buch *Gekaufte Zeit* an einen wichtigen Aufsatz Friedrich August von Hayeks erinnert. Der 1939 unter dem Titel »The Economic Conditions of Interstate Federalism« publizierte Artikel ist explizit den Größeneffekten einer Wirtschafts- und Währungsunion gewidmet und liest sich wie eine Blaupause für die heutige EU. Der Aufsatz ist im Kontext von Überlegungen neoliberaler Intellektueller zu verorten, die sich in den dreißiger und vierziger Jahren intensiv mit der Frage beschäftigten, wie die potenziell wirtschaftsfeindliche Macht souveräner Nationalstaaten eingedämmt werden könnte. Anlass dafür war das Vordringen des Sozialismus, der sich jedoch in ihrer Wahrnehmung nicht nur auf die osteuropäischen Staaten beschränkte, sondern auch viele der westlichen Demokratien erfasst habe, etwa die USA im Rahmen des New Deals. Vor allem jedoch ging es darum, eine neue internationale Ordnung für die Zeit nach dem Zweiten Weltkrieg und dem absehbaren Ende des britischen Empires zu kreieren. Das Ziel von Autoren wie Moritz Julius Bonn, Lionel Robbins, Ludwig von Mises und Hayek bestand, wie Quinn Slobodian in seiner Geschichte des Neoliberalismus zeigt, darin, den Staaten die Verfügungsgewalt über wirtschaftliche Prozesse weitgehend zu entziehen, indem diese auf einer supranationalen Ebene festgeschrieben werden. »Die Lösung, welche die Neoliberalen für die gemeinsamen Probleme der Massendemokratie, der Proletarisierung und des wirtschaftlichen Nationalismus entwickelten, war die Denationalisierung des Regierens.« (Slobodian 2018, S. 118) Supranationale Agenturen und internationales Recht sollten Freihandel und Investorenschutz gegen die Begehrlichkeiten demokratisch gewählter Regierungen schützen. Dabei komme es vor allem darauf an, dass die untergeordneten Ebenen sich den Entscheidungen und den Gesetzen der supranationalen Ebene fügen müssen. Ein weiterer Vorteil eines solchen Arrangements läge in der Invisibilisierung der Prozesse der ökonomischen Governance, wie von Mises in seinem Vorschlag für eine Osteuropäische Union nach einem vorausgesetzten Sieg der Alliierten über Nazideutschland unterstreicht (vgl. von Mises 2000 [1941], S. 194-197). Doch auch wenn sich die Überlegungen der Vordenker des Neoliberalismus in vielerlei Hinsicht gleichen, ist insbesondere die Lektüre von Hayeks Aufsatz aufschlussreich.[4]

Hayek spricht sich vor dem Hintergrund des Ausbruchs des Zweiten Weltkrieges für eine föderale Ordnung aus, die sich nicht nur auf das traditionelle Feld der Friedenssicherung bezieht, sondern darüber hinaus auch die Wirtschafts- und Währungspolitik auf die suprastaatliche Ebene verlagert. Er plädiert dabei ebenso für den freien Verkehr von »Menschen, Gütern und Kapital« wie für einen gemeinsamen Währungsraum (Hayek 1952 [1939], S. 330). Hayeks Argument für eine derartige föderale Ordnung ist zunächst, dass nur in deren Rahmen verhindert werden könne, dass die Interessengegensätze zwischen den Mitgliedstaaten ein Ausmaß annehmen, das dem Ziel der Friedenssicherung entgegensteht. Allerdings kann dieses Argument spätestens seit dem Ausbruch der sogenannten Eurokrise und der dabei zum Vorschein getretenen Auseinanderentwicklung zwischen den Staaten im Norden und denen im Süden als widerlegt gelten. Zwar sind wir innerhalb der Europäischen Union von kriegerischen Auseinandersetzungen weit entfernt, aber dass durch die wirtschaftliche Union die Interessengegensätze zwischen den Mitgliedstaaten geringer geworden seien, lässt sich nicht behaupten.

4 Ein halbes Jahrhundert später findet sich auch bei James Buchanan (1995), einem weiteren Vordenker des Neoliberalismus, ein Plädoyer für eine föderale Ordnung, in der die wesentlichen ökonomischen Strukturen auf der supranationalen Ebene vorentschieden sind, ein gemeinsamer Markt existiert und die Mitglieder der Föderation sich zudem in einem Steuerwettbewerb befinden. Sein Argument ist, dass auf diese Weise die demokratisch gewählten Regierungen zu Haushaltsdisziplin und einer zurückhaltenden Steuerpolitik genötigt seien. Buchanan war übrigens auch einer der geistigen Väter der sogenannten Schuldenbremse, wie sie mittlerweile in allen Ländern der Eurozone eingeführt worden ist.

Der systematische Grund für Hayeks Plädoyer für eine Ausweitung des Föderalismus ist daher vielmehr darin zu sehen, dass auf diese Weise die Macht der Nationalstaaten, steuernd in die Wirtschaft einzugreifen, nachhaltig geschwächt wird: »Das heißt, daß der Bund die negative Macht haben müßte, die Einzelstaaten daran zu hindern, in bestimmter Weise in die Wirtschaftstätigkeit einzugreifen, während er aber selbst nicht die positive Macht hätte, das an ihrer Stelle zu tun.« (Ebd., S. 338; Übersetzung leicht verändert, D. J.) Als Beispiel einer derartigen unerwünschten Einmischung der Staaten in die Wirtschaft führt er an erster Stelle Schutzzölle an, Hayek nennt aber auch die Begrenzung der Arbeitszeit oder eine gesetzliche Arbeitslosenversicherung; selbst eine Begrenzung der Kinderarbeit würde in einem föderalen System weniger leichtfallen (ebd., S. 330). Zudem hebt er positiv hervor, dass es wegen der möglichen Mobilität von Menschen, Gütern und Kapital für die einzelnen Staaten schwieriger würde, eine hohe Besteuerung durchzusetzen. Bemerkenswert ist das Zitat von Hayek aber insbesondere, weil er die aus seiner Sicht begrüßenswerten Effekte einer »negativen« Integration unterstreicht und zugleich betont, dass eine »positive« Integration, welche die sozialen Folgekosten abfedern könnte, verunmöglicht werde. Ist Ersteres die gleichsam naturwüchsige Folge des Wirtschafts- und Währungsföderalismus, so fehlt es etwa für eine einheitliche Sozial- oder Steuerpolitik an der nötigen Organisations- und Durchsetzungsfähigkeit, vor allem aber an einem kollektiven Willen.

Hayeks Aufsatz ist allerdings noch aus einem weiteren Grund äußerst aufschlussreich: Er führt nämlich die aus seiner Sicht begrüßenswerten Effekte eines einheitlichen Wirtschafts- und Währungsraums auf Größeneffekte zurück. In einer Föderation aus mehreren Nationalstaaten bestehe zwangsläufig eine Vielfalt der Interessen, jedoch keine gemeinsame

Identität, die diese Interessensgegensätze überbrücken könne. In den Worten Hayeks:

> Im Nationalstaat machen es die herrschenden Ideologien verhältnismäßig leicht, dem restlichen Teil der Gemeinschaft die Überzeugung beizubringen, daß es in ihrem Interesse sei, »ihre« Stahlindustrie oder »ihre« Weizenproduktion oder was es sonst sein mag, zu schützen. [...] Das entscheidende in ihrer Überlegung ist, daß ihr Opfer Landsleuten zu gute kommt, deren Lage sie kennen und mitfühlen. Werden sich diese Motive auch zugunsten anderer Mitglieder des Bundes geltend machen? Ist anzunehmen, daß der französische Bauer bereit sein wird, für seinen Kunstdünger mehr zu bezahlen, um der englischen chemischen Industrie zu helfen? (Ebd., S. 332)

Und noch expliziter heißt es zwei Seiten später: »Die bestehenden souveränen Nationalstaaten sind meist gerade von einer solchen Ausdehnung und Zusammensetzung, daß Übereinstimmung über einen Grad von staatlicher Einmischung möglich wird, die die Menschen nicht dulden würden, wenn die Gebiete entweder viel kleiner oder viel größer wären.« (Ebd., S. 334) Für kleinere Gebilde würde nicht die Notwendigkeit der staatlichen Lenkung der Wirtschaft bestehen, denn dort gäbe es nur wenige schützenswerte Industrien. Und in größeren Gebilden würden, wie erwähnt, die notwendigen Gemeinsamkeiten fehlen. Kurzum, für Hayek ist eine Wirtschafts- und Währungsunion der ideale Rahmen, um die demokratische Gestaltungsmacht von Nationalstaaten zu überwinden, die ihnen aufgrund einer kollektiven Identität und gewachsener Solidaritätsstrukturen zukommt. Diese Voraussetzungen kollektiver Selbstregierung fehlten in einer Föderation von Nationalstaaten jedoch schlichtweg und könnten auch nicht erzeugt werden. Dass Hayek mit dieser Einschätzung noch heute richtigliegt, bestätigt sich tagtäglich beim Blick in die Zeitungen. Die Solidarität zwischen den Mitgliedstaaten der Europäischen Union ist weiterhin als gering einzustufen. Und auch die von Hayek so begrüßten Interessensgegensätze sind reichlich vorhanden. Besonders einschlägige Beispiele hierfür sind die nicht enden wollenden Diskussionen über die Einführung einer europäischen Finanzmarkttransaktionssteuer, über gemeinsame Sätze bei den Unternehmenssteuern, die tatsächliche Austrocknung der Steueroasen innerhalb der Europäischen Union oder auch die Einführung eines gemeinsamen Mindestlohns. Bei all diesen Vorhaben, die in Richtung einer »positiven« Integration zielen, gibt es genügend Vetospieler, um sie auf den Sankt-Nimmerleins-Tag zu verschieben.

Hayeks Argument ist freilich nicht neu. Bereits James Madison hat im zehnten Artikel der *Federalist Papers* den wesentlichen Vorteil der neuen Union gerade in der durch ihre Heterogenität bewirkten Verhinderung einer Mehrheitstyrannei erkannt. Und wie Hayek hat auch Madison darunter vor allem, wenn nicht gar ausschließlich, Eingriffe in die wirtschaftlichen Interessen der finanziell starken Akteure gesehen, etwa durch eine mehrheitlich, also demokratisch, beschlossene Ausgabe von Papiergeld oder Stundung von Schulden.

Die Ausführungen Hayeks legen nahe, dass aufgrund der Heterogenität innerhalb der EU eine »positive« Integration sehr unwahrscheinlich ist. Zumindest aber würde sie nur in kleinen Schritten und auch nur gegen Widerstand großer Teile der Bevölkerungen zu erreichen sein. Insofern lässt sich aus einer neoliberalen Perspektive auch einer weiteren »Demokratisierung« der EU gelassen entgegensehen, denn diese wäre entweder wenig mehr als eine Scheindemokratisierung. Oder aber sie würde mit den Bürgerinnen und Bürgern einen weiteren Vetospieler ins europäische Boot holen. Über Möglichkeiten einer Ausdehnung demokratischer Standards und Institutionen auf Räume jenseits des Nationalstaates wurde in den vergangenen 20 Jahren in der Politikwissenschaft und der politischen Philosophie intensiv diskutiert. Im folgenden Kapitel möchte ich darlegen, weshalb ich die dabei vorgeschlagenen Strategien zur Rettung der Demokratie im postnationalen Zeitalter für wenig überzeugend halte. Ich teile also, wenn auch mit einer entgegengesetzten Wertung, Hayeks Einschätzung zur Möglichkeit demokratischen Regierens in supranationalen Räumen.

5. Demokratie jenseits des Nationalstaates: Wie man sie nicht denken sollte

Wohl kaum ein Thema hat die politikwissenschaftliche Debatte der letzten beiden Jahrzehnte so geprägt wie die Verlagerung politischer Entscheidungsprozesse von der nationalstaatlichen auf die supranationale oder gar auf die globale Ebene. Die weitverbreitete Beobachtung ist, dass im Zuge der Globalisierung nicht nur eine immense Ausdehnung und Intensivierung internationaler Handelsbeziehungen und kultureller Austauschprozesse erfolgt, sondern auch ein deutlich gewachsener Bedarf an internationaler Kooperation entstanden ist (beispielsweise mit Blick auf den Klimawandel, den Ressourcenverbrauch, den grenzüberschreitenden Handel, den internationalen Terrorismus oder auch die Migrationspolitik). Von vielen Autoren wird zudem darauf verwiesen, dass der Macht multinationaler Konzerne und nicht zuletzt der Finanzmärkte nur durch eine stärkere Vernetzung der Nationalstaaten, etwa im Rahmen der Europäischen Union oder auch der G20, begegnet werden könne. Und in der Tat ist es in den vergangenen zwei, drei Jahrzehnten zu einer, nicht zuletzt durch den Wegfall der Systemkonfrontation begünstigten, erheblichen Steigerung der trans- und supranationalen Zusammenarbeit gekommen. Am eindrucksvollsten und am weitesten fortgeschritten ist sicherlich der europäische Einigungsprozess. Die Etablierung zunächst eines gemeinsamen Binnenmarktes, dann der Europäischen Union und schließlich einer gemeinsamen Währung wird daher häufig als eine notwendige Strategie betrachtet, um der postnationalen Herausforderung politisch standhalten zu können (etwa Habermas 2011b). Der Einigungsprozess ist jedoch, wie wir im vorigen Kapitel gesehen haben, mit einem erheblichen Kompetenzverlust nationalstaatlicher Parlamente, aber auch kommunaler Organe der Selbstverwaltung verbunden. Dem steht auf der anderen Seite bislang aber nur eine marginal ausgebildete demokratische Legitimation der grundlegenden europäischen Institutionen gegenüber. Denn auch wenn die Beteiligungsrechte des Europäischen Parlaments seit den Verträgen von Amsterdam und Lissabon gewachsen sind, ist die Europäische Union weiterhin weit davon entfernt, ein demokratisches System zu sein. Wie sind etwa die politisch folgenreichen Entscheidungen der Europäischen Zentralbank an den Willen der europäischen *demoi* rückgebunden? Oder wie lässt es sich mit demokratischen Prinzipien vereinbaren, dass die Mitarbeiter des Europäischen Stabilitätsmechanismus weder parlamentarischer Kontrolle unterliegen noch für eventuelles Fehlverhalten angeklagt werden können? Auch die Europäische Kommission und der Europäische Gerichtshof sind nur sehr indirekt und schwach demokratisch legitimiert.

Ist bereits hinsichtlich der Europäischen Union von einem immensen Demokratiedefizit auszugehen, so stellt sich das Problem auf der globalen Ebene in potenzierter Form. Dort ist in den letzten Jahrzehnten eine Vielzahl von Abkommen, Regimen und Institutionen entstanden, ebenso haben etablierte Institutionen wie die Vereinten Nationen an Relevanz gewonnen. Auch die regelmäßigen Treffen der führenden Industrienationen und Schwellenländer sind Bestandteile eines globalen »Regierens«. Zu nennen sind aber vor allem die Weltbank, der IWF und die Welthandelsorganisation (WTO), wobei insbesondere Letztere einen erheblichen Einfluss auf die Lebensbedingungen nahezu aller Menschen ausübt. Doch sosehr diese Organisationen in den letzten Jahren auch ins Licht der Öffentlichkeit gerückt sind, sie entziehen sich weiterhin einer ernsthaft als »demokratisch« zu bezeichnenden

Einflussnahme. Im Rahmen der WTO etwa müssen sich die einzelnen Staaten beim Beitritt einem dezidiert neoliberalen Freihandelsregiment, insbesondere dem Ziel des Abbaus internationaler Handelsbeschränkungen, unterwerfen. Sie sind darüber hinaus verpflichtet, das nationale Recht dem WTO-Recht anzupassen. Die WTO übt also mittelbar hoheitliche Gewalt aus, die allerdings keiner demokratischen Kontrolle unterliegt, sieht man einmal von der grundlegenden Entscheidung, und auch diese ist in der Regel hinter verschlossenen Türen getroffen worden, eines Beitritts ab. »Das alles ist umso bedeutender, als das WTO-Recht nicht nur weitreichende Auswirkungen auf die Handelspolitik, sondern auch auf andere Bereiche wie etwa die Gesundheits-, Umwelt- und Verbraucherschutzpolitik hat und nach dem Eindruck mancher Beobachter den Nationalstaat regelrecht in ein Korsett gezwängt hat«, wie Horst Dreier festhält (2018, S. 46; vgl. Stiglitz 2002).

Dieser immense Bedeutungszuwachs der supra- und transnationalen Ebene für das Regieren moderner Gesellschaften stellt insofern eine große Herausforderung für die Demokratietheorie dar, als diese die nationalstaatliche Basis der Demokratie über lange Zeit als eine Selbstverständlichkeit angesehen hatte. Hinzu kommt, dass alle entscheidenden Institutionen wie Wahlen, Parlamente, Parteien und die politische Öffentlichkeit nationalstaatlich verankert sind. Diese nationalstaatliche Basis wird jedoch zunehmend schwächer. Vor diesem Hintergrund ist es wenig verwunderlich, dass die Frage der Übertragung demokratischer Normen und Institutionen auf die supra-, trans- und internationale Ebene spätestens seit der Jahrhundertwende zu einem zentralen Gegenstand der politischen Theorie avanciert ist. Weitverbreitet ist dabei die Auffassung, der »nationalstaatliche Container« (Ulrich Beck) müsse verlassen werden, man dürfe also nicht nostalgisch einem alten Modell hinterhertrauern oder, noch schlimmer, es engstirnig verteidigen. Es gelte vielmehr, den Demokratiebegriff so zu rekonzeptionalisieren, dass er in die neue Welt einer supranationalen und globalen »Governance« hinübergerettet werden kann. Allerdings gehen diese konzeptionellen Rettungsversuche mit einer erheblichen Abschwächung des normativen Gehalts des Demokratiebegriffs einher, wie ich in diesem Kapitel zeigen werde. Zu diesem Zweck werde ich zwischen drei Strategien einer derartigen Rekonzeptionalisierung unterscheiden. Es handelt sich jedoch insofern um eine idealtypische Zuspitzung, als in der Literatur zumeist Mischformen vertreten werden. Gleichwohl hilft diese Unterscheidung dabei, die Gewinne und Verluste, die mit dieser Neuerfindung der Demokratie verbunden sind, aufzuzeigen. Die erste Strategie versucht, nationalstaatlich verankerte Demokratiemodelle auf die globale oder supranationale Ebene zu übertragen, die zweite besteht in einer deliberativen Umdeutung des Demokratiebegriffes und die dritte ersetzt ihn durch Konstitutionalismus und Menschenrechte.

Die Strategie der Übertragung

Mit Demokratie verbinden wir nicht zuletzt ein Set von Institutionen, Organisationen und Verfahren. Dazu gehören neben Parteien Parlamente, regelmäßige und gleiche Wahlen, eine horizontale wie teilweise – in föderalen Systemen – auch vertikale Gewaltenteilung und eine Öffentlichkeit, in der über gesellschaftlich relevante Themen gestritten werden kann. Hinzu treten in vielen Staaten und auf der lokalen sowie regionalen Ebene direktdemokratische Elemente und seit einigen Jahren auch neue Formen einer deliberativen Beteiligung, etwa in Form von Mediationsverfahren oder Bürgerhaushalten. Durch diese Institutionen soll eine demokratische Programmierung des Regierungshandelns, zumindest aber eine demokratische Kontrolle der Repräsentanten und Regierenden erfolgen.

Eine Reihe von Autoren, die bekanntesten sind David Held (1995, 2007), Daniele Archibugi (2008) und Otfried Höffe (2001), plädiert dafür, wesentliche Komponenten dieses Arrangements auf die globale Ebene zu übertragen. Ausgangspunkt ihrer Überlegungen ist das ebenso unbestreitbare wie erhebliche Demokratiedefizit der bisherigen Strukturen globalen Regierens, und zwar sowohl mit Blick auf die vielen transnationalen Regime und Organisationen als auch hinsichtlich der UN. Zugleich hätten diese Ebenen aber einen erheblichen Bedeutungszuwachs erfahren; eine Entwicklung, die aus einer demokratietheoretischen Perspektive zunächst einmal durchaus zu begrüßen sei, seien damit doch zumindest potenziell die Strukturen für eine Demokratisierung transnationaler und globaler Prozesse jenseits nationalstaatlicher Egoismen gegeben. Dies sei umso dringlicher, als in einer zunehmend globalisierten Welt die Effekte politischer Entscheidungen gerade nicht an den Staatsgrenzen haltmachten. Einschlägige Beispiele hierfür seien Felder wie die Klimapolitik, die Steuergesetzgebung oder auch die Regulierung bzw. Deregulierung der Finanzmärkte. Hinzu träten Fragen der Menschenrechtspolitik, humanitärer Interventionen oder auch der internationalen Strafverfolgung. Auf all diesen Feldern könne es nicht gerechtfertigt werden, wenn ein kleiner Kreis mächtiger Nationen Entscheidungen treffe, die mehr oder weniger nachhaltig das Wohlergehen und Leben vieler Menschen beeinflussen, die nicht an diesen Entscheidungsprozessen beteiligt sind. Daher sei es moralisch geboten, allen von den jeweiligen Entscheidungen Betroffenen Zugang zu den entsprechenden politischen Verfahren zu gewähren. Kurzum, die Organisationen und Regime des globalen Regierens bedürften einer Demokratisierung.

Zu diesem Zweck skizzieren die Befürworter einer globalen Demokratie die Idee eines mehrfach gestuften demokratischen Prozesses. Von der kommunalen über die nationale und die supranationale bis hin zur globalen Ebene sollen deliberative Arenen für demokratische Legitimität sorgen. Held und Archibugi verweisen auf Ansätze einer globalen Öffentlichkeit und Zivilgesellschaft, die es zu stärken gilt, da diese eine notwendige Voraussetzung für eine Erhöhung der Transparenz und der Zurechenbarkeit globalen Regierens darstellen. Doch das sei nur ein erster Schritt hin zu einer globalen Demokratie. Hinzutreten sollen sowohl auf der supranationalen als auch auf der globalen Ebene durch Wahlen legitimierte Parlamente, die als Kernbestandteile einer demokratischen Weltordnung betrachtet werden. Ein Weltparlament steht somit an der Spitze des institutionellen Designs einer globalen Demokratie. Diese parlamentarische Versammlung, bisweilen als eine zweite Kammer der Uno konzipiert, müsse aus allgemeinen und gleichen Wahlen hervorgehen, an denen sich idealerweise alle Weltbürger, zumindest aber die Bürger demokratischer Staaten beteiligen.

Daniele Archibugi (2008, S. 173) zufolge bestehen die Zuständigkeiten eines Weltparlaments darin, die grundlegenden Menschenrechte zu definieren und für deren Schutz zu sorgen, etwa durch die Legitimierung von Sanktionen oder humanitären Interventionen. Darüber hinaus soll es das Recht besitzen, »die Grenzen und Zuständigkeiten der verschiedenen politischen Gemeinschaften neu zu definieren« und »die am besten geeignete Governance-Ebene bei grenzüberschreitenden Problemen« zu identifizieren. Wie immer man auch den Gegenstandsbereich dieser Gesetzgebung im Einzelnen beschränken oder ausdehnen mag, die notwendige Voraussetzung ist ein neues Verständnis der Rolle von Nationalstaaten. Diese werden einer demokratisch legitimierten globalen Rechtsetzung untergeordnet. Einige Autoren (etwa Cabrera 2004) beschränken sich indes nicht auf einen Ausbau der Uno in Richtung einer Weltregierung, sondern sehen in einem Weltstaat mit exekutiven Befugnissen und einer Sanktionsgewalt einen notwendigen Bestandteil einer globalen Demokratie. Dieser soll insbesondere dazu dienen, Forderungen der Gerechtigkeit und demokratischer Standards weltweit zu implementieren.

Diese hier knapp skizzierte Strategie der Übertragung ist vielfach kritisiert worden, wobei sich die Einwände insbesondere auf die Forderung nach einem Weltstaat und einem Weltparlament konzentrieren. So wird im Anschluss an Kant auf den potenziell despotischen Charakter eines Weltstaates verwiesen (Maus 2015), oder es wird argumentiert, dahinter verberge sich lediglich eine neue Form des westlichen Imperialismus (Chimni 2011). Weiterhin ist zu bezweifeln, dass die kulturellen und sittlichen Voraussetzungen einer Weltdemokratie gegeben sind. So lebt der größere Teil der Menschen nicht in Demokratien, und die Verbundenheit zwischen den Menschen in den verschiedenen Weltregionen ist bei Weitem nicht so stark ausgeprägt, wie dies in nationalen Kontexten der Fall ist. Hinzu kommen vielfältige technische Probleme, die beispielsweise mit der Organisation von Wahlen zu einem Weltparlament einhergehen. Wie lässt sich etwa der repräsentative Charakter eines von über vier Milliarden erwachsenen Menschen bestellten Parlaments denken? Soll hier jeder Weltbürger das gleiche Stimmrecht besitzen oder nur diejenigen, die in einer Demokratie leben? Oder sollte eine Gewichtung erfolgen? Und wenn ja, welche Kriterien stehen hierfür bereit? Wie soll verhindert werden, dass derartigen Wahlen nicht das gleiche Schicksal wie den Wahlen zum Europäischen

Parlament blüht und sie als nationale Stimmungstests missbraucht werden? Wie steht es mit der Verankerung der Abgeordneten in ihren jeweiligen »Wahlkreisen«, wenn ein Abgeordneter 50 Millionen Weltbürger oder mehr repräsentieren muss? Wie soll man sich das für parlamentarische Regierungssysteme charakteristische Zusammenspiel von Regierung und Opposition vorstellen? Oder soll es sich vielmehr um eine Art Oberhaus oder Honoratiorenparlament handeln, was zwar auf der einen Seite die Möglichkeit bietet, auf Parteien zu verzichten, doch zugleich einen Rückfall in vordemokratische Zeiten bedeuten würde? Hinzu treten machtpolitische Bedenken etwa dahingehend, dass die ständigen Mitglieder des UN-Sicherheitsrats als weiterhin einflussreiche Vetospieler wohl kaum bereit sein werden, ihre privilegierte Stellung aufzugeben.[1] All diese Einwände sind nicht von der Hand zu weisen und zeigen, dass die Strategie, nationalstaatlich verankerte Institutionen und Praktiken der Demokratie auf die globale Ebene zu übertragen, zumindest gegenwärtig wenig aussichtsreich ist und es gute Gründe gibt, nicht nur die faktische Möglichkeit, sondern auch die Wünschbarkeit eines derartigen Unterfangens zu bestreiten. Es bestehen schlichtweg räumliche Grenzen der Übertragung von Institutionen, die in viel kleineren Kontexten entstanden sind und auch nur dort funktionieren können. Das gilt mit Abstrichen auch mit Blick auf die Europäische Union.

Das Mehrebenensystem der Europäischen Union wird von vielen als Vorbild für das Projekt einer supranationalen Demokratie gerühmt. Und zwar entweder im Rahmen eines föderalistischen Modells, das dann eben auch auf der globalen Ebene demokratische Verfahren und Institutionen vor-

1 Vgl. Müller (2008) für eine detaillierte Kritik der »Parlamentarisierung der Weltrepublik«.

sieht, oder, vorsichtiger, innerhalb eines Modells, das zwar auf regionaler Ebene supranationale Strukturen im Sinne von Staatlichkeit vorsieht, diese auf der globalen Ebene aber weder für aussichtsreich noch für wünschenswert erachtet. Erstere Position befürworten beispielsweise die erwähnten Verfechter einer globalen Demokratie wie Held, Archibugi und Höffe, letztere vertritt etwa Jürgen Habermas.[2]

In der Tat ist es für das Projekt der Übertragung demokratischer Institutionen prima facie vielversprechender, nicht gleich die ganze Welt, sondern zunächst einmal die Europäische Union in den Blick zu nehmen, lassen sich hier doch zumindest Ansätze eines demokratischen Systems erkennen. Mit dem Europäischen Rat, dem Ministerrat, dem Gerichtshof, der Kommission und einem Parlament, das von allen erwachsenen Bürgerinnen und Bürgern in regelmäßigen Abständen gewählt wird, existieren wesentliche Institutionen einer liberalen Demokratie. Das Parlament wirkt inzwischen zu einem nicht geringen Teil am Gesetzgebungsprozess der Union mit, und auch seine Kontrollrechte gegenüber der Kommission sind im Laufe der Jahre gestärkt worden. Hinzu kommt die Möglichkeit von Mehrheitsentscheidungen im Rat, welche sich gegenüber der vormaligen Notwendigkeit der Konsensbildung bei entsprechender Fantasie ebenfalls als ein Schritt in Richtung Demokratisierung deuten lässt. Hauke Brunkhorst geht sogar so weit, die Europäische Union als

2 Zwar findet sich auch bei Habermas (2005; 2011a) im Rahmen eines Mehrebenensystems die Forderung nach einem Weltparlament, allerdings distanziert er sich ebenso von der Idee eines Weltstaates wie von der Forderung, dieses Parlament aus globalen Wahlen hervorgehen zu lassen. Die zum Weltparlament umgewandelte Generalversammlung der Vereinten Nationen soll ihre Legitimität durch ihre Einbettung in eine »Weltöffentlichkeit« (Habermas 2005, S. 356) erhalten.

»bereits demokratisch verfasst« (2014b, S. 241) zu bezeichnen, um aber im selben Atemzug zu beklagen, dass das bislang nicht hinreichend wahrgenommen werde. Wo aber liegt das Problem? Warum ist die Beteiligung an den Wahlen zum Europäischen Parlament so notorisch gering? Und warum wählen so viele Bürger, wenn sie sich dann doch zu den Urnen begeben, Parteien, die eine dezidiert antieuropäische Agenda verfolgen? Warum will die Diskussion über das Demokratiedefizit nicht verstummen? Zeigen sich die Kritiker einfach uneinsichtig? Handelt es sich um engstirnige oder zumindest nostalgische Nationalisten, die die Zeichen der Zeit, also die oben skizzierte Notwendigkeit, den »nationalstaatlichen Container« zu verlassen, einfach nicht wahrhaben wollen? Auf diese Fragen gibt es eine institutionelle und eine realpolitische Antwort.

Aus einer institutionellen Perspektive muss zumindest dann weiterhin ein Demokratiedefizit konstatiert werden, wenn man sich an nationalstaatlich gebundenen Vorstellungen orientiert. Selbst ein weniger anspruchsvolles liberales Modell, welches nicht mit der Tugendhaftigkeit der Bürger rechnet und auf starke Solidaritätsgefühle glaubt verzichten zu können, setzt die Möglichkeit der Abwahl der Regierung voraus. Doch die Kommissionsmitglieder lassen sich nicht einfach abwählen, insofern deren Nominierung vornehmlich Proporzgesichtspunkten geschuldet ist. Auch die im Europäischen Rat vertretenen Regierungschefs können nicht von heute auf morgen durch neue ersetzt werden. Sollten etwa den Wählern aus Portugal die Ratsbeschlüsse und die Politik der Kommission nicht gefallen, so können sie zwar bei der nächsten nationalen Wahl ihren Regierungschef austauschen, auf die Machtverhältnisse im Rat und in der Kommission, also in der Regierung der Europäischen Union, hat das aber nur einen geringen Einfluss. Und trotz einer deutlichen Aufwertung der Kompetenzen des Europäischen Parlaments ist dieses weiterhin nicht mit nationalstaatlichen Parlamenten vergleichbar. Es besitzt kein Initiativ-, sondern lediglich Mitwirkungsrechte, und auch von einer Budgethoheit, dem klassischen Parlamentsrecht, kann keine Rede sein. Schließlich wird aus dem Parlament keine Regierung gewählt, es darf zwar den Präsidenten der Europäischen Kommission und die Kommissare bestätigen, doch das Vorschlagsrecht für den Präsidenten besitzt der Europäische Rat, der die Ergebnisse der Wahlen zum Europäischen Parlament lediglich »berücksichtigen« muss, wie es im Lissabon-Vertrag lautet. Wenn man sich all dies vor Augen führt, ist es, zumindest gemessen an nationalstaatlichen Standards, durchaus fragwürdig, dem europäischen Mehrebenensystem einen rundweg »demokratischen« Charakter zu attestieren.

Nun mangelt es in der demokratietheoretischen Debatte beileibe nicht an Vorschlägen, die aufgeführten und einige weitere demokratische Defizite durch institutionelle Reformen zu beheben.[3] Diese orientieren sich ebenfalls am demokratischen Nationalstaat und versuchen, dessen Institutionen auf eine höhere Ebene zu übertragen. So wird etwa die Direktwahl des Kommissionspräsidenten empfohlen oder die Forderung nach einer Regierungsbildung aus dem Europäischen Parlament erhoben. Auch von der Aufstellung gesamteuropäischer Spitzenkandidaten bei den Parlamentswahlen und einer stärkeren Konturierung europäischer Parteien durch gemeinsame Listen erhofft man sich eine Angleichung an nationalstaatliche Praktiken demokratischer Legitimitätserzeugung. Die Kandidatinnen und Kandidaten auf transnationa-

3 Die entsprechende Literatur ist selbst für Experten kaum noch zu überschauen. Einen guten Überblick bieten Huget (2007) und Sonnicksen (2014, S. 19-34).

len Wahllisten würden dann nicht für bestimme Wahlkreise oder Nationalitäten, sondern für europäische Parteien stehen. Auf diese Weise, so die Hoffnung, solle eine europäische Identität geschaffen werden.[4]

Doch all diese Vorschläge zäumen das Pferd insofern von hinten auf, als weder ihre realpolitischen noch kulturellen Voraussetzungen gegeben sind. Trotz aller Bemühungen, den Europawahlkampf an nationalstaatliche Gepflogenheiten anzugleichen, gibt es weiterhin keine wahrnehmbaren europäischen Parteien und keine europäische Öffentlichkeit, sondern nur 28 nationale Diskurse über Europa. Zwar kann nach all den Krisengipfeln nicht mehr die Rede davon sein, dass europäische Themen es nicht in den Fokus einer größeren Öffentlichkeit schaffen, doch hat das nicht den Effekt gehabt, dass Europa enger zusammengewachsen wäre.

Es gibt weiterhin keinen gemeinsamen Diskursraum und keinen europäischen *demos*. Im Gegenteil: Europa ist nach inzwischen sieben Erweiterungsrunden schlichtweg zu heterogen geworden, als dass es eine gemeinsame Identität geben könnte, wie vor allem in den letzten Jahren, etwa bei den Diskussionen über die Eurorettungspolitik oder die Aufnahme von Flüchtlingen, mehr als deutlich geworden ist. »Ohne ein solches elementares Bewusstsein bürgerschaftlicher Zugehörigkeit aber kann eine politische Ordnung, die Recht setzt und Solidarität einfordert, als freiheitliche Ordnung auf Dauer nicht bestehen«, hält Peter Graf Kielmansegg überzeugend fest (2015, S. 49).

4 Eine Mehrheit im Europäischen Parlament ist jedoch realistisch genug gewesen, derartigen Glasperlenspielen am 7. Februar 2018 eine Absage zu erteilen. Eingewandt wurde u. a., dass die auf diese Weise gewählten Repräsentanten niemandem gegenüber rechenschaftspflichtig seien und dadurch die Kluft zwischen den Bürgerinnen und Bürgern und ihren Vertretern noch größer zu werden drohe.

Zudem ist daran zu erinnern, dass die Begeisterung für den Einigungsprozess und auch die Bereitschaft, an den Wahlen zum Europäischen Parlament teilzunehmen, umso höher ausfällt, je höher das Einkommen und je höher der Bildungsabschluss ist.[5] Europa ist und bleibt daher ein Elitenprojekt, und eine »Demokratisierung« der Europäischen Union zu Lasten der Mitgliedstaaten würde den Graben zwischen den politischen Repräsentantinnen und großen Teilen der jeweiligen Bevölkerungen lediglich vertiefen, hätte also den paradoxen Effekt einer weiteren Entdemokratisierung. Hinzu kommt, dass infolge der oben skizzierten Überkonstitutionalisierung selbst eine erhebliche formale Ausweitung der Kompetenzen des Europäischen Parlamentes nur wenig an den größtenteils neoliberalen Politikinhalten verändern könnte. Das dürfte wiederum zu weiterem Europaverdruss bei denjenigen führen, die schon jetzt dem Einigungsprozess mit großer Skepsis begegnen. Das Unterfangen, nationalstaatlich verankerte Institutionen wie Wahlen und Parteien auf die supranationale Ebene zu übertragen, bleibt daher so lange wenig aussichtsreich, wie erstens die gesellschaftlichen Voraussetzungen nicht gegeben und zweitens grundlegende Politikinhalte einer demokratischen Entscheidungsfindung entzogen sind. Es ist zumindest gegenwärtig sehr unwahrscheinlich, dass sich an dieser Situation etwas nachhaltig ändern könnte. Die politischen Kulturen der einzelnen Mitgliedsländer werden auf absehbare Zeit überwiegend nationalstaatlich geprägt sein. Zugleich ist die Entpolitisierung der Entscheidungsprozesse im Zuge der Einhegung der Eurokrise, wie oben geschildert, noch einmal massiv intensiviert worden. Eine Umset-

5 Der Trend, dass vor allem sozial schwach Gestellte sich nicht an Wahlen beteiligen, gilt natürlich auch für die Bundestagswahlen. Doch je geringer die Wahlbeteiligung, umso höher fällt die soziale Verzerrung aus (vgl. Schäfer 2015).

zung der Strategie der Übertragung des nationalstaatlichen Demokratiemodells droht daher auch eher, den potemkinschen Charakter der »demokratischen« Merkmale der Europäischen Union zu verstärken, als zu einem Abbau des Demokratiedefizits beizutragen. Insofern ist auch weiterhin Dieter Grimm zuzustimmen, der bereits 2005, also noch vor der Krise, feststellte, der durch die Wahlen zum Europäischen Parlament »vermittelte Legitimations- und Verantwortungszusammenhang [bleibe] dünn« und die Europäische Union werde »daher noch lange auf die Legitimationszufuhr durch die Mitgliedstaaten angewiesen sein« (Grimm 2012, S. 237).

Doch selbst wenn irgendwann in der Zukunft die kulturellen Unterscheide zwischen den einzelnen Mitgliedstaaten eingeebnet sein und auch die übergroße Mehrheit der Bürgerinnen und Bürger über gute bis sehr gute Englischkenntnisse verfügen sollte, bleibt das Problem der Größe des Herrschaftsverbandes. Die Relevanz der einzelnen Stimme ist bei europäischen Wahlen, selbst im Vergleich zu den Wahlen in großen Mitgliedstaaten, wesentlich geringer. Zudem dürfte die Bereitschaft der kleinen Mitgliedsländer, auf die bestehende erhebliche Verzerrung der Stimmgewichtung zu ihren Gunsten zu verzichten, gering ausfallen. Letzteres wäre aber eine notwendige Voraussetzung für die Umwandlung der Europäischen Union in eine parlamentarische Demokratie. Auch jenseits dieses realpolitischen Arguments ist allerdings davon auszugehen, dass der von Dahl und Tufte hervorgehobene Mechanismus einer Entfremdung zwischen den Repräsentanten und den Repräsentierten bei steigender Größe des Herrschaftsraumes wachsen würde.

Zusammenfassend kann man also festhalten, dass demokratische Institutionen wie Parlamente, Wahlen und Parteien sich nur dann auf die supranationale oder gar globale Ebene übertragen lassen, wenn die in ihnen verkörperten Versprechen der Demokratie der politischen Gleichheit wie auch der Möglichkeit, über diese Institutionen die kollektiven Geschicke zu bestimmen, erheblich aufgeweicht werden. Das Ergebnis wäre dann zwar die Existenz von »Wahlen« und »Parlamenten« jenseits des Nationalstaates, doch dabei würde es sich lediglich um scheindemokratische Institutionen handeln. Die zweite Strategie einer Demokratisierung des Regierens jenseits des Nationalstaates, nämlich die deliberative Neubeschreibung, ist freilich kaum überzeugender.

Die Strategie der deliberativen Neubeschreibung

Verfechter einer deliberativen Neubeschreibung gehen zwar ebenfalls von einem Demokratiedefizit des globalen »Regierens« aus, sie wollen dieses allerdings nicht durch die Übertragung altbekannter demokratischer Institutionen, sondern durch die Etablierung eines neuen Demokratieverständnisses überwinden. Ein erster Schritt besteht in der Aufwertung zivilgesellschaftlicher Formen politischen Engagements. In den Fokus geraten hier insbesondere international agierende Nichtregierungsorganisationen (INGOs), die Autoren wie John Dryzek (2006) und James Bohman (2007) als Repräsentanten globaler *demoi* deuten, die nicht länger nationalstaatlich gebunden sind. Zusammen mit der Annahme einer wachsenden Weltöffentlichkeit und einer zunehmenden Konstitutionalisierung der Weltpolitik werden diese INGOs als wesentliche Bestandteile einer neuen demokratischen Weltordnung interpretiert, die die Interessen und Bedürfnisse der unterschiedlichen Stakeholder, aber auch allgemeine Interessen wie das der ökologischen Nachhaltigkeit oder das eines gerechteren Welthandelssystems, vertreten. Die Inklusion von INGOs wie Amnesty International, Greenpeace oder Transparency International in die Entscheidungsprozesse der Weltfinanzinstitutionen oder auch der Vereinten Nationen soll somit zu einer Demokratisierung des Weltregierens führen. Der entscheidende argumentative Zug besteht nun darin, diesen zivilgesellschaftlichen Akteuren die Aufgabe zuzuschreiben, verallgemeinerungsfähige Interessen in die Entscheidungsprozesse einzubringen. Auf diese Weise lasse sich die auf globaler Ebene nicht zu realisierende tatsächliche Repräsentation der Weltbevölkerung ersetzen. Entsprechend wird eine virtuelle Repräsentation vorgeschlagen, die darauf beruht, dass in den INGOs ein epistemisch wie moralisch höherwertiges Wissen gebündelt werde.

Unterstützt wird dieses Demokratieverständnis – und damit sind wir beim zweiten Schritt – durch Theorien deliberativer Politik. Deren akademische Attraktivität besteht insbesondere in dem Versprechen, Demokratie und Rationalität zu versöhnen. In einem öffentlichen und möglichst inklusiven Diskurs sollen all jene Gründe aussortiert werden, die nicht verallgemeinerungsfähig sind. Dabei sollen die entsprechenden Prozeduren nicht allein zur Aufklärung über die jeweiligen Präferenzen beitragen, sondern als eine »diskursive Kläranlage« dienen (Habermas 2008, S. 144). Mit deliberativen Ansätzen wird mithin die Hoffnung verbunden, demokratische Institutionen und Praktiken aus dem »nationalstaatlichen Container« zu befreien und dergestalt zu konzeptionalisieren, dass Formen postnationaler Legitimitätserzeugung in die komplexe Welt der globalen Politik eingebracht werden können. Der hierfür entscheidende begriffsstrategische Schritt besteht – in einer viel zitierten Formulierung von Habermas – darin, dass das demokratische Verfahren »seine legitimierende Kraft nicht mehr nur, und nicht einmal in erster Linie, aus Partizipation und Willensäußerung, sondern aus der allgemeinen Zugänglichkeit eines deliberativen Prozesses [bezieht], dessen Beschaffenheit die Erwartung auf rationale Ergebnisse begünstigt« (Habermas 1998, S. 166).

Viele Befürworter sehen deliberative Verfahren gerade mit Blick auf die Prozesse der globalen »Governance« daher als eine normativ überlegene und realistische Alternative zu Wahlen an. Diese Alternative bestehe zum einen darin, dass politische Eliten ihre Entscheidungen vor einer potenziell globalen Öffentlichkeit rechtfertigen müssen und somit zu einer gerechteren, weniger interessenbasierten Politik geradezu genötigt würden. Die Annahme ist, dass dadurch die Interessen und Argumente einer im Entstehen begriffenen Weltöffentlichkeit in den Entscheidungsprozess eingespeist werden können. Dabei wird eine diskursive Eigendynamik hervorgehoben, die sich auch in jenen Verhandlungsarenen entfalten soll, die zwar keinen hohen Grad an Inklusivität aufweisen, sich aber dennoch der Logik des »Rechts auf Rechtfertigung« (Forst 2007) nicht entziehen können.

Zum anderen werden aber auch die vielfältigen Regime und Verhandlungsarenen etwa zur globalen Klimapolitik, zur Waldbewirtschaftung, zu Arbeitnehmerrechten oder auch zur globalen Armutsbekämpfung hervorgehoben, in denen Vertreter von INGOs mit am Verhandlungstisch sitzen und somit intern einen deliberativen Reinigungsprozess bewirken könnten. Erwartet wird, dass sich auch strategisch orientierte Akteure der Logik rationalen Argumentierens nicht entziehen können. Sie würden vielmehr, sobald sie sich einmal auf Deliberationsprozesse etwa mit Menschenrechtsaktivisten eingelassen haben, einem sanften Zwang unterliegen, ihre jeweiligen Interessen zunächst in der Sprache guter Gründe zu verstecken. Damit seien sie aber einem deliberativen Sog ausgesetzt, an dessen Ende nicht die Logik der Macht, sondern die eines verständigungsorientierten Argumentierens siegen werde (vgl. Deitelhoff 2006).

Für die deliberative Theorie sind es also nicht primär Wahlen und repräsentative Versammlungen, die die demokratische Qualität globalen Regierens gewährleisten sollen. An deren Stelle – und darin unterscheiden sich diese Ansätze von der Strategie der Übertragung – treten Argumente als Kern einer als »demokratisch« bezeichneten Entscheidungsfindung. Die entsprechenden Deliberationsarenen seien insofern überlegen, als sie erstens nicht mehr in nationalstaatlichen Diskursräumen oder Parlamenten als Ort der Deliberation gefangen sind, sondern sich in der globalen Öffentlichkeit oder in Verhandlungsarenen wie der WTO entfalten können, und zweitens nicht an formalisierte Verfahren und kurze Legitimationsketten gebunden sind, wie dies bei nationalstaatlichen Wahlen und der daraus resultierenden Regierungsbildung der Fall ist. Daraus ergäbe sich der Vorteil, dass sie an vergleichsweise gering formalisierte Prozesse des Regierens jenseits des Nationalstaates andocken können. Damit liefert die deliberative Demokratietheorie ohne Frage eine attraktive Deutung globaler Verständigungsprozesse, einmal vorausgesetzt, ein derartig deliberativer Charakter von transnationalen Regimen und Verhandlungen lässt sich auch empirisch nachweisen. Doch das ist höchstens partiell der Fall.

Hinsichtlich der gegenwärtigen Realität globalen Regierens scheint es jedenfalls mit der deliberativen Qualität nicht allzu rosig bestellt zu sein. Von wenigen Oasen einmal abgesehen, dominiert hier weiterhin eine Logik ökonomischer Interessen bzw. der Macht. Zumindest sollte der deliberative Charakter internationaler Organisationen wie der WTO oder auch des IWF doch als eher gering eingeschätzt werden. Auch die Mitwirkung von INGOs und anderer zivilgesellschaftlicher Gruppen in deren Entscheidungsprozessen ist weiterhin als schwach einzustufen (Tallberg/Uhlim 2012; Steffek 2018). Das gilt erst recht für die G7 und G20 sowie den UN-Sicherheitsrat.

Diese realistischen Einwände sprechen freilich für sich genommen noch nicht gegen die Attraktivität der deliberativen Deutung des Weltregierens als einer normativen Theorie, die also keinen Ist-Zustand beschreibt, sondern ein Sollen formuliert. So verstanden, eröffnet die deliberative Demokratietheorie die Perspektive einer Reformierung der entsprechenden Regime, Institutionen und Arenen. Es müssten also die Voraussetzungen für mehr Deliberationen auf transnationaler und globaler Ebene geschaffen werden. Doch ist die deliberative Demokratietheorie auch normativ insofern nicht überzeugend, als sie nämlich unabhängig von realpolitischen Restriktionen sowohl eine expertokratische als auch eine elitäre Schlagseite hat. Das zeigt sich insbesondere bei dem Versuch einer deliberativen Interpretation der Europäischen Union.

Wie schon hinsichtlich der Frage der Demokratisierung globalen Regierens werden zivilgesellschaftliche Akteure und insbesondere INGOs auch mit Blick auf das Ziel einer Überwindung des Demokratiedefizites der Europäischen Union als Hoffnungsträger betrachtet (vgl. Greenwood 2007; Culpepper/Fung 2007). Ihre Einbindung in die Prozesse des europäischen Regierens soll dazu beitragen, dass dort eine hinreichende Pluralität an Perspektiven berücksichtigt wird. Erhofft wird davon in Übereinstimmung mit dem deliberativen Demokratieverständnis sowohl eine Erhöhung des epistemischen Gehalts als auch eine stärkere Bürgernähe. Und ganz in diesem doppelten Sinne hat sich in den vergangenen Jahren insbesondere die Europäische Kommission bemüht gezeigt, ihre Entscheidungskanäle für

INGOs und andere zivilgesellschaftliche Akteure zu öffnen. Dazu zählt sowohl die Ausweitung von Konsultationsprozessen als auch die seit einigen Jahren bestehende Europäische Bürgerinitiative, durch die die Kommission dazu aufgefordert werden kann, sich mit einem bestimmten Thema auseinanderzusetzen. Bezeichnenderweise ist die überwiegende Mehrheit der Initiativen bislang gescheitert oder wurden ihre Anliegen von der Kommission zurückgewiesen.[6] Auch insgesamt lässt sich in Bezug auf das Mehrebenensystem der EU leicht zeigen, dass von einer relevanten Teilhabe zivilgesellschaftlicher Organisationen, die sich der Vertretung von nichtwirtschaftlichen Interessen verschrieben haben, kaum die Rede sein kann. Vorherrschend ist weiterhin der Einfluss finanzstarker Akteure und wirtschaftlicher Interessenverbände auf der einen und eine »potenzierte Benachteiligung ressourcenschwacher Akteure und diffuser Interessen« (Knodt 2013, S. 540) auf der anderen Seite. So ist denn in den entsprechenden Publikationen zum zivilgesellschaftlichen Demokratiepotenzial der Europäischen Union in den letzten Jahren auch eine gewisse Ernüchterung eingekehrt.

Abgesehen von empirischen Einwänden bleibt allerdings zweifelhaft, ob eine Stärkung der zivilgesellschaftlichen Teilhabe wirklich ausreicht, um das europäische Demokratiedefizit zu beheben. Denn weder Betroffenheit noch »moralisch positiv zu beurteilende Ziele« erzeugen eine demokratische Legitimation zur »Mitwirkung an allgemein verbindlichen Entscheidungen« (Kohler-Koch 2012, S. 243). Die deliberative Berücksichtigung der Interessen sogenannter »Stakehol-

6 Vgl. dazu die entsprechende Übersicht auf Wikipedia, online verfügbar unter: {https://de.wikipedia.org/wiki/Liste_der_europäischen_Bürgerinitiativen} (Stand Januar 2019).

der« sowie die Einbeziehung zivilgesellschaftlicher Akteure fällt vielmehr, wie Ingeborg Maus konstatiert, in einen vordemokratischen Paternalismus zurück:

> Die klassische Garantie einer uneingeschränkten Öffentlichkeit und die Anerkennung zivilgesellschaftlicher Aktivitäten werden nicht mehr als notwendige Komplementärfunktionen der Volkssouveränität, sondern als deren *Ersatz* angesehen. Die Ansprüche bürgerlicher Freiheit werden so auf das Ausmaß zurückgestuft, das einst Kant als Mindestforderung an den aufgeklärten Absolutismus adressiert hatte. (Maus 2007, S. 355, Hervorhebung im Original)

Doch bleibt es bei den diversen Entwürfen einer demokratietheoretischen Wundertüte für Europa nicht bei diesen Versuchen, eine Voraussetzung der Demokratie zu deren Substanz zu erklären. Einen entscheidenden Schritt weiter gehen Autoren, die auch den Deliberationen von Experten einen demokratischen Gehalt zuschreiben. Jürgen Neyer etwa hat nicht nur die Kommunikationsprozesse der Europäischen Kommission und des Europäischen Gerichtshofs als deliberativ interpretiert, sondern ihnen darüber hinaus einen genuin demokratischen Charakter attestiert. Zwar möchte er »die Idee supranationaler Rechtfertigung« (Neyer 2009, S. 349) als einen »Idealtyp« verstanden wissen, doch er sieht genügend empirische Entwicklungen, die eine neue Form demokratischer Legitimität greifbar werden lassen. So stellt Neyer mit Blick auf die europäische Politik fest, dass diese »zu einem erstaunlich hohen Ausmaß von argumentativen und rechtfertigungsbasierten Prozessen geprägt ist« (ebd., S. 340). Zu bezweifeln ist jedoch die genuin demokratische Qualität der entsprechenden Rechtfertigungsprozesse. Zwar mag man in den europäischen Politiknetzwerken im Umfeld der Europäischen Kommission durchaus einen hohen Grad an Deliberativität feststellen, aber das bedeutet nicht, dass damit auch ein hoher Grad an demokratischer, und das heißt immer auch inklusiver wie egalitärer, Beteiligung einhergeht. Im Gegenteil, wie Peter Niesen zeigt, lässt sich in trans- und supranationalen Politikarenen geradezu ein Auseinandertreten von Deliberation und Demokratie beobachten. Dann stellt sich aber in der Tat die Frage, »warum Wert darauf gelegt wird, sozusagen zeremoniell weiterhin vom ›Demokratischen Regieren in der EU‹ zu sprechen« (Niesen 2008, S. 249).[7]

Die Antwort auf diese Frage, und damit sind wir wieder bei grundsätzlichen Überlegungen zur normativen Überzeugungskraft der Deliberationstheorie, hängt natürlich vom zugrunde gelegten Demokratiebegriff ab. Die Verfechter eines deliberativen Modells verweisen auf dessen höhere Rationalität. Deliberativen Prozessen wird dabei ein epistemischer Gehalt zugeschrieben, der gegen ein bloß voluntaristisches Verständnis von Demokratie gestellt wird. War die Qualität der Präferenzen bislang gerade kein Kriterium für die Zulässigkeit der individuellen Stimmabgabe, so sollen der deliberativen Konzeption zufolge nur diejenigen Präferenzen den Willensbildungsprozess bestimmen, die einen Rechtfertigungstest bestanden haben. Für Habermas unterscheidet sich das deliberative Modell dadurch von liberalen und republikanischen Konzeptionen, dass es »von der Einbettung des Wählerwillens und der formellen Beratungs- und Entscheidungsverfahren in die vitale, möglichst ungesteuerte Zirku-

7 In späteren Publikationen spricht Neyer (2010) denn auch nicht länger von einer demokratischen, sondern von einer gerechten Legitimität, die durch deliberative Prozesse auf europäischer Ebene erzeugt werde. Mit dieser Ersetzung von Demokratie durch Gerechtigkeit sind allerdings, wie ich im nächsten Abschnitt zeigen werde, ihrerseits erhebliche normative Probleme verbunden, fällt diese Position doch in das Modell einer Herrschaft vermeintlich aufgeklärter Eliten zurück.

lation öffentlicher Meinungen einen Rationalisierungsdruck [erwartet], der die *Qualität* der Entscheidungen verbessert« (Habermas 2008, S. 144, Hervorhebung im Original).

Dem deliberativen Verständnis zufolge sollen also nicht gemeinschaftliche Werte oder individuelle Interessen den politischen Prozess bestimmen, sondern »gute Gründe«, die in einer anonymisierten Öffentlichkeit generiert werden. Sollten die »Kläranlagen« der Öffentlichkeit nicht hinreichend arbeiten, dann garantiert zusätzlich ein System von »Schleusen die diskursive Rationalisierung der Entscheidungen« (ebd., S. 144). Damit sind vornehmlich parlamentarische Sperrminoritäten und gerichtliche Instanzen gemeint. Letztere sind in Ansätzen bereits auch auf der supranationalen und der globalen Ebene etabliert worden. Zu nennen sind hier insbesondere der Europäische Gerichtshof für Menschenrechte, das Streitschlichtungsgremium der WTO, der Internationale Gerichtshof der Vereinten Nationen, der Internationale Strafgerichtshof und nicht zuletzt der Europäische Gerichtshof. Wesentliche Bestandteile des deliberativen Demokratieverständnisses sind somit auf der einen Seite Diskursarenen, in denen Rationalität durch das Geben und Nehmen von Gründen entfaltet werden soll, und juristische Instanzen, die als doppelter Boden eingezogen werden, auf der anderen Seite. Die stärkere Gewichtung epistemischer gegenüber voluntaristischen Elementen ermöglicht es zudem, auch jene Prozesse als demokratisch zu deuten, in denen die Beteiligung der Betroffenen eher marginal ist. Gerade im supranationalen und globalen Kontext droht das epistemische Element der Deliberativität damit die partizipative Komponente des Demokratiebegriffes zu verdrängen.

Das hat insbesondere damit zu tun, dass der »zwanglose Zwang des besseren Arguments« (Habermas 1971, S. 137) einen wissenschaftlichen oder zumindest wissenschaftsanalogen

Modus der Bearbeitung und Entscheidung politischer Fragen nahelegt. In der Konsequenz wird der Trend zur Verwissenschaftlichung der Politik legitimiert. In dieser Hinsicht ist es nur noch ein kleiner Schritt von der Aufwertung einer epistemisch verstandenen Deliberation zur Treuhänderschaft wissenschaftlicher und anderer Experten auf Kosten demokratisch legitimierter Akteure wie Parteien und Parlamente.[8] Mit einem epistemischen Politikverständnis wird jedoch die Rolle von Macht und Interessen verdeckt, denen sich auch Experten nicht entziehen können. Nicht zuletzt wird insofern einem unpolitischen Verständnis von Regieren das Wort geredet, als von optimalen Problemlösungen ausgegangen wird. Dem liegt jedoch entweder ein unterkomplexes oder schlichtweg ideologisches Verständnis von Politik zugrunde.

Im Kontext der Suche nach den demokratischen Potenzialen der Europäischen Union kommt es somit zu einer doppelten Verschiebung des Sinns von Demokratie, nämlich erstens zu einer Aufwertung supranationaler Öffentlichkeiten und des zivilgesellschaftlichen Engagements der Bürgerinnen und Bürger. Hier ist jedoch zu fragen, ob die dafür notwendigen Voraussetzungen, also ein gemeinsamer Bedeutungsraum und eine gemeinsame politische Identität, tatsächlich existieren. Oder ob nicht, anders ausgedrückt, eine Art idealistischer Fehlschluss vorliegt, der darin besteht, bei der Suche nach alternativen Formen demokratischer Herrschaftsausübung eine undemokratische Realität mit einem demokratietheoretischen Zuckerguss zu versehen.[9] Zweitens, und viel-

8 Das lässt sich in der gegenwärtigen demokratietheoretischen Diskussion vielfältig beobachten; besonders ausgeprägt bei Willke (2014; 2016) und in dezidiert demokratiekritischer Absicht Brennan (2017).

9 Zum idealistischen Fehlschluss vgl. auch unten S. 226-228.

leicht noch gravierender, erfolgt eine Aufwertung expertokratischer Gremien, denen zumindest das Potenzial einer vermeintlich interessenfreien Politik zugeschrieben wird.

Die These einer expertokratischen Umdeutung des Demokratiebegriffs in der deliberativen Demokratietheorie möchte ich im Folgenden anhand Pierre Rosanvallons hochgelobten Buchs mit dem ebenso bezeichnenden wie irreführenden Titel *Demokratische Legitimität* (Rosanvallon 2010) etwas ausführlicher erläutern.[10] Ausgangspunkt des Buchs ist eine Kritik an Wahlen und damit des Mehrheitsprinzips als zentraler Institution der Demokratie. Nach Rosanvallon ist es schon immer unzulässig gewesen, die Wahlergebnisse mit dem Willen des Volkes zu identifizieren. Das sei nämlich insofern problematisch, als damit ein einheitlicher Wille des Volkes suggeriert werde, der niemals existiert habe und der in der Postmoderne gänzlich unmöglich geworden sei. An die Stelle »einer objektiven Allgemeinheit« (ebd., S. 13) sei eine »neue Welt der Partikularität« (ebd., S. 81) getreten, vor deren Hintergrund Mehrheitsbeschlüsse erheblich an Legitimität eingebüßt hätten. Wahlen, so schreibt Rosanvallon, »haben inzwischen eine begrenztere Funktion. Sie stehen nur noch für eine bestimmte Form, die Regierenden zu berufen, und legitimieren nicht mehr a priori die später betriebene Politik« (ebd., S. 11). Damit reaktualisiert er eine Auffassung von Wahlen und Demokratie, wie sie sich auch bei Joseph Schumpeter finden lässt, dem Ahnherrn der realistischen Demokratietheorie. Im Gegensatz zu Schumpeter versucht Rosanvallon jedoch den antidemokratischen Gehalt dieser Denkbewegung dadurch zu verschleiern, dass er nun ausgerechnet jene

10 Rosanvallon formuliert seine Überlegungen größtenteils ohne expliziten Bezug auf die supranationale Ebene; sie lassen sich aber ohne Weiteres auf diese übertragen.

Institutionen und Prinzipien als »demokratisch« adelt, mit denen der klassische Liberalismus die Demokratie zu bändigen versucht hat: vermeintlich unabhängige und überparteiliche Institutionen wie Zentralbanken und Verfassungsgerichte, denen er eine Legitimität der Unparteilichkeit und der Reflexivität zuspricht.

Mit Blick auf die Legitimität der Unparteilichkeit verweist Rosanvallon auf Regulierungsbehörden, die der Gesetzgeber aus seiner unmittelbaren Verfügungsgewalt entlassen hat. Er thematisiert dabei sowohl historische Fälle wie die 1887 gegründete US-amerikanische Interstate Commerce Commission als auch die Europäische Zentralbank. Solchen ausgegliederten Behörden würde eine leistungsbezogene oder auch funktionale Legitimität zukommen, da deren Entscheidungen von parteiunabhängigen Expertinnen unter Berücksichtigung möglichst aller Faktoren getroffen würden. Unterstellt wird damit eine Sphäre unpolitischer Entscheidungsmaterien oder, wie Rosanvallon schreibt, eine »Gesellschaftsdemokratie«, die »der Wählerdemokratie in gewisser Weise vorgelagert« ist (ebd., S. 148). Allerdings ist durchaus fraglich, inwieweit man hier tatsächlich von »unabhängigen« Experten reden sollte, die allein dem Gemeinwohl verpflichtet sind. So gibt es kaum einen Bereich, der politisch relevanter ist als die durch die Zentralbanken kontrollierte Geldpolitik, die wiederum Ausdruck hegemonialer Wirtschaftstheorien wie des Keynesianismus oder des Monetarismus ist, mit denen immer auch bestimmte gesellschaftliche Interessen oder Machtblöcke verbunden sind. Und es gehört schon eine große Portion Naivität (oder ideologiepolitische Intentionalität) dazu, Mario Draghi, den langjährigen Präsidenten der Europäischen Zentralbank und ehemaligen Vizepräsidenten von Goldman Sachs, als einen unabhängigen Experten zu betrachten.

Rosanvallons Kernidee einer Sphäre demokratischer Allgemeinheit, die sich angeblich jenseits (partei)politischer Auseinandersetzung befindet, trägt auch seine Überlegungen zur Legitimität der Reflexivität. Reflexivität soll der Selbstgefährdung der Demokratie durch Institutionen vorbeugen, die dem unmittelbaren demokratischen Einfluss entzogen sind. Als »Hauptträger« dieser Reflexivität betrachtet Rosanvallon Verfassungsgerichte, die in den letzten Jahren eine »immer wichtigere Rolle« (ebd., S. 169) bekommen hätten. Für ihn vertreten Verfassungsgerichte die Rechte des ganzen Volkes im Unterschied zu politischen Mehrheiten, die immer nur Teile des Elektorats repräsentieren würden. Entsprechend sieht Rosanvallon in einem weiteren Machtzuwachs von Verfassungsgerichten keine Gefährdung, sondern eine Stärkung demokratischer Legitimität und warnt explizit vor einer Politisierung der Ernennung der Verfassungsrichter.

Rosanvallon beschreibt als »demokratisch« mithin Institutionen wie die Europäische Zentralbank oder Verfassungsgerichte, die in der politischen Ideengeschichte bislang als Gegenspieler zu demokratischen Verfahren betrachtet worden sind. Sie sollten eine »Tyrannei der Mehrheit« verhindern und grundlegende liberale Abwehrrechte schützen und gelten zu Recht als wesentlicher Teil einer liberal-demokratischen Ordnung, dies jedoch nur im Zusammenspiel mit traditionellen demokratischen Institutionen. Damit sind wiederum diejenigen Verfahren gemeint, die den Bürgerinnen und Bürgern die gleiche Chance geben, sich an den Entscheidungsprozessen zu beteiligen, zumindest in Form des allgemeinen und gleichen Wahlrechts. Rosanvallon jedoch ist bestrebt, Wahlen sowie andere Institutionen, die in der Vergangenheit der Verwirklichung der Ideale der demokratischen Gleichheit dienten, zu diskreditieren.[11] Damit kommt

11 Das ist auch der zentrale Gegenstand seines neuesten Buches über

es zu einer ganz erheblichen Umdeutung des Demokratiebegriffs, der gewissermaßen von den Füßen auf den Kopf gestellt wird.[12] Einen Schritt weiter gehen Autoren, die sich von der Forderung einer demokratischen Gestaltung nahezu gänzlich verabschieden und an deren Stelle die Idee einer Konstitutionalisierung des Weltregierens treten lassen.

Die Strategie der Ersetzung der Demokratie durch Konstitutionalismus

Bei Rosanvallon konnten wir bereits eine Strategie beobachten, die der griechische Dichter Äsop in seiner Fabel vom Fuchs und den sauren Trauben versinnbildlicht hat. Lassen sich die gewünschten Ziele nicht erreichen, wird das dahingehend rationalisiert, dass sie es gar nicht wert sind, dass man sich um sie bemüht. Rosanvallons Vorgehen bestand darin, das Mehrheitsprinzip als illegitim zu diskreditieren und ihm eine Vorstellung einer »Vertiefung der Demokratie« entgegenzusetzen (Rosanvallon 2010, S. 17), die de facto auf eine neue Elitenherrschaft hinausläuft. Eine ähnliche Strategie findet sich bei Autorinnen, die einen globalen Konstitutionalismus bzw. eine Konstitutionalisierung des Weltregie-

Die gute Regierung, in dem er eine durch Wahlen legitimierte »Genehmigungsdemokratie« um eine »Betätigungsdemokratie« zu erweitern bestrebt ist (2016, S. 20). Letztere ist durch Normen und Institutionen des guten Regierens gekennzeichnet. Zu diesen zählen insbesondere ethische Anforderungen an die Regierenden, etwa dass sie sich integer verhalten, verantwortlich handeln und »wahr sprechen«. Daneben schlägt Rosanvallon die Gründung von »öffentlichen Kommissionen« und »Wachsamkeitsorganisationen« vor (2016, S. 343), deren Zusammensetzung aber ebenso diffus bleibt wie deren konkrete Handlungsrechte.

12 In die gleiche Richtung marschiert auch Helmut Willke (2014; 2016).

rens als Lösungsweg befürworten. Diesem Ansatz zufolge soll dem Legitimationsbedarf globalen Regierens dadurch entsprochen werden, dass Rechtsinstitutionen und -experten sowohl das Handeln staatlicher und nichtstaatlicher Akteure reglementieren als auch dafür Sorge tragen, dass alle Weltbürger vor internationalen Gerichten ihre Menschenrechte bzw., mit Blick auf die Europäische Union, ihre Bürgerrechte einklagen können. Allerdings geht mit dem Konstitutionalismus, insoweit er als überlegene Alternative und nicht lediglich als Ergänzung zu nationalstaatlich verankerten Institutionen der demokratischen Selbstgesetzgebung ins Spiel gebracht wird, mehr noch als in deliberativen Konzeptionen eine Verabschiedung des Ideals der politischen Gleichheit einher.

Der Konstitutionalismus hat gegenüber der Strategie der Übertragung und jener der deliberativen Neubeschreibung der Demokratie zunächst einmal den Vorteil, dass er auf eine ganze Reihe entgegenkommender Tendenzen verweisen kann. Denn in der Tat lässt sich seit dem Ende des Zweiten Weltkrieges, vor allem aber nach dem Zerfall des Sowjetimperiums die Entstehung einer Vielzahl internationaler Regime, Verträge und Organisationen beobachten, die alle mehr oder weniger stark rechtlich kodifiziert sind. Diese neuen Formen globalen Rechts reichen von den Menschenrechtserklärungen von 1948 und der Charta der Vereinten Nationen, den Verträgen der Europäischen Union, der Satzung anderer internationaler Organisationen wie der Welthandelsorganisation und des Internationalen Währungsfonds, der bereits erwähnten Gründung internationaler Gerichte wie dem Internationalen Strafgerichtshof oder dem Europäischen Gerichtshof für Menschenrechte über die Regeln globaler Politiknetzwerke bis hin zu den Selbstorganisationsprozessen privater Akteure im Rahmen einer *lex mercatoria*. Insbesondere die Jurisdiktion internationaler Gerichte hat dabei in den vergangenen Jahren eine globale Rechtsordnung etabliert, die mehr und mehr in die Souveränität der Staaten eingreift.[13] Für viele Autoren stellt dieses internationale Rechtssystem nicht nur eine Reaktion auf die Globalisierung von Kultur, Politik und Handel, sondern insofern auch eine begrüßenswerte Entwicklung dar, als damit einer vermeintlichen Ungerechtigkeit nationalstaatlicher Entscheidungsprozesse entgegengetreten werden könne.

Es lassen sich eine empirische und eine normative Version des Konstitutionalismus unterscheiden. In der empirischen Variante meint Konstitutionalismus bzw. der Prozess der Konstitutionalisierung des Weltregierens wenig mehr als dessen Verrechtlichung, und zwar eine Verrechtlichung, die sich nicht nur auf staatliche, sondern auch auf private Akteure bezieht. In diesem schwachen Sinn ist der Konstitutionalismus wenig umstritten. Die Frage ist allerdings, ob Verrechtlichungsprozesse als solche schon als Konstitutionalismus bezeichnet werden können. Auch ist zu bestreiten, dass sich damit die legitimatorische Kluft schließen lässt, der sich globale Herrschaftsstrukturen ausgesetzt sehen.

Die meisten Befürworter einer Konstitutionalisierung des Weltregierens vertreten daher auch eine normative Version. Für diese ist die Forderung charakteristisch, dass sich die Legitimität globaler Herrschaftsausübung ihrer Übereinstimmung mit als universell angenommenen Normen verdanken

13 Die zunehmende Rechtschöpfung durch internationale Gerichte wird anschaulich bei Bogdandy/Venzke (2014) geschildert. Die Autoren argumentieren, dass die international tätigen Richter dabei auch »öffentliche Gewalt« ausüben, die demokratisch zu legitimieren sei. Allerdings gehen ihre entsprechenden Vorschläge mit einer Verwässerung des Demokratiebegriffs einher, die sich an der deliberativen Demokratietheorie orientiert.

soll. Es handelt sich dabei sowohl um substanzielle als auch um prozedurale Normen, denen eine universelle Rationalität zugeschrieben wird, die gegenüber allen Menschen gerechtfertigt werden könne. Entsprechend bedürfe es nicht länger einer konkreten Autorisierung der entsprechenden Normen durch demokratische Prozesse. Vielmehr sollen auch auf globaler Ebene universelle Normen, also die Menschenrechte und spezifische Verfahrensregeln, politischen Entscheidungen vorgelagert sein. Aufgabe internationaler Rechtsprechung sei es, über die Einhaltung dieser Normen zu wachen und bei Verstößen Sanktionen zu autorisieren, und das gilt nicht nur für Staaten, sondern ebenso für private Akteure, etwa internationale Unternehmen. In gewisser Weise lässt sich das auch als Übertragungsstrategie beschreiben, insofern dieses Modell gleichfalls versucht, nationalstaatliche Errungenschaften – hier die Unabhängigkeit der Judikative und Grundrechte – auf die transnationale und globale Ebene zu übertragen. Der entscheidende Unterschied besteht jedoch darin, dass im Diskurs zum Konstitutionalismus nicht länger ein gesamtes Ensemble von liberal-demokratischen Institutionen, sondern nur die Rechtsform und wenige substanzielle Normen die Legitimität globalen Regierens gewährleisten sollen, der demokratischen Kontrolle der Entscheidungsbefugten hingegen nur noch eine untergeordnete Rolle zukommt.

Die akademische Diskussion zum Konstitutionalismus, an der neben Rechtswissenschaftlern auch Philosophen und Politikwissenschaftler beteiligt sind, ist weitverzweigt und kaum überschaubar.[14] Schon ein erster Blick in die Literatur

14 Einen Überblick über die akademische Diskussion zum Konstitutionalismus liefern die Sammelbände von Dunoff/Trachtman (2009) und Lang/Wiener (2017).

zeigt, dass keine Einigkeit darüber besteht, was eigentlich genau gemeint ist, wenn von Konstitutionalismus jenseits des Nationalstaates die Rede ist. Bezieht sich dieser lediglich auf supranationale Einheiten wie die Europäische Union und die Uno, die zumindest Elemente von Verfassungsstaatlichkeit wie Gewaltenteilung und Grundrechtskataloge aufweisen, oder auch auf internationale Organisationen wie die WTO, die zwar über eine Schiedsgerichtsbarkeit verfügt, jedoch über keinerlei demokratische Legitimität? Wie sieht es mit Blick auf die zahlreichen transnationalen Regime aus, die zwar rechtlich kodifiziert, aber erstens sektoral beschränkt sind und zweitens überwiegend im Verborgenen agieren? Und soll man schließlich auch all die rechtlichen Regelungen hinzuzählen, mit denen private Unternehmen ihre wechselseitigen Erwartungen stabilisieren? All das sind offene Fragen. Und je nachdem, worauf der Konstitutionalismus bezogen wird, verschiebt sich auch die Kritik.

So wenden Kritiker erstens ein, dass der Unterschied zwischen Verrechtlichung und Konstitutionalismus verwischt wird, gehen doch mit dem Konzept des Konstitutionalismus normative Forderungen einher, die sich nur im Rahmen von Staatlichkeit realisieren lassen, namentlich eine demokratisch legitimierte Ausübung öffentlicher Gewalt. Davon sind allerdings sowohl die internationale Rechtsprechung als auch die Schiedsgerichtsbarkeit der WTO weit entfernt, vom *lex mercatoria* ganz zu schweigen. Kritisiert wird zweitens, dass im Konstitutionalismus einer neuen Elite internationaler Rechtsexpertinnen das Wort geredet wird, die in einer rein juristischen Sprache miteinander kommunizieren und dabei die politischen Dimensionen globaler Herrschaftsausübung tendenziell ausblenden. Ein dritter Einwand bezieht sich auf eine liberale Vereinseitigung des Konstitutionalismus. Aus dieser Perspektive ist der Verrechtlichungsprozess Teil einer

Reihe grundlegender Veränderungen des transnationalen Regierens, die die Macht von Staaten immer mehr zugunsten privater Akteure einschränken würden, und zwar sowohl zugunsten von Individuen als auch von multinationalen Konzernen. Auf der Strecke blieben dabei demokratische Mitwirkungs- und Kontrollrechte. Der liberale Konstitutionalismus sei also zumindest ambivalent. Auf der einen Seite stehe die Etablierung eines Menschenrechtsregimes, auf der anderen die rechtliche Flankierung und Legitimierung von Prozessen der Privatisierung und Entdemokratisierung (Loughlin 2010). Einige Autoren spitzen diese Kritik dahingehend zu, dass der Konstitutionalismus eine internationale Ordnung mit neoimperialen Zügen legitimiere (Negri/Hardt 2003; Chimni 2011).[15]

In Reaktion auf diese Einwände haben Befürworter eines supranationalen bzw. globalen Konstitutionalismus die Flucht nach vorn angetreten und sich ganz offen für eine Verabschiedung demokratischer Mehrheitsentscheidungen ausgesprochen. Fürsprecher eines liberalen Konstitutionalismus sind etwa Mattias Kumm und Erika de Wet. So können de Wet (2006, S. 72f.) zufolge demokratische Entscheidungsprozesse insbesondere dann keine Legitimität beanspruchen, wenn nationale Parlamente Entscheidungen treffen, die die Rechte anderer Staaten oder von anderen Weltbürgern mindern. Doch nicht nur mit Blick auf transnationale Auswirkungen wird die Legitimität nationalstaatlicher Entscheidungsprozesse bestritten. De Wet argumentiert, dass auch innerhalb etablierter Demokratien insofern erhebliche Legitimitätsdefizite bestehen, als deren Entscheidungsprozeduren Immigranten und andere Nicht-Bürger ausschließen. Weiterhin erwähnt

15 Einen luziden Überblick über die kritische Diskussion liefert Cohen (2012); vgl. auch die Beiträge in Dobner/Loughlin (2010).

sie den Einfluss starker Interessengruppen, der auch auf nationaler Ebene die von der Wahl suggerierte Gleichheit zu einer bloßen Fiktion, wenn nicht gar zu einer ideologischen Nebelkerze werden lasse.

Mit gleicher Stoßrichtung verweist Kumm auf die Klimapolitik der USA und deren Weigerung, internationale Abkommen über die Reduzierung der Kohlendioxid-Emissionen zu erfüllen, wodurch sie auf globaler Ebene eine grundlegende Fairnessbedingung missachten würden (Kumm 2004, S. 922 f.). Wie schon im Rahmen des Nationalstaates liberale Grundrechte vor einer »Tyrannei der Mehrheit« schützen sollten, so sollen Kumm zufolge auf globaler Ebene Menschenrechte diese Funktion erfüllen. Im Kollisionsfall soll internationales über nationales Recht triumphieren, und das gilt auch, wenn Letzteres auf demokratischem Weg zustande gekommen ist. Doch Kumm geht noch einen Schritt weiter, indem er selbst klassisch demokratischen Verfahren eine Absage erteilt: »Die Legitimität des Völkerrechts hängt auch nicht davon ab, dass auf der transnationalen Ebene direkt repräsentative Institutionen eingerichtet werden. Das sind alles Ideen, die mit einer unflexiblen oder nationalistischen Konzeption des demokratischen Konstitutionalismus verbunden sind.« (Kumm 2004, S. 929; vgl. Kumm 2010).

De Wet und Kumm wollen allerdings nicht völlig auf eine als »demokratisch« bezeichnete Einflussnahme auf trans- und supranationale Entscheidungsprozesse verzichten. So spricht Kumm etwa von angemessenen Formen der Partizipation und Deliberation, die es auf diesen Ebenen zu institutionalisieren gelte, ohne dies näher zu erläutern. Mit ähnlicher Diktion fordert de Wet einen »leichter zugänglichen und transparenteren Entscheidungsprozess« (de Wet 2006, S. 74) ein und verweist auf internationale NGOs als Repräsentanten universeller Werte.[16] Beide schließen damit an die deliberative Strategie an, ohne dabei jedoch mit einer überzeugenden Antwort auf die oben diskutierten empirischen wie normativen Probleme aufwarten zu können.

In dieser Hinsicht konsequenter ist ein Vorschlag von Catherine Colliot-Thélène. In ihrem Buch mit dem programmatischen Titel *Demokratie ohne Volk* verabschiedet sie sich von der Hoffnung, postnationale »Machtinstanzen« ließen sich in dem Sinn »demokratisieren«, dass ihre Agenda von den Bürgern kontrolliert werden könnte (Colliot-Thélène 2011, S. 195, 232). Dennoch möchte auch sie nicht auf den Demokratiebegriff verzichten, sondern propagiert ein »flexibles Demokratiekonzept« (ebd., S. 234). Diese Flexibilisierung besteht nicht nur darin, Demokratie von der Verankerung in einem vermeintlich souveränen Nationalstaat zu lösen, ein Schritt, der inzwischen ja nicht mehr als ein Gemeinplatz in der politischen Theorie ist, sondern zugleich darin, die Demokratie gänzlich in der liberalen Sprache der gleichen Rechte aufgehen zu lassen: »Die meisten der heute bestehenden Machtinstanzen [...] sind nur in dem Maße ›demokratisierbar‹, in dem die Menschen gleiche Rechte für alle einfordern und diese Mächte zwingen können, diese Rechtsgleichheit mehr oder weniger zu respektieren.« (Ebd., S. 232) Bezeichnenderweise zählen zu diesen Rechten nicht länger institutionalisierte demokratische Mitwirkungsrechte in Form von Wahlen. Die Weltbürger können zwar vor trans- und supranationalen Gerichten ihre Rechte einklagen oder auch sporadisch gegen gravierende Rechtsverletzungen aufbegehren, doch von einer Selbstgesetzgebung ist in Colliot-Thélènes Demokratieverständnis nicht länger die Rede. An dieser Stelle fragt man sich allerdings, wieso sie vor der Konsequenz zurück-

16 In die gleiche Richtung zielen auch Bogdandy/Venzke 2014.

scheut, sich vom Demokratiebegriff zu verabschieden, anstatt ihn völlig zu entleeren.

Was ist das Ergebnis dieser Rekonstruktion der Debatte über die Demokratisierung trans- und supranationalen Regierens? Ich habe idealtypisch zwischen drei Strategien des Umgangs mit dem Demokratiedefizit neuer Formen des supranationalen und globalen Regierens unterschieden: die der Übertragung nationalstaatlicher Normen, Institutionen und Praktiken, die einer deliberativen Neubeschreibung der Demokratie und schließlich die der Ersetzung der Demokratie durch den Konstitutionalismus. Die erste Strategie bleibt im schlechten Sinne utopisch, die zweite beraubt die Demokratie ihres normativen Kerns, nämlich der gleichen Beteiligung an politischen Entscheidungsprozessen, die dritte spielt zumindest in ihrer starken Variante Gerechtigkeit gegen Demokratie aus und läuft auf die Herrschaft internationaler Rechtsexperten hinaus. Die Quadratur des Kreises scheint also bislang nicht zu gelingen, trans- und supranationale Herrschaftsgebilde lassen sich trotz aller theoretischen und auch politischen Anstrengungen (man denke an die Stärkung der Parlamentsrechte oder die Einführung der Unionsbürgerschaft im Rahmen der EU) nicht demokratisieren, zumindest so lange nicht, wie mit dem Demokratiebegriff die Versprechen der effektiven politischen und der sozialen Gleichheit verbunden werden. Was bleibt, sind vermeintlich deliberative Gremien und die Herrschaft des Rechts – ein Recht indes ohne demokratische Rechtsetzung.

Zwischenfazit: Strategien der Umdeutung und ihre demokratischen Kosten

Zum Abschluss dieses Kapitels sollen vier Aspekte hervorgehoben werden, die sich aus einem Vergleich der US-amerikanischen Ratifizierungsdebatte mit der aktuellen Diskussion über die Demokratisierbarkeit supranationalen Regierens, insbesondere mit Blick auf die Europäische Union, ergeben. In beiden Debatten ging bzw. geht es zentral um die Frage, wie sich demokratische Verhältnisse auch in größeren Räumen realisieren lassen. Und in beiden Debatten kommt es zu einer Neukonzeptionalisierung von Demokratie, die auf einen Abbau demokratischer Einflussmöglichkeiten hinausläuft. Mit dieser These möchte ich einem verbreiteten Narrativ entgegentreten, das den Entstehungsprozess der US-amerikanischen Unionsverfassung als Vorbild für Europa preist, nur dass es heute nicht um die Demokratisierung von Nationalstaaten, sondern die einer supranationalen Ordnung geht. Zwar werden durchaus Unterschiede zwischen den beiden Einigungsprozessen erwähnt, alles in allem plädieren Autoren wie Sergio Fabbrini (2007), Jürgen Habermas (2011a/b; 2014) und Luuk van Middelaar (2016) aber dafür, sich »auf der gebotenen Abstraktionsstufe« (Habermas 2014, S. 535) am Konvent in Philadelphia und der dort ausgehandelten Verfassung zu orientieren. Bezeichnenderweise kommen in den damit verbundenen Lobpreisungen des US-amerikanischen Vorbilds damalige kritische Stimmen, vor allem diejenigen der demokratisch gesinnten Anti-Federalists, kaum zu Wort. Es ist offensichtlich, dass sich eine andere Einschätzung der Dinge ergibt, wenn man auch diese Kritik berücksichtigt.

Zunächst eine Vorbemerkung: Die Situation im Europa der 28 Mitgliedsländer lässt sich nicht mit jener der 13 amerikanischen Republiken von 1787 gleichsetzen. Dagegen sprechen eine Reihe von Gründen: Neben dem zeitlichen Graben und den je spezifischen historischen Begleitumständen sind hier an erster Stelle die größere sprachliche Vielfalt, die erheblich höhere demokratische Inklusivität sowie die zumindest in großen Teilen von Europa wirkmächtige Säkularisierung zu nennen. Zudem existieren grundlegende politisch-kulturelle Unterschiede zwischen den Vereinigten Staaten von Amerika und den Mitgliedsländern der Europäischen Union, die sich trotz der Beschwörung eines westlichen Wertekanons auch heute noch, und dies vielleicht verstärkt, feststellen lassen. Wenn wir den Blick jedoch auf den Konstitutionalisierungsprozess und dessen öffentliche wie akademische Rechtfertigung richten – und nur dies ist hier beabsichtigt –, lassen sich zumindest vier Parallelen aufzeigen. Die erste betrifft das Verhältnis zwischen den jeweiligen Eliten und den »einfachen« Bürgern (a), die zweite besteht darin, dass sich die etablierten Verfahren demokratischer Kontrolle nicht auf die höhere Ebene übertragen lassen (b), drittens erfolgt in den politiktheoretischen Diskursen, die der Rechtfertigung der neuen Ordnung dienen, jeweils eine Transformation des Republik- bzw. des Demokratiebegriffs (c) und viertens kommt es in beiden Fällen zur institutionellen Verankerung eines liberalen Freiheitsverständnisses (d).

a) Folgt man der These von Charles A. Beard (1913), so sollten mit der US-Verfassung vornehmlich die Interessen der ökonomischen Eliten geschützt werden. Für Beard war der Triumph der Föderalisten in erster Linie der Erfolg einer kleinen Klasse von Großgrundbesitzern und reichen Kaufleuten gegenüber den Begehrlichkeiten einfacher Handwerker und zumeist verschuldeter Kleinbauern. Der Verfassungstext stelle daher im Wesentlichen eine Art Konterrevolution gegen die demokratischen Bestrebungen der ländlichen Bevölkerung dar. Beards Abhandlung war der »progressiven Ära« geschuldet und ist vor allem in den fünfziger und sechziger Jahren des vergangenen Jahrhunderts von amerikanischen Historikern heftig kritisiert worden; neben methodischen Mängeln hat man ihm eine Romantisierung der politischen Kultur der Zeit vor dem Verfassungskonvent vorgeworfen.[17] Doch auch wenn man an seiner Studie sicherlich viele Details kritisieren kann, bleibt Beards Kernthese überzeugend: Die Ausarbeitung und Ratifizierung der amerikanischen Verfassung wurde von politischen, juristischen sowie ökonomischen Eliten vorangetrieben, die damit zumindest auch eigene Interessen verbanden. Dass sich die neue Verfassung in einem nicht geringen Ausmaß gegen eine zu starke Beteiligung der »einfachen Männer« an den politischen Entscheidungen richtete, ist sowohl in der Ratifizierungsdebatte als auch in der späteren Regierungspraxis deutlich geworden.

Auch die Idee eines supranationalen Zusammenschlusses zur Europäischen Union sowie deren konkrete und zu großen Teilen bereits erfolgte Umsetzung stellt vornehmlich ein Elitenprojekt dar. Dies gilt zunächst in einem engen Sinn, da es sich beim europäischen Einigungsprozess bis vor wenigen Jahren vorwiegend um einen technokratischen Prozess handelte, der weitgehend ohne Beteiligung der Bürgerinnen und Bürger erfolgte. Bezeichnend dafür ist die Entscheidung der europäischen Staats- und Regierungschefs, nach der Ablehnung der »Verfassung der Europäischen Union« durch die französischen und niederländischen Bürgerinnen und Bürger auf weitere Referenden zu verzichten und den nur wenig

17 Ein knapper Überblick über die Diskussion findet sich in Howard (2001, S. 202-217).

modifizierten Vertrag von Lissabon lediglich von den nationalen Parlamenten ratifizieren zu lassen.

Inzwischen ist es zwar infolge der Eurokrise zu einer erheblichen Politisierung der EU gekommen. Europäische Themen werden in den nationalen Öffentlichkeiten diskutiert, doch bei den Befürwortern des Einigungsprozesses handelt es sich größtenteils um Menschen, die zu den Globalisierungsgewinnern gehören. Vor allem Menschen, die über höhere Bildungsabschlüsse und – sofern sie nicht mehr studieren – auch höhere Einkünfte verfügen, unterstützen den europäischen Einigungsprozess. Der darin zum Ausdruck kommende »Kosmopolitismus der Wenigen« (Craig Calhoun) vertieft jedoch die Gräben zwischen den Eliten und jenen Bürgern, die sich alleingelassen fühlen und denen in jüngster Zeit zunehmend eine Anfälligkeit für Populismus und Nationalismus vorgeworfen wird, etwa weil sie europakritische Parteien wählen. Zu einer Wiederbelebung des Interesses für den Einigungsprozess oder gar zu einer europäischen demokratischen Öffentlichkeit dürfte der Populismusvorwurf allerdings nicht führen.

b) Der Kerneinwand der Anti-Federalists gegen den neuen Nationalstaat lautete, dass in einem derart großen Gebilde demokratische Verfahren leerlaufen und in der Folge eine neue Klasse von Berufspolitikern entstehen würde. Die Entfernungen zwischen den Repräsentanten und den Repräsentierten seien schlichtweg zu groß, als dass es noch zu einer effektiven Kontrolle der Entscheidungsträger kommen könne. Auch die von den Anti-Federalists im Zuge der Ratifizierungsdebatte vorgeschlagenen Mechanismen der Elitenkontrolle (Erweiterung der Abgeordnetenzahl, schriftliche Instruktionen, Rotationsprinzip) hätten hier keine grundlegende Abhilfe schaffen, sondern lediglich die befürchtete Elitenherrschaft abfedern können, waren diese Verfahren doch auf überschaubare Räume und eine gewisse soziale Homogenität angewiesen. Gleichwohl bestritt die Mehrzahl der Verfassungskritiker keineswegs die Notwendigkeit einer engeren Kooperation der 13 Republiken. Allerdings wollten sie die Übertragung politischer Kompetenzen auf die neue nationalstaatliche Ebene stärker begrenzen als die Autoren der *Federalist Papers*. Somit wird bereits in der amerikanischen Verfassungsdebatte eine Spannung offenbar, die heute mit größerer Intensität wieder auf der Tagesordnung steht: die zwischen der Effektivität des Regierungshandelns, die auf eine übergreifende Koordination angewiesen zu sein scheint, auf der einen und der Gewährleistung einer demokratischen Entscheidungsfindung auf der anderen Seite.

Mit Blick auf die Frage der Demokratisierung der Europäischen Union war zu sehen, dass eine schlichte Übertragung nationalstaatlicher Institutionen (demokratisch legitimierte Parlamente und Regierungen), Organisationen (politische Parteien und zivilgesellschaftliche Vereinigungen) und Praktiken (Wahlen und ein gemeinsamer Diskursraum) mit erheblichen Transferkosten einhergeht. Daraus ergibt sich ein Dilemma: Sofern die Übertragung politischer Kompetenzen auf die supranationale Ebene der EU – oder gar ein globales Mehrebenensystem – nicht zu einer erheblichen »Abschwächung des Prinzips der Volkssouveränität« (Maus 2007, S. 364) führen soll, sind Mechanismen der Elitenkontrolle erforderlich, die auf kleinteilige Räume angewiesen sind. Dazu zählen an erster Stelle effektive Wahlen, die sich deutlich von den derzeitigen europäischen »Scheinwahlen« (Brunkhorst 2007, S. 334) unterscheiden. Genau dies setzt aber sowohl einen gemeinsamen Bedeutungsraum als auch die Garantie der Effektivität des Volkswillens voraus. Beides ist in der Europäischen Union nur schwer vorstellbar. Gegenwärtig gibt es jedenfalls wenig Anzeichen dafür, dass die Spannung zwischen Demokratie und Größe des politischen Raumes abgeschwächt werden könnte, es sei denn um den Preis einer semantischen Transformation des Demokratiebegriffs.

c) Wie gezeigt, kam es im Zuge der Verfassungsdebatte zu einer nachhaltigen Transformation des Republikbegriffes. Stand dieser zuvor für kleinteilige Räume, für die mehr oder minder unmittelbare Beteiligung des Volkes sowie eine starke Kontrolle der Repräsentanten mittels diverser institutioneller Mechanismen, so hat sich ausgehend von den *Federalist Papers* ein Verständnis durchgesetzt, das als »republikanisch« große Nationalstaaten mit einem System von »checks and balances« begreift. Hierbei handelt es sich mithin um ein Regime, in dem die Einflussmöglichkeiten des Volkes auf den politischen Prozess gegenüber der vorherigen Praxis erheblich eingeschränkt wurden. Bekanntlich ist an die Stelle des Republikbegriffs während des 19. und 20. Jahrhunderts sukzessive der Begriff der Demokratie getreten – ein Prozess, der einer eigenen Untersuchung bedürfte. Festzuhalten ist aber, dass fortan als »republikanisch« bzw. »demokratisch« ein System der Gewaltenkontrolle und weniger eines der Volksherrschaft angesehen wurde. Gleichwohl verband man mit demokratischen Regierungsformen noch immer die Praxis des Wählens und damit die Möglichkeit, die Entscheidungsträger auch wieder abzuwählen.

Doch selbst diese Möglichkeit steht in der aktuellen demokratietheoretischen Debatte, die auf die neue »postnationale Konstellation« eine Antwort zu geben versucht, nicht mehr im Zentrum. Als »demokratisch« werden stattdessen politische Arrangements geadelt, die entweder – im zivilgesellschaftlichen Strang der Debatte zur »deliberativen Governance« – eine wie auch immer beschränkte Form der öffentlichen Kontrolle gewährleisten (sei es durch die Veröffentlichung von Verhandlungsdokumenten im Internet oder durch die Beteiligung von Nichtregierungsorganisationen). Oder aber – und dies ist der zweite, epistemische Strang – die demokratische Qualität von Entscheidungsprozessen wird anhand der Politikergebnisse, des Outputs, beurteilt. Die Schraube noch etwas weiter drehen Autorinnen, die nahezu gänzlich auf eine Programmierung »von unten« verzichten wollen und die Legitimität der neuen Ordnung in deren Übereinstimmung mit Rechtsnormen hinreichend verankert sehen. Dabei kommt es zu einer Umdefinition des Demokratiebegriffes hin zu »good governance« und Rechtsstaatlichkeit. Die Produktion rationaler Ergebnisse hat Vorrang vor allen anderen Aspekten der Demokratie, und die partizipative Komponente des Demokratiebegriffs wird dabei zu einer nachgeordneten Variable, die im Zweifelsfall zurückstehen muss. Problematisch ist diese semantische Verschiebung nun insofern, als die Kriterien, anhand derer über die Güte der jeweiligen Politikergebnisse in den supranationalen Gremien und Gerichten entschieden wird, nur sehr mittelbar demokratisch legitimiert sind. Es droht hier eine neue Form der Expertokratie, die demokratietheoretisch geadelt wird (vgl. Buchstein/Jörke 2003). Insofern diese Gremien als deliberative Arenen begriffen werden, scheint es dann auch unerheblich, dass ihre Arbeit nahezu unter Ausschluss der Öffentlichkeit erfolgt.

Wie schon in der amerikanischen Verfassungsdebatte findet somit auch in der gegenwärtigen demokratietheoretischen Diskussion eine semantische Transformation desjenigen Konzeptes statt, das für die Legitimation des politischen Regimes von zentraler Bedeutung ist. Ebenso wie die Federalists den Nachweis zu erbringen versuchten, dass es sich bei dem neuen Nationalstaat weiterhin um eine »Republik«

handelte, wird heute der »demokratische« Charakter der Europäischen Union beschworen. Damals konnten sich die Federalists gegen ihre Widersacher durchsetzen und haben dafür auch in einem Ratifizierungsverfahren eine Mehrheit gewinnen können. Inwieweit die aktuelle semantische Transformation jedoch über akademische Zirkel hinaus erfolgreich sein und die Klage über ein »europäisches Demokratiedefizit« verstummen wird, bleibt eine offene Frage.

d) Schließlich besteht eine vierte Parallele darin, dass die Ausdehnung des Herrschaftsraums mit einer Aufwertung liberaler Abwehrrechte bei gleichzeitiger Abwertung der demokratischen Beteiligung einhergeht, oder anders ausgedrückt: An die Stelle eines Primats der Allgemeinheit tritt der Vorrang der Partikularität. Bereits mit Blick auf die Antike war zu sehen, dass mit Athen einerseits und Rom andererseits unterschiedliche Bürgerschaftskonzepte verbunden waren. Stellt nämlich Aristoteles die Teilhabe an den politischen Entscheidungen ins Zentrum seines Begriffes des Bürgers, so ist bei Cicero und Gaius davon keine Rede mehr. Vielmehr betrachten beide es als wesentliches Kennzeichen der römischen Bürger, dass sie rechtlich gleichgestellt sind; gleiche Beteiligungsrechte spielen jedoch keine Rolle. Festzustellen ist also bereits in Bezug auf die Differenz zwischen Athen und Rom der Übergang von einem republikanisch-kollektiven zu einem liberal-individuellen Freiheitsverständnis. Dasselbe konnten wir beim Vergleich zwischen den Anti-Federalists und den Autoren der *Federalist Papers* sehen. Hatten Erstere in Anknüpfung an klassisch-republikanische Ideale Freiheit als kollektive Selbstregierung begriffen und mit vielfältigen institutionellen Mechanismen verbunden, so beschränkten die Federalists die Ausübung der Volkssouveränität auf die Wahl der Repräsentanten. Zudem erhält der

Freiheitsbegriff eine deutlich liberalere Konnotation: Es geht vornehmlich darum, die Eigentumsrechte zu schützen.

Auch in der gegenwärtigen Debatte über die Legitimität supranationalen Regierens kommt es bei den Befürwortern eines starken Supranationalismus zur Aufwertung eines liberalen Konzepts von Bürgerschaft, welches tendenziell an die Stelle eines stärker partizipatorischen Verständnisses von Demokratie tritt. Dabei können sie sich auf empirische Entwicklungen im Rahmen der Europäischen Union berufen. Dort überwiegt nicht nur insofern ein liberales Politikverständnis, als sich die Europäische Kommission und der Europäische Gerichtshof den Abbau sogenannter Wettbewerbsschranken auf die Fahnen geschrieben haben. Beide Institutionen sorgen darüber hinaus für die Durchsetzung individueller Grundrechte, die die Bürgerinnen und Bürger nicht nur gegen ihre jeweiligen Heimatländer, sondern auch gegenüber anderen Mitgliedstaaten einklagen können. Auf der Strecke bleiben demgegenüber republikanische Beteiligungsrechte. Zwar wird der Wert der Bürgerbeteiligung in offiziellen Dokumenten der Europäischen Union und in den Sonntagsreden der Europafreunde regelmäßig beschworen, aber in der Praxis kommt es zu einem ganz massiven Verlust demokratischer Kontrollrechte. Verantwortlich dafür ist erstens die Überkonstitutionalisierung, zweitens sind wichtige Politikbereiche technokratisch verfasst, und drittens führt die Entfernung zwischen den Entscheidungseliten in Brüssel und den Bürgerinnen und Bürgern zu einer Abschwächung demokratischer Einflussmöglichkeiten. Die Konsequenz daraus ist jedoch nicht allein ein Unterlaufen des ersten großen Versprechens der Demokratie. Darüber hinaus kommt es auch zu einem Verlust sozialer Gleichheit, denn die von demokratischer Beteiligung abgeschottete politische Ökonomie der Europäischen Union produziert eine zunehmende soziale Spaltung. Allein eine

Wiederherstellung der ökonomischen und währungspolitischen Kompetenzen der einzelnen Mitgliedsländer kann diesem Trend begegnen, wie ich im folgenden Kapitel zeigen werde.

6. Rückgewinnung der wirtschaftspolitischen Souveränität

Im vorigen Kapitel habe ich gezeigt, dass eine Übertragung vertrauter demokratischer Institutionen auf die supranationale oder globale Ebene zwar prinzipiell denkbar ist, dass es dort jedoch an den sozialen und kulturellen Voraussetzungen ihrer Wirksamkeit fehlt. Zugleich, so haben wir im vierten Kapitel gesehen, hat die Auslagerung von Herrschaftsbefugnissen aus den Nationalstaaten zu einem erheblichen Demokratieabbau geführt. Das gilt insbesondere für den Verlust wirtschafts- und finanzpolitischer Steuerungskompetenzen. Wenn also der Weg einer demokratischen Kontrolle globaler und supranationaler Institutionen und Regime versperrt ist, kann eine Beibehaltung demokratischer Standards nur durch die Rückverlagerung entscheidender Herrschaftsbefugnisse in jene Räume erfolgen, die eine kollektive Willensbildung ermöglichen. Und das sind in erster Linie die Nationalstaaten.

In seinem viel diskutierten Buch *Das Globalisierungsparadox* skizziert Dani Rodrik »das grundlegende politische Trilemma der Weltwirtschaft« (Rodrik 2011, S. 260), dem zufolge Hyperglobalisierung, Demokratie und Nationalstaatlichkeit nicht gemeinsam bestehen könnten. Eines der drei Ziele, so Rodrik, müsse notwendig geopfert werden. »Wenn wir den Nationalstaat beibehalten und dazu die Hyperglobalisierung haben wollen, müssen wir die Demokratie vergessen. Und wenn wir Nationalstaat und Demokratie behalten wollen, müssen wir uns von der tiefen Globalisierung verabschieden.« (Ebd., S. 260f.) Diese Diagnose mag zugespitzt sein, bringt aber jene Konstellation auf den Punkt, die sich in den vergangenen Jahren gerade in der Europäischen Union als Paradefall einer Hyperglobalisierung hat beobachten lassen. Ein solcher Paradefall ist die EU vor allem wegen des nahezu vollständigen Abbaus von Marktschranken. Entscheidende Merkmale hierfür sind jedoch nicht nur die vier fundamentalen Freiheiten, die innerhalb der Europäischen Union gelten, sowie die gemeinsame Währung für gegenwärtig 19 Mitgliedsländer. Ein wesentlicher Aspekt der Hyperglobalisierung ist zudem die in Artikel 63 des Vertrags über die Arbeitsweise der Europäischen Union (AEUV) festgeschriebene Kapitalverkehrsfreiheit. Dieser Artikel ist insofern bemerkenswert, als die Kapitalverkehrsfreiheit auch gegenüber Drittstaaten gilt, und zwar ohne die Forderung nach Reziprozität.[1] Staaten wie China, Russland oder auch Saudi-Arabien können also weiterhin den Zufluss von europäischem Kapital beschränken, umgekehrt jedoch gilt das nicht. Wenn ökonomische Globalisierung in der Öffnung von Märkten für ausländische Waren und Investitionen besteht, dann existiert in der Tat eine Art Hyperglobalisierung innerhalb Europas und mit Blick auf die Finanzmärkte auch gegenüber Drittstaaten.

So lässt sich innerhalb der Europäischen Union genau jene Kombination beobachten, die aus demokratietheoretischer Sicht die schlechteste Auflösung des Trilemmas darstellt, nämlich die Kombination aus Hyperglobalisierung und fortbestehender Nationalstaatlichkeit. Denn staatliche Souveränität ist zwar in ökonomischer Hinsicht zu großen Teilen aufgegeben worden, zugleich stützt sich die Umsetzung der

1 Artikel 63, Absatz 1 des AEUV lautet: »Im Rahmen der Bestimmungen dieses Kapitels sind alle Beschränkungen des Kapitalverkehrs zwischen den Mitgliedstaaten sowie zwischen den Mitgliedstaaten und dritten Ländern verboten.«

europäischen Gesetze und Verordnungen auch weiterhin maßgeblich auf nationalstaatliche Kompetenzen und Hoheitsrechte. Wir haben es in Europa also nicht mit einem Verlust von Staatlichkeit zu tun. Vielmehr waren und sind sowohl der Abbau von vermeintlichen Wettbewerbsschranken, die weitere Liberalisierung von staatlichen Dienstleistungsmonopolen gemäß Artikel 59 und 60 AEUV als auch die Maßnahmen zur Eurorettung nur möglich vor dem Hintergrund der weiterhin bestehenden Staatsapparate in den Ländern der Europäischen Union. Und auch im Zuge der sogenannten »Flüchtlingskrise« war zu beobachten, dass einzelne Mitgliedstaaten durchaus über nationale Handlungsspielräume verfügen.

Wie sieht es aber mit der Kombination aus Hyperglobalisierung und Demokratie auf Kosten des Nationalstaates aus, etwa in Form eines globalen oder zumindest supranationalen Föderalismus, der auch die übergeordnete Ebene mit Rechtsetzungs- und Sanktionsgewalt ausstattet? Könnte das nicht die Antwort auf die Herausforderungen der Globalisierung sein? Für Rodrik ist das mit Blick auf die globale Ebene kein gangbarer Weg, da dort zu unterschiedliche politische Kulturen existierten, als dass eine gemeinsame Union entstehen könnte. Auch seien die Interessensgegensätze zu groß. Anders sieht es ihm zufolge aber im begrenzten Rahmen der Europäischen Union aus:

> Die nationalen Regierungen würden nicht verschwinden, aber ihre Machtbefugnisse würden durch supranationale Entscheidungsprozesse und internationale Vollzugsbehörden – die demokratisch legitimiert und demokratisch kontrolliert sein müssten – erheblich eingeschränkt. (Ebd., S. 263)

Das Argument, welches dieser optimistischen Einschätzung zugrunde liegt, ist das der größeren Homogenität – vor allem in Bezug auf die wirtschaftliche Leistungsfähigkeit und die Gesellschaftssysteme, aber auch hinsichtlich kollektiver Mentalitäten, welche Rodrik zufolge in Europa existieren.

Nun ist infolge der diversen Erweiterungsrunden, der ökonomischen Dynamik des gemeinsamen Marktes und des gemeinsamen Währungsraumes zwischen den Mitgliedsländern der Europäischen Union inzwischen ein Grad an ökonomischer, sozialer, politischer, kultureller sowie ideologischer Heterogenität entstanden, der Rodriks optimistische Aussage wenig überzeugend erscheinen lässt. Spätestens im Zuge der Diskussionen über den Umgang mit der Eurokrise einerseits und der Flüchtlingskrise andererseits ist die beschränkte Handlungsfähigkeit der EU offenbar geworden, was mittlerweile auch Rodrik einräumt (2018, S. 48-78). Vor allem aber würde ein weiterer Souveränitätstransfer auf die supranationale Ebene von weniger als einem Fünftel der Europäerinnen und Europäer unterstützt (ebd., S. 78), was gegen die Annahme eines stabilen Verhältnisses von Globalisierung und Demokratie spricht.

Hinzu kommen die im vorigen Kapitel beschriebenen Schwierigkeiten, die mit der Übertragung demokratischer Legitimationsprozesse auf die supranationale Ebene verbunden sind. Weder das Modell der Übertragung nationalstaatlicher Institutionen und Praktiken noch die Idee einer deliberativen Neubeschreibung oder gar die der Konstitutionalisierung konnten aus demokratietheoretischer Sicht überzeugen. Zumindest auf absehbare Zeit führt daher kein Weg an der Erkenntnis vorbei, dass eine Demokratisierung des supranationalen Regierens nicht möglich ist, von der globalen Ebene ganz zu schweigen. Soll also ein weiterer Demokratieabbau vermieden oder, besser noch, sollen die Verluste an demokratischer Entscheidungsmacht der letzten beiden Jahrzehnte rückgängig gemacht werden, bleibt nur eine Option zur Auflösung des Trilemmas der Globalisierung übrig: die Einschränkung der Hyperglobalisierung. Rodrik selbst schlägt zu diesem Zweck vor allem zwei Maßnahmen vor, nämlich die Rückkehr zum Bretton-Woods-System festgelegter Wechselkurse sowie die Wiedereinführung von Kapitalverkehrskontrollen. Beide Maßnahmen würden zu einer »smarten Globalisierung« führen, welche nicht im Widerspruch zur nationalstaatlichen Demokratie steht. Darauf wird zurückzukommen sein.

Fichtes Geschloßner Handelsstaat

Dass zwischen grenzenloser wirtschaftlicher Freiheit und demokratischer Selbstbestimmung ein Gegensatz besteht, ist freilich keine neue Erkenntnis. Bereits Ende des 18. Jahrhunderts kam Johann Gottlieb Fichte zu einer ganz ähnlichen Diagnose. In seiner 1800 veröffentlichten Schrift *Der geschloßne Handelsstaat* formuliert er eine fundamentale Kritik an der damals vorherrschenden Überzeugung, freier Handel würde zu einem friedlichen Miteinander der Nationen führen. Zudem skizziert Fichte einen radikalen Gegenentwurf, nämlich die Idee eines nahezu autarken, vom Rest der Welt abgeschlossenen Nationalstaats. Viele von Fichtes damaligen Forderungen, etwa statt Baumwolle einheimische Gräser für die Produktion von Kleidung zu verwenden, lassen sich gewiss im Kuriositätenkabinett der politischen Ideengeschichte verschließen. Doch damit, so soll auf den folgenden Seiten gezeigt werden, würde man zugleich eine Analyse und Reformvorschläge erledigen, die von großer Aktualität sind, auch wenn sie neu interpretiert und entradikalisiert werden müssen. Wie Kants Schrift zum *Ewigen Frieden* ist auch der *Geschloßne Handelsstaat* von Fichte nur interpretierbar vor dem Hintergrund des historischen Kontextes. Doch wie das politische Denken von Kant kann auch dasjenige von Fichte für die heutige Situation wichtige Hinweise geben.

Fichte gilt als ein problematischer Denker und wird in der jüngeren Diskussion überwiegend gemieden. Ihm werden unter anderem Nationalismus und Antisemitismus, bisweilen auch totalitäre Züge unterstellt. Es geht im Folgenden nicht darum, diese Vorwürfe zu entkräften, das würde den Rahmen dieses Buches nicht nur sprengen, sondern wäre darüber hinaus auch unredlich. Denn für all diese Vorwürfe lassen sich in seinem Werk Belege finden.[2] Blickt man jedoch auf die Rezeptionsgeschichte, so wird Fichte zumindest bis zum Ersten Weltkrieg, als vor allem seine *Reden an die deutsche Nation* von nationalistischen und militaristischen Kräften vereinnahmt und instrumentalisiert wurden, überwiegend positiv als ein Vordenker des Sozialismus diskutiert.[3] In den zwanziger und frühen dreißiger Jahren wird Fichte ferner als ein genuin demokratischer Denker gewürdigt.[4] In der Tat gibt es beim frühen Fichte und vor allem in *Der geschloßne Handelsstaat* starke sozialistische Tendenzen. Er entwirft in diesem Buch ein planwirtschaftliches Modell, welches für ökonomische Freiheit wenig Raum lässt. Die Produktion und die Zirkulation der Waren, so Fichte, soll der Staat regeln. Dahinter steht das Bestreben, die zu seiner Zeit bestehenden immensen sozialen Spaltungen zu überwinden

2 Vgl. zu Fichtes Nationalismus Reiß (2006); zum Antisemitismus bei Fichte den klugen Beitrag von Claussen (1987); der Totalitarismusvorwurf findet sich besonders prägnant bei Willms (1967).

3 Etwa von Marianne Weber (1900) und Max Adler (1914); vgl. zur Rezeptionsgeschichte auch den Überblick bei Nakhimovsky (2011, S. 2-6).

4 Leibholz (1921), Haymann (1924) und Schenkel (1933).

und eine gesellschaftliche Ordnung zu etablieren, in der gleiche Handlungsfreiheit existiert und nicht die Vielen von den Wenigen ausgebeutet werden. Das ist Fichtes zentrales Motiv, die Freiheit des Ichs nicht nur für die wenigen Adligen und Großbürger, sondern für alle Menschen: »Leben zu können ist das absolute unveräusserliche Eigenthum aller Menschen« (1971 [1796], S. 212), wie er in *Grundlage des Naturrechts* betont. Wichtig ist, dass Fichte an dieser Stelle nicht von Untertanen oder Bürgern oder von Deutschen, sondern von »allen Menschen« spricht. Seine politische Philosophie ist, zumindest im Frühwerk, nicht nationalistisch, sondern universalistisch, und das gilt, so paradox das heutzutage erscheinen mag, auch für *Der geschloßne Handelsstaat*. Bevor ich darauf zurückkomme, gehe ich jedoch kurz auf Fichtes Eigentumstheorie und sein Staatsverständnis ein. Beides ist für das Verständnis seiner Kritik des Freihandels wesentlich.

Es gibt, und darin unterscheidet er sich von liberalen Denkern wie Locke und Kant, für Fichte kein unverfügbares Recht auf Eigentum an Sachen. Er begreift Eigentum demgegenüber als ein Rechtsinstitut, das dem Ziel gleicher Handlungsfreiheit verpflichtet ist. Eigentum wird vom Staat verliehen und soll allein dem Zweck dienen, die Existenzgrundlage zu sichern, und zwar dadurch, dass das Material für den Arbeitsprozess garantiert wird. Der »Staat muss dafür Anstalten treffen«, dass jeder »von seiner Arbeit leben« kann (Fichte 1971, S. 212), und dafür verleiht er ihm Eigentumsrechte, aber nur für den Zweck der Ausübung einer bestimmten Tätigkeit. Wenn ich also Land »besitze«, um Getreide anzubauen, dann darf ich niemanden davon ausschließen, unter dem Boden nach Edelmetallen zu graben oder im Winter den Boden als Lagerstätte zu nutzen, solange das meinen Gebrauch nicht schädigt. Doch Fichte bleibt bei dieser originellen Eigentumskonzeption nicht stehen, sondern geht noch einen entscheidenden Schritt weiter: »Von dem Augenblick an, da jemand Noth leidet, gehört keinem derjenige Theil seines Eigenthums mehr an, der als Betrag erfordert wird, um einen aus der Noth zu reissen, sondern es gehört rechtlich dem Nothleidenden an.« (Ebd., S. 213)

Im *Geschloßnen Handelsstaat* heißt es ganz analog: »Es ist eben unrecht, daß einer das Entbehrliche bezahlen könne, indes irgendeiner seiner Mitbürger das Notdürftige nicht vorhanden findet, oder nicht bezahlen kann« (Fichte 1977 [1800], S. 79). Dass diese Rechtsauffassung erheblich von einer liberalen Theorie abweicht, ist offensichtlich. Der Staat soll nicht das Eigentumsrecht schützen, sondern dafür sorgen, dass alle über so viel Eigentum verfügen, dass sie von ihrer Arbeit leben können, und das bedeutet auch »nothwendig das Recht der Aufsicht, wie jeder sein Staatsbürgereigenthum verwalte« (Fichte 1971, S. 214). Dieses »Recht der Aufsicht« wird, und das ist das systematische Argument, welches Fichte zur Idee des *Geschloßnen Handelsstaats* führt, jedoch erheblich eingeschränkt, wenn mächtige Akteure die Ökonomie beeinflussen, die nicht unter die Hoheitsgewalt des Staates fallen. Und diese Einsicht veranlasst Fichte zu dem radikalen und auch für damalige Leser absurd anmutenden Schritt, ein absolutes Verbot des grenzüberschreitenden Handels für die Untertanen zu fordern. Lediglich der Staat dürfe, sofern er etwa auf Produkte aus dem Ausland angewiesen ist, Handel mit Ausländern betreiben. Überdies plädiert Fichte für die Einführung einer Landeswährung, deren Wert vom Staat festgesetzt wird und die keinen eigenen materiellen Wert besitzt, also nicht gegen andere Währungen oder Güter aus dem Ausland eingetauscht werden kann. Allein der Besitz dieser Währung ist den Untertanen gestattet, der Besitz ausländischer Währungen dagegen verboten. Ebenso dürfen so gut wie keine Ausländer einreisen und keine ausländischen Währungen eingeführt werden.

Fichtes Forderungen sind von einer Radikalität, die aus heutiger Sicht nicht nachzuvollziehen ist. Doch darf man bei aller Kritik an den antiliberalen Tendenzen seine Absicht nicht vergessen, allen Menschen die Existenz zu sichern und ihnen gleiche Handlungsfreiheit zu ermöglichen. Er gelangte um 1800 zu der Überzeugung, dass das bestehende Handels- und Währungssystem dieses Ziel nachhaltig untergräbt, da die Staaten sich zunehmend in eine Abhängigkeit vom Handel begeben hätten. Fichte stellt sich im *Geschloßnen Handelsstaat* somit gegen die damals verbreitete These, dass der Handel zu einem friedlichen Miteinander der Staaten führen würde. Die auf Montesquieu zurückgehende Idee eines »doux commerce«, welche auch in Kants Schrift *Zum ewigen Frieden* bemüht wird, sei nicht zutreffend.[5] Vielmehr würde der Handelsgeist zu einem »endlose[n] Krieg aller im handelnden Publikum gegen alle« führen. Weiter führt Fichte aus:

> Der Käufer sucht dem Verkäufer die Ware abzudrücken; darum fordert er die Freiheit des Handels, d.h. die Freiheit für den Verkäufer, seine Märkte zu überführen, keinen Absatz zu finden, und aus der Not die Ware weit unter ihrem Wert zu verkaufen. […] Gelingt ihm dies, so verarmt der Arbeiter, und fleißige Familien verkommen im Mangel und Elende, oder wandern aus von einem ungerechten Volke. (Fichte 1977, S. 121)

Doch es sind nicht nur die gegensätzlichen Interessen der Verkäufer und Käufer, welche bei Freiheit des Handels das »schreiendste Unrecht« und »großes Elend« bewirken (ebd.). Vielmehr würden auch Staaten durch Handel ihre Macht in

5 Vgl. zur ideengeschichtlichen Debatte über den »doux commerce« im 17. und 18. Jahrhundert Asbach (2014).

Form von Steuern und Deviseneinnahmen zu mehren versuchen. Und der beste Weg, dieses Ziel zu erreichen, sei die Förderung der Exporte bei gleichzeitiger Begrenzung der Importe. Fichte schreibt vor dem Hintergrund merkantilistischer Ideen und Praktiken. Durch eine aggressive Exportpolitik sollte ein Handelsüberschuss erwirtschaftet werden, der dann auch dem Staatshaushalt zugutekommt. Darunter würden aber jene Länder leiden, die wenig konkurrenzfähig sind:

> Nur wird der große Unterschied darin liegen, daß die reiche Nation für diesen Überschuß [gemeint sind Währungseinnahmen, D. J.] das ihr Entbehrliche eintauscht, und den Ausländer, der für sich kaum seine Notdurft erschwingen kann, nötigt, für ihr Vergnügen zu arbeiten: daß sie ihren inneren Wohlstand unaufhörlich auf die Kosten des Ausländers, der immer elender wird, erhöht. (Ebd., S. 124)

Fichte hatte die Außenhandelspolitik Englands vor Augen, als er diese Zeilen schrieb. Diese richtete sich nicht nur gegen die Nationen Europas, sondern hatte zugleich die Ausplünderung der Kolonien zum Ziel.[6] Aus heutiger Sicht mag man bei der Lektüre dieser Sätze an die aggressiven Handelspraktiken sogenannter Exportnationen wie Deutschland und China einerseits und die zunehmende Verelendung der Arbeiter der Importnationen andererseits denken.

Auch in einer weiteren Hinsicht hat Fichtes Diagnose wenig an Aktualität verloren. Und zwar führt er als den Hauptgrund für den existierenden Handelskrieg zwischen den Nationen in Europa an, dass sich seit dem Mittelalter zwar Staaten herausgebildet hätten, zugleich aber weiterhin ein gemeinsamer Markt bestehe, der trotz Ansätzen einer Schutzzollpolitik die Staatsgrenzen überschreite. Diese Kombination aus

6 Vgl. zu Fichtes Kritik des Kolonialismus Nakhimovsky (2014, S. 286 f.).

einer Vielzahl von Staaten, die alle ihre Einnahmen zu mehren trachten, auf der einen Seite und einem grenzüberschreitenden Markt auf der anderen führe nun gerade nicht, wie von den Apologeten des »doux commerce« prophezeit, zu einem friedlichen Miteinander und auch nicht zu einer globalen Verrechtlichung, wie sie Kant vorschwebte. Vorherrschend sei vielmehr die »jealousy of trade« (David Hume), die umso mehr gewachsen sei, je stärker die Staaten sich voneinander entfernt hätten und je stärker es zur Herausbildung einer »Staatsräson« mit entsprechendem Finanzbedarf gekommen sei. Reiche Nationen würden bei freiem Handel zulasten der armen Nationen ihren Vorteil weiter ausbauen können, die armen Nationen verarmten hingegen immer stärker. In Europa sei der wechselseitige »Nationalhaß« (ebd., S. 141) inzwischen so groß, dass eine Rückkehr zu einer Ordnung ohne Nationalstaaten und mit einem umfassenden Markt, wie sie im Mittelalter bestand, keine aussichtsreiche Option darstelle. Um die desaströse Dynamik des Handelskrieges zu beenden, bleibe daher nur der Weg, die Märkte vollumfänglich mit den Staatsgrenzen in Übereinstimmung zu bringen.

Es geht Fichte im *Geschloßnen Handelsstaat*, und das sei noch einmal betont, darum, das kantische Programm eines ewigen Friedens zu verwirklichen. Solange aber einige mächtige Staaten eine aggressive Außenhandelspolitik betreiben, welche zur Verelendung anderer Länder führe, oder wenn gar ein Handelskrieg herrsche, sei dieses Ziel, so Fichtes Erkenntnis um 1800, nicht zu erreichen. Die von ihm vorgeschlagenen Maßnahmen sind also nicht Ausdruck nationalistischer Übersteigerung, sondern dem Ideal der nationalen wie auch internationalen Gerechtigkeit verpflichtet. Nur wenn verhindert werde, dass die unterschiedlichen ökonomischen Potenziale Mittel der Staatsräson werden, sei ein dauerhafter Frieden zwischen den Nationen realistisch. Doch nicht nur dies, auch der innere Frieden hänge davon ab, dass die Staaten eine vollumfängliche ökonomische Handlungsmacht besitzen. Allein in diesem Fall sei es ihnen nämlich möglich, für den Ausgleich zwischen den ökonomisch schwachen und den ökonomisch starken Bürgern zu sorgen.[7]

Es liegt auf der Hand, dass Fichtes Modell einer umfassenden staatlichen Lenkung und Kontrolle ökonomischer Prozesse nicht nur ineffektiv ist, sondern darüber hinaus auch in Unfreiheit umschlagen muss. Dennoch sollte man es sich an dieser Stelle nicht zu einfach machen und das Kind nicht mit dem Bade ausschütten. Denn so wenig überzeugend Fichtes Ideal eines geschlossenen Handelsstaats aufgrund der dort vorgeschlagenen radikalen Maßnahmen aus heutiger Sicht erscheinen mag, bestand sein Ziel doch darin, kollektive Handlungsmacht zu generieren, um ein auskömmliches Leben für alle zu sichern. Das ist in einem System vorwiegend wirtschaftlicher Freiheit aber nur schwer realisierbar, und das gilt gerade mit Blick auf das, was Rodrik als »Hyperglobalisierung« bezeichnet. Fichte hat also insofern weiterhin recht, als erstens ein demokratisches Gemeinwesen nicht in Abhängigkeit von ökonomischen Kräften geraten darf, welche seine Gestaltungsmacht größtenteils lähmen. Ihm ist zweitens dahingehend zuzustimmen, dass zu diesem Zweck eine staatliche Kontrolle der wirtschaftlichen Prozesse erforderlich ist, was vor allem sicherstellen soll, dass jeder »von seiner Arbeit leben kann«. Die von Fichte geforderte Umverteilungspolitik ist jedoch lediglich eingeschränkt umsetzbar, wenn staatliche Behörden kaum Zu-

7 Nakhimovsky (2011, 2014) arbeitet diese beiden Punkte überzeugend heraus.

griff auf die Vermögen ihrer Bürgerinnen und Bürger haben, weil diese es auf legalen oder auch nicht ganz so legalen Wegen ins Ausland transferieren können. Dies gilt im Rahmen der Europäischen Union zum einen dahingehend, dass keine Kapitalverkehrskontrollen zwischen den Mitgliedsländern zulässig sind; zum anderen trifft das aber auch auf Drittstaaten zu, deren Bürger unbegrenzt Vermögen in der EU anlegen dürfen. Schließlich gibt es aktuell wenig Grund für die Überzeugung, die Freiheit von Kapital, Waren, Dienstleistungen und Personen trage zu einem friedlichen Miteinander der einzelnen Nationen in Europa bei. Vielmehr haben sich infolge der Liberalisierungspolitik der letzten beiden Jahrzehnte und dann verstärkt durch die Etablierung eines Austeritätsregimes die Spannungen zwischen den EU-Mitgliedern deutlich erhöht. Vor allem die Bürgerinnen und Bürger in den südlichen Ländern haben den Eindruck gewonnen, in einem Protektorat zu leben. Vor diesem Hintergrund geht es mir im Folgenden um ein Zurückfordern der Demokratie, und das heißt vor allem um die Begrenzung der Macht ökonomisch starker Akteure. Zu diesem Zweck werde ich mich an vier zentralen Forderungen Fichtes orientieren und diese mit demokratischen Erfordernissen in Übereinstimmung zu bringen versuchen. Es kann dabei freilich nicht darum gehen, ein umfassendes wirtschaftspolitisches Ordnungsmodell zu entwerfen. Vielmehr besteht mein Ziel darin, einige Leitideen einer demokratischen Wirtschaftsverfassung zu skizzieren, die auf staatliche Handlungsmacht nicht verzichten kann.

In den vergangenen zwei Jahrzehnten sind in den Mitgliedsländern der Europäischen Union viele ehemalige Staatsbetriebe privatisiert worden. Das betrifft vornehmlich Bereiche der Daseinsvorsorge, etwa die Energie- und Wasserversorgung, die Post, Telekommunikation, den öffentlichen Nah- und Fernverkehr, das Gesundheitssystem, vormals öffentliche Wohnungsgesellschaften oder auch das Bildungs- und Erziehungswesen.[8] Sicherlich ist es verkürzt, die Verantwortung für diesen Wandel im Verhältnis von Staat und Markt einzig bei den europäischen Institutionen zu verorten. Die Privatisierungen waren größtenteils Ergebnis des neoliberalen Zeitgeistes der vergangenen dreißig Jahre und wurden auch von vielen nationalen Regierungen vorangetrieben, unabhängig von der jeweiligen politischen Ausrichtung der machthabenden Parteien. Dennoch muss auch daran erinnert werden, dass im Zuge der »negativen Integration« die Europäische Union zumindest die Rolle eines Förderers von Liberalisierungen und Privatisierungen innehatte und auch noch weiterhin ausübt, nicht zuletzt im Kontext der Eurorettungspolitik. Die damit einhergehenden Konsolidierungsprogramme sahen und sehen die weitere Privatisierung von Staatsbetrieben vor. Entscheidend ist, dass damit ein wirtschaftspolitischer Rahmen geschaffen wurde, der nicht nur seine Versprechungen – geringere Kosten und Steigerung des Wohlstands für alle – größtenteils nicht erfüllen konnte, sondern zugleich die Möglichkeiten einer demokratisch legitimierten Steuerung wirtschaftlichen Handelns reduziert hat.

8 Einen guten Überblick liefern Bieling et al. (2008) und Köthenbürger (2014).

Diese Politik hat dabei beide Versprechen der Demokratie unterminiert, nicht nur ist der demokratische Gestaltungsbereich geschrumpft, sondern die Privatisierungen haben auch zu einer Verminderung sozialer Gerechtigkeit geführt. Das absehbare Ergebnis dieser Entwicklung hat Fritz Scharpf wie folgt auf den Punkt gebracht: Wir werden »auf der einen Seite (europaweit operierende) private Versicherungen, private Schulen und Hochschulen und bewachte Ghettos für die Besserverdienenden« erleben »und auf der anderen Seite die Erosion öffentlicher Sozialleistungen, öffentlicher Dienste und öffentlicher Infrastruktur für diejenigen [...], die für private Lösungen nicht zahlen können« (Scharpf 2009, S. 268). Scharpf hat diese Zeilen kurz nach dem Ausbruch der letzten großen Weltwirtschaftskrise geschrieben, die in den folgenden Jahren getroffenen Maßnahmen zur »Eurorettung« haben die Spaltung in Gewinner und Verlierer erheblich verstärkt.

Vor diesem Hintergrund würde eine Redemokratisierung der Wirtschaftspolitik zumindest bedeuten, dass es den Mitgliedsländern der Europäischen Union wieder stärker ermöglicht wird, wesentliche Bereiche der öffentlichen Daseinsvorsorge in Eigenregie zu übernehmen, sei es in Form von Verstaatlichungen oder auch durch die Subventionierung genossenschaftlicher Strukturen. Erforderlich ist also eine radikale Reform des europäischen Wettbewerbsrechts, und zwar in einer Weise, die es den nationalen Regierungen erlaubt, eigene Wege zu gehen. Das sollte zudem die Möglichkeit beinhalten, auch Industrien und Dienstleistungen jenseits des Bereichs der Daseinsvorsorge stärker demokratisch zu kontrollieren, etwa über den Weg staatlicher Beteiligungen oder durch eine Ausweitung der betrieblichen Mitbestimmung. Bei der Frage der Mischung zwischen Markt, Staat und Gemeinwirtschaft sollten den einzelnen Staaten gerade im Sinne eines »demokratischen Experimentalismus« (John Dewey) und der Verwirklichung »realer Utopien« (Erik Olin Wright) ausreichende Freiräume zur Verfügung stehen. Sie sind aber auch deshalb erforderlich, weil in den Mitgliedsländern die Mentalitäten, politischen Kulturen und nicht zuletzt die Rahmenbedingungen der Ökonomie (Altersstruktur, Ausbildungsstand, das System sozialer Fürsorge, Bodenschätze etc.) variieren. Hier sollte es jedem Gemeinwesen gestattet sein, eigene Traditionen zu pflegen, selbst wenn darunter die »Wettbewerbsfähigkeit« leidet.

Vor allem sollte die Möglichkeit einer stärkeren staatlichen Kontrolle und Lenkung der Wirtschaft wieder gewährt werden. Angesichts der gegenwärtigen krisenhaften Entwicklung des Kapitalismus sollte dabei auch vor radikalen Reformen nicht zurückgeschreckt werden. Für Fichte war es die aggressive Handelspolitik, die die internationale Ordnung destabilisierte und in den ausgebeuteten Staaten zu extremer Armut führte. Heutzutage ist es zwar immer noch die aggressive Handelspolitik von »Exportnationen«, die diese Effekte hervorrufen, zugleich werden aber immer mehr Bereiche von transnational agierenden Unternehmen, insbesondere Finanzmarktakteuren und Internetfirmen, beeinflusst, um nicht zu sagen beherrscht. Das Resultat ist eine ganz erhebliche Beschränkung des Gestaltungsspielraums demokratisch legitimierter Staaten. Das wurde spätestens mit der Finanzkrise offenbar, als viele Banken als »too big to fail« galten und sich die politischen Entscheidungsträger genötigt sahen, unvorstellbare Summen zur »Rettung« privater Geldhäuser zu mobilisieren. Äußerst problematisch ist darüber hinaus aber auch die Möglichkeit der Geschäftsbanken zur Giralgeldschöpfung, da dies zu einer weiteren Konzentration von Vermögen und steigenden Immobilienpreisen führt (vgl. Sahr 2017). Warum also vor diesem Hintergrund nicht über stärkere staatliche Eingriffe in die Geldwirtschaft – sei es in Form von höheren Steuern auf Gewinne oder eines Verbots der privaten Erzeugung von Kreditgeld –, zumindest aber über eine insgesamt stärkere Gemeinwohlverpflichtung der Banken nachdenken? Auch mit Blick auf die gestiegene Bedeutung digitaler Suchmaschinen und Netzwerke stellen staatlich geförderte und demokratisch kontrollierte Plattformen sinnvolle Alternativen zu marktbeherrschenden US-Firmen dar. All das lässt sich aber mit dem bestehenden europäischen Wettbewerbsrecht nicht vereinbaren.

Nicht zuletzt ist ein weiterer Gedanke von Fichte bedenkenswert, nämlich seine alternative Eigentumstheorie. Für ihn soll Eigentum, wie erwähnt, dazu dienen, den eigenen Unterhalt zu sichern. Die Funktion von Eigentumsrechten besteht jedoch nicht darin, andere Bürgerinnen und Bürger vom Gebrauch einer Sache, die man selbst nicht benötigt, auszuschließen oder sich durch Eigentum auf Kosten der anderen Gesellschaftsmitglieder zu bereichern. Das ist aber immer dann der Fall, wenn dieses vom Eigentümer zweckwidrig verwendet wird. Funktion des Geldes etwa ist die Ermöglichung des Zahlungsverkehrs, es sollte nicht dazu dienen, das Vermögen der Anteilseigner der Banken auf Kosten der Kreditnehmer oder von Spekulationsopfern zu vermehren. Geld ist eine gesellschaftliche Institution, die aufgrund ihrer zentralen Rolle in Staatshände, zumindest aber vollumfänglich staatlich kontrolliert gehört. Ein weiteres Beispiel für die neue Perspektive, die Fichtes Eigentumstheorie eröffnet, ist der Erwerb von Wohnraum bzw. Bauland zum Zweck der Kapitalanlage oder zu Spekulationszwecken. Folgt man hier Fichte, sind derartige Handlungsweisen nicht legitim, und der Staat hat das Recht zur Enteignung, zumindest aber könnte eine Bodenspekulationssteuer und Strafsteuern bei offensichtlichem Leerstand von Wohnungen der gegenwärtigen Praxis entgegenwirken. Dass hier eine Spannung zu liberalen Abwehrrechten besteht, ist nicht zu bestreiten. Indes lässt sich gerade am Beispiel des Immobilienmarkts sehen, wie sehr in Stein gemeißelte Eigentumsrechte zu einer zunehmenden Spaltung demokratischer Gesellschaften führen. Will man also verhindern, dass es in Reaktion darauf zu einer Revolte kommt, welche auch andere liberale Abwehr- und demokratische Teilhaberechte hinwegfegt, dann ist ein Verständnis von Eigentumsrechten erforderlich, welches diese nicht verabsolutiert.[9]

Die im Anschluss an Fichte erhobene Forderung nach mehr ökonomischem Gestaltungsspielraum gilt freilich nicht nur für die Mitgliedsländer der Europäischen Union. Auch andere Staaten sollten wieder stärker die Möglichkeit bekommen, in der Wirtschaftspolitik eigene Wege zu beschreiten. Damit sind wir beim Welthandelsregime. Auf einer formalen Ebene ist es natürlich jedem Staat anheimgestellt, der WTO beizutreten, vom IWF und der Weltbank Kredite anzunehmen oder auch bilaterale Handelsverträge abzuschließen. Allerdings spiegeln sich in vielen der entsprechenden Verträge und Abkommen die realen Machtungleichgewichte zwischen großen Industrienationen wie den USA, China oder auch der Europäischen Union und weniger stark entwickelten oder auch ressourcenarmen Ländern wider. Insbesondere die im »Washington Consensus« formulierten wirtschaftspolitischen Richtlinien, die unter anderem eine Kürzung der Staatsausgaben, Privatisierungen, die Deregulierung und Öffnung von Märkten sowie den Abbau von Subventionen vorsehen und lange Zeit die Politik von IWF und Weltbank be-

9 Die Forderung, Eigentumsrechte nicht zu verabsolutieren, findet sich auch bei Dewey (1996 [1927]).

stimmten, sind nicht mit demokratischen Grundprinzipien vereinbar. Die entsprechenden Maßnahmen wurden und werden den Kreditnehmerländern größtenteils aufgedrückt, ohne dass dies zu einem deutlichen Abbau von Armut geführt hat. Im Gegenteil, in vielen Ländern, die sich diesem Vereinheitlichungszwang ausgesetzt haben, ist es zu einer wachsenden sozialen Spaltung und in der Folge auch zu politischen Instabilitäten gekommen (Stiglitz 2002; Bello 2002). Mit Blick auf Wachstum und den Abbau von Armut sind demgegenüber Länder wie China, Indien, Ruanda und Äthiopien erfolgreicher gewesen, die stärker auf öffentliche Investitionen und Subventionen gesetzt haben (Rodrik 2018, S. 239-263). Doch das wurde und wird vom IWF und der Weltbank nur zögerlich und auch nur in Ansätzen anerkannt. Bis heute herrscht eine staatsskeptische und promarktwirtschaftliche Ideologie vor (Woods 2014).

Handel ja, aber nicht um jeden Preis

Fichtes Forderung, den Handel über die Staatsgrenzen hinweg zu verbieten bzw. nur in Ausnahmefällen und nur durch den Staat zu erlauben, zielt darauf ab, zwei miteinander verbundene Übel zu vermeiden: Erstens den Umstand, dass Staaten nicht über die Fähigkeit zur souveränen Politikgestaltung verfügen, wenn sie von äußeren Gütern oder auch Schwankungen der Preise für die eigenen Exporte, etwa bei Rohstoffen, abhängig sind. Zweitens kommt es Fichte zufolge angesichts des Fehlens einer supranationalen Regulierungsinstanz zu einem Handelskrieg, da jede Nation auf Kosten der anderen ihre Wohlfahrt zu steigern versucht. An diesen beiden Übeln hat sich bis heute wenig Grundsätzliches geändert, auch wenn es inzwischen vielfältige Versuche gibt, den

Handel zwischen den Staaten durch internationale bzw. supranationale Abkommen und Institutionen zu regulieren. Allerdings sind diese Regulierungen durch strukturelle Asymmetrien gekennzeichnet. Vor allem wirtschaftlich starke Staaten sowie multinationale Unternehmen profitieren von einem Welthandelsregime, wie es insbesondere durch die WTO reguliert wird. Hinzu treten die zahlreichen regionalen Freihandelsabkommen wie Nafta, Ceta, Comesa (Gemeinsamer Markt für das Östliche und Südliche Afrika) sowie die bilateralen Handelsabkommen zwischen der Europäischen Union und einzelnen Staaten. Hinter diesen Abkommen steht in Übereinstimmung mit dem Grundgedanken der (neo)klassischen Außenhandelstheorie, die auf die Theorie der komparativen Kostenvorteile von David Ricardo zurückgeht, dass freier, das heißt nicht durch Zölle oder Importschranken eingeschränkter, Handel zu Wohlfahrtsgewinnen für alle beteiligten Staaten führen würde.

Für Fichte stand demgegenüber fest, dass der Freihandel die Gestaltungsmacht der Staaten untergräbt, sie dadurch mithin äußeren, nicht kontrollierbaren Mächten ausgesetzt werden. Seine Forderung, den grenzüberschreitenden Handel nahezu vollständig einzuschränken, ist in ihrer Radikalität sicherlich nicht zeitgemäß und wäre nur mit erheblichen Kosten durchzusetzen. Zu diesen nicht zu rechtfertigenden Kosten würde zunächst eine Bevorzugung von Staaten gehören, die über seltene Rohstoffe verfügen. Viele Güter würden einem Großteil der Menschheit vorenthalten. Zum anderen würde die Durchsetzung einer derartigen Abschottungspolitik auch mit erheblichen Freiheitsverlusten einhergehen. Dennoch sollte man sich hier davor hüten, in eine Entweder-oder-Logik zu verfallen. Eine zumindest moderate Begrenzung des zwischenstaatlichen Handels durch Zollschranken und nichttarifäre Regularien kann Sozialdumping vermeiden, Produktstandards gewährleisten und auch die einheimischen Industrien schützen.

Das an dieser Stelle häufig angeführte Gegenargument lautet, dass damit nationalen Egoismen Tür und Tor geöffnet würde. Dem ist entgegenzuhalten, dass, wie bereits erwähnt, vom Freihandel nicht alle gleichermaßen profitieren, sondern in erster Linie Exportnationen wie Deutschland und China. Die Bilanz für viele der Entwicklungsländer sieht dagegen gemischt aus (vgl. Morris 2002). Charles Beitz zufolge legt das wirtschaftliche Interdependenzsystem »armen und wirtschaftlich schwachen Ländern Lasten auf, die sie praktisch nicht vermeiden können« (Beitz 2010 [1975], S. 191); weiter führt er aus, dass diese wirtschaftliche Interdependenz nur einigen wenigen Ländern, nämlich den Industrienationen, Vorteile verschafft. Beitz hat diese Diagnose vor nunmehr über 40 Jahren getroffen, doch an den »terms of trade« für viele Entwicklungsländer hat sich bis heute wenig geändert.[10]

Die gegenwärtige Praxis der Europäischen Union, durch Freihandelsverträge die Märkte der Entwicklungsländer für europäische Unternehmen zu öffnen sowie den Export etwa von Agrarprodukten zu subventionieren, verhindert dort eine nachhaltige Entwicklung von Binnenmärkten und in der Konsequenz auch die Entstehung einer demokratischen Kultur, wie umfangreich belegt ist (vgl. Altvater 2007). Hinzu kommt, dass Zölle gerade für Entwicklungsländer eine wichtige Einnahmequelle darstellen. Diese sollten daher auf jeden Fall die Möglichkeit haben, ihre heimischen Industrien und Märkte zu schützen. Umgekehrt gilt, dass die Öffnung der Märkte der OECD-Staaten für Konsumgüter

10 Vgl. aus einer engagierten Perspektive Chomsky (2000); nüchterner Skarstein (2007) und Sørensen (2011).

aus den Entwicklungsländern für diese nicht nur positiv ausfällt. Denn die Waren werden nicht selten unter sehr problematischen, bisweilen auch die Menschenrechte verletzenden Umständen produziert, auch das ist vielfältig dokumentiert.[11]

Eine gerechte Entwicklungspolitik würde diese ausbeuterischen und neokolonialen Handelsregime beenden und stattdessen die Herausbildung heimischer Märkte unterstützen sowie Armut bekämpfen. Dazu sollten auch umfangreiche Transferzahlungen aus den reichen Staaten des Nordens in den globalen Süden gehören, wie sie etwa von Beitz (2010) und Thomas Pogge (2002) gefordert werden. Gerechtfertigt sind diese Transfers vor allem aus zwei Gründen: Zum einen haben die Einwohner reicher Nationen einfach »Glück« gehabt, was aus einer gerechtigkeitstheoretischen Perspektive[12] jedoch keinen guten Grund für das Beharren auf den zum

11 Dies zeigt sich insbesondere mit Blick auf den globalen Textilhandel. Eine gute Übersicht über die Folgen des Freihandels für Textilbeschäftigte sowohl in der EU als auch in Entwicklungsländern bietet eine Studie von Ferenschild/Schniewind (2016); vgl. zu den menschenunwürdigen Arbeitsbedingungen in der Textilbranche bereits Ross (1997).

12 Wenn ich im vorigen Kapitel gegen eine Ersetzung demokratischer Prinzipien durch jene der Gerechtigkeit argumentiert habe, dann ist das nicht dahingehend misszuverstehen, dass Fragen der Gerechtigkeit irrelevant seien. Im Gegenteil gehe ich davon aus, dass eine Ordnung, die auf der Handlungsmacht von Nationalstaaten und damit potenziell auch auf deren demokratischer Programmierung beruht, für alle Menschen mehr Gerechtigkeit bedeuten würde. Auch ist mit der Kritik des gegenwärtigen Welthandelsregimes nicht impliziert, auf internationale und globale Koordinierung zu verzichten. Im abschließenden Kapitel skizziere ich daher eine alternative Form der Zusammenarbeit zwischen den europäischen Staaten. Und auch hinsichtlich der globalen Prozesse bedarf es einer Koordination zwischen den Staaten, nur sollte man sich von der Illusion verabschieden, internationale Organisationen und Regime demokratisieren zu können.

Teil massiven Privilegien darstellt, etwa mit Blick auf den Lebensstandard oder den Rohstoffverbrauch. Zum anderen besitzen die ehemaligen Kolonialmächte sowie die gegenwärtigen Profiteure der neokolonialen Welthandelsordnung eine moralische Verpflichtung zur Wiedergutmachung von Unrecht. Zu diskutieren ist, wie umfangreich diese Transferleistungen ausfallen und in welcher konkreten Form sie geleistet werden sollen, um etwa zu verhindern, dass die Mittel zweckwidrig verwendet werden. Das kann an dieser Stelle nicht im Detail erörtert werden. Allerdings scheinen drei Aspekte auf der Hand zu liegen: Erstens ist das von der Uno formulierte Ziel, dass die reichen Staaten 0,7 Prozent ihres Bruttoinlandsprodukts für Entwicklungshilfe aufwenden sollen, viel zu niedrig. Zweitens sollte die gegenwärtige Praxis vieler OECD-Staaten gestoppt werden, diesem 0,7-Prozent-Ziel durch eine als Entwicklungshilfe getarnte Förderung ihrer Unternehmen zu entsprechen. Drittens schließlich ist eine Gleichsetzung von Entwicklungspolitik mit der Förderung marktwirtschaftlicher Strukturen und eine alleinige Orientierung am Wirtschaftswachstum, wie gesehen, nicht im Sinne der Entwicklungsländer. Fichte ist also dahingehend zuzustimmen, dass ein möglichst freier Handel den wirtschaftlich starken Akteuren dient, seine Versprechen sich aber kaum erfüllt haben. Es gibt mithin Erfahrungen, die für eine stärkere staatliche Kontrolle und Regulierung des Handels sprechen, insbesondere aus Sicht der Entwicklungsländer.

Auch innerhalb der Europäischen Union fällt die Bilanz des Abbaus von Handelshemmnissen bestenfalls gemischt aus. Wie oben skizziert, ist die Europäische Union ein Beispiel für das, was Rodrik als »Hyperglobalisierung« bezeichnet. Ursächlich hierfür ist nicht zuletzt der Wegfall nahezu sämtlicher Schranken für den Verkehr von Waren, Dienstleistungen und Kapital. Doch davon haben nicht alle Mitgliedsländer und auch nicht alle Bevölkerungsgruppen gleichermaßen profitiert. Gerade die unterschiedlich hohen Löhne haben zu Arbeitsbedingungen geführt, die an die Zeiten des Manchesterkapitalismus erinnern (vgl. Brinkmann/Nachtwey 2017). Zudem ist es in vielen Ländern zu einer sich immer mehr verfestigenden Massenarbeitslosigkeit unter den ehemaligen Industriearbeitern und zumindest mittelbar auch zu Gefährdungen der demokratischen Kultur gekommen. Ein Beispiel für diesen Zusammenhang und die politischen Konsequenzen ist die aggressive Marktpolitik der deutschen Fleischindustrie. Diese profitiert sehr stark vom Einsatz von Arbeitern aus Südosteuropa, wodurch die Preise für Fleisch- und Wurstwaren so niedrig sind, dass sich zwar deutsche Supermarktkunden sowie die hiesigen Arbeitgeber freuen, während es in der Bretagne zu Massenentlassungen bei Geflügelproduzenten und in Schweineschlachthöfen gekommen ist, da die dort traditionell ansässigen Betriebe nicht mehr mit den Billiganbietern aus Deutschland mithalten können. Die Proteste der »Rotmützen«, die sich neben Benzinpreiserhöhungen auch gegen weitere Schließungen von Schlachthöfen richteten, haben Ende 2013 europaweit für Aufsehen gesorgt, waren sie doch ein weiterer Beleg für die Krise in Frankreich. Dort wurde 2012 mit François Hollande nach vielen Jahren wieder ein Sozialist zum Präsidenten gewählt, verbunden mit der Hoffnung auf mehr soziale Gerechtigkeit und eine Verminderung der Arbeitslosigkeit. Diese Hoffnungen sind jedoch massiv enttäuscht worden, was wesentlich zu Hollandes Scheitern und zum Niedergang der französischen Sozialisten beigetragen hat. Zugleich wuchs die Unterstützung für Marine Le Pens Front National. Die von Hollande Anfang 2014 angekündigte neoliberale Wende dürfte dabei wie zusätzliches Wasser auf die Mühlen der Rechtspopulistin gewirkt haben, bestätigte er dadurch doch den verbreiteten Eindruck, Frankreich unterwerfe sich im Rahmen der Europäischen Union einem deutschen Diktat. Zwar konnte der drohende Erfolg von Le Pen verhindert werden, und mit Emmanuel Macron ist derzeit ein dezidiert europafreundlicher Präsident im Amt, doch der Unmut der Globalisierungsverlierer besteht fort, wie die landesweiten Proteste der »Gelbwesten« ab Herbst 2018 gezeigt haben.

Dasselbe gilt für die Länder im Süden Europas, die weiterhin unter einer hohen Arbeitslosigkeit leiden, vor allem bei Jugendlichen. Zwar sind deren Ursachen komplexer Natur, aber auch hier ist ein wesentlicher Faktor der Umstand, dass die heimischen Industrien im gemeinsamen Markt wenig konkurrenzfähig sind. Ein Effekt davon ist die Auswanderung gerade gut qualifizierter und jüngerer Arbeitskräfte in die nördlichen Mitgliedstaaten, was die Länder im Süden zusätzlich schwächt. Bei aller Kritik an der existierenden Wirtschaftsverfassung der Europäischen Union darf allerdings nicht vergessen werden, dass sie in erheblichem Umfang zur Reduzierung von Armut zunächst in den Ländern des Südens und dann nach 1989 auch im Osten Europas geführt hat. Strittig ist jedoch, ob dafür die Öffnung der Märkte oder eher die umfangreichen Transferzahlungen verantwortlich waren, die etwa im Rahmen der zahlreichen Struktur- und Investitionsfonds überwiesen wurden. Zudem ist darauf zu verweisen, dass sich inzwischen viele profitable osteuropäische Unternehmen in den Händen westlicher Investoren befinden (vgl. Nölke/Vliegenthart 2009). Die jeweiligen Bevölkerungen sehen das aber nicht nur positiv, vielmehr wird es als Teil einer feindlichen Übernahme gedeutet. Das ist zumindest eine Ursache für den dortigen Aufstieg nationalistischer Parteien, die in den gängigen liberalen Deutungsmustern keine Berücksichtigung findet.

Ein weiteres Argument, das gegen die Ideologie des Freihandels spricht, sind die mit dem Transport einhergehenden Umweltbelastungen.[13] Ein einschlägiges Beispiel hierfür ist ein italienisches Mineralwasser aus der Provinz Bergamo, das weltweit vertrieben wird. Bei Mineralwasser handelt es sich um ein Lebensmittel, das in den allermeisten Fällen ortsnah vorhanden ist, die geschmacklichen Differenzen sind, abgesehen vom Salzgehalt, äußerst gering. Warum, so lässt sich fragen, muss überall auf der Welt in den italienischen Restaurants das gleiche Mineralwasser ausgeschenkt werden? Gleiches gilt für eine Vielzahl von Waren, die über den halben Globus verschifft oder auf den Straßen durch Europa transportiert werden. Eine Transportsteuer oder Importzölle würden diesem ökologischen Unwesen Schranken setzen. Beidem steht freilich die Ideologie des Freihandels entgegen.

Inwieweit eine politische Gemeinschaft also die Märkte für bestimmte Güter öffnet oder schließt und inwieweit damit Qualitätsstandards einhergehen, sollte nicht wie gegenwärtig technokratisch in transnationalen Regimen entschieden werden, sondern Gegenstand der öffentlichen Debatte sein. Diese ist größtenteils nationalstaatlich verankert. Wenn also eine demokratische Mehrheit die Einfuhr von »Chlorhühnchen« oder »Genmais« verbieten möchte, so ist das zu akzeptieren. Eine globale oder auch nur supranationale Öffentlichkeit existiert demgegenüber lediglich in Ansätzen, und in

13 So kommt eine Studie der OECD (2010) zum Verhältnis von Globalisierung, Transport und Umwelt zu dem Ergebnis, dass sich der globale CO_2-Ausstoß der maritimen Schifffahrt im Zeitraum zwischen 1925 und 2002 verdreifacht hat. Laut Schätzungen verursacht der Schiffsverkehr mittlerweile bis zu 15 Prozent der anthropogenen Klimaemissionen. Hinzu kommt der unnötige Straßentransport von Gütern, die auch regional verfügbar wären.

diese Lücken können dann technokratische Verhandlungen stoßen. Die Proteste international agierender zivilgesellschaftlicher Organisationen gegen die diversen Freihandelsabkommen und die WTO liefern zwar wichtige Impulse, doch auf globaler und größtenteils auch auf supranationaler Ebene fehlt es, wie in den vorigen Kapiteln gezeigt, an demokratischen Strukturen. Die öffentliche Diskussion über Freihandelsabkommen muss also in den nationalstaatlichen Demokratien stattfinden und darf nicht durch den Verweis auf »europäische Lösungen« blockiert werden.

Wenn die Bürgerinnen und Bürger von dem allgemeinen und nicht nur partikularen Nutzen von Freihandelsverträgen nicht überzeugt sind, werden diese aber dennoch durchgesetzt, darf man sich nicht wundern, wenn dies nationalistischen Kräften in die Hände spielt, wie Rodrik argumentiert (2018, S. 233). Dem ist zuzustimmen, und man kann davon ausgehen, dass die Befürworter des Freihandels es in demokratischen Verfahren nicht leicht hätten. So lehnten mehr als zwei Drittel der im Rahmen eines World-Value-Surveys Befragten Ende der neunziger Jahre Handelserleichterungen ab (Rodrik 2011, S. 84).[14] Wenig überraschend ist dabei auch der Befund, dass die Zustimmung zum Freihandel insbesondere bei Personen mit Hochschulabschlüssen hoch ausfällt.

14 Auch in der Auseinandersetzung um das Transatlantisches Freihandelsabkommen (TTIP) hat sich gezeigt, dass breite Teile der Bevölkerung dem Freihandel kritisch gegenüberstehen. Es ist überaus bezeichnend, dass die Europäische Kommission nicht auf die Idee gekommen ist, hier ein Referendum durchzuführen, wohl aber bei der Frage, ob die Zeitumstellung abgeschafft werden soll, eine Befragung veranstaltet hat. Nun gibt sie sich bürgernah, weil der Wille von ca. einem Prozent der europäischen Bürgerinnen, die zudem größtenteils aus Deutschland stammen, berücksichtigt werden soll. Allerdings ist zu erwarten, dass auch diese Initiative den nationalen Interessengegensätzen zum Opfer fallen wird.

Es handelt sich also um jene Menschen, die gemeinhin auch den politischen Diskurs bestimmen und in den etablierten politischen Parteien die führenden Positionen innehaben. Die damit einhergehende mangelnde Responsivität hat in den vergangenen Jahren zu einer gesellschaftlichen Spaltung in Globalisierungsbefürworter und Globalisierungsgegner geführt, die sich nun auch zunehmend an den Wahlurnen bemerkbar macht und zu einer Destabilisierung der etablierten Demokratien führt. Wo es darum geht, weitere Erfolge rechtspopulistischer und damit tendenziell freiheitsgefährdender Parteien zu verhindern, sollte daher nicht jede Forderung nach dem Schutz heimischer Industrien verteufelt werden.[15]

Fichtes Modell eines geschlossenen Handelsstaates ist, wie erwähnt, nicht überzeugend. Es gibt eine Vielzahl von Gütern, die international gehandelt werden sollten, und von einem gerechten Welthandelssystem würden auch die Entwicklungsländer profitieren. Doch die gegenwärtige Praxis ist weder gerecht noch ökologisch. Zudem verhindert sie in den Entwicklungsländern die Entstehung stabiler demokratischer Strukturen, und in den Gesellschaften des Westens führt sie zu einer schleichenden Unterminierung der Demokratie. Aus diesen Gründen ist John Maynard Keynes zuzustimmen, der Anfang der dreißiger Jahre schrieb:

> »Ideen, Wissen, Wissenschaft, Gastfreundschaft, Reisen – das sind die Dinge, die ihrer Natur nach international sein sollten. Aber lassen Sie die Waren, wenn es vernünftig und praktisch möglich ist, hausgemacht sein, und vor allem, lassen Sie die Finanzen in erster Linie national sein.« (Keynes 1933)

15 Viele Studien zeigen, dass gerade Arbeiter in den Industrienationen zu den Verlierern der Globalisierung gehören; vgl. Milanović (2016), Rodrik (2018) und mit Blick auf die Vereinigten Staaten Pierce/Schott (2016).

Keynes unterstreicht am Ende des Zitats die Notwendigkeit der staatlichen Finanzsouveränität. Diese Forderung steht auch im Zentrum des *Geschloßnen Handelsstaates* von Fichte. Der Staat soll zum einen verhindern, dass Devisen durch private sowie durch ausländische Akteure ein- oder ausgeführt werden. Allein der Staat darf über Devisen verfügen und mit diesem Mittel Handel treiben oder auswärtige Gelehrte anwerben. Zum anderen soll der Staat laut Fichte eine eigene Währung ausgeben, die nur im eigenen Land gilt und im Ausland völlig wertlos ist. Das sind ebenso konsequente wie radikale Maßnahmen, doch dürfte sich ihre Umsetzung sowohl als freiheitsberaubend als auch wenig praktikabel erweisen. So würde es gleichermaßen zu Schmuggel von Devisen und Waren, einem großen Schattenmarkt wie auch zu umfangreichen Versuchen des Staates kommen, all dies zu verhindern. Ein stabiles und dynamisches Wirtschaftssystem ist im Rahmen eines geschlossenen Handelsstaates schwer vorstellbar. Zudem dürfte sich das entsprechende Regime durch einen hohen Grad an Illiberalität auszeichnen. Doch so wenig überzeugend Fichtes Forderungen erscheinen mögen, seine Problemdiagnose ist aktuell wie selten zuvor. Vor allem zwei Ereignisse führten in den vergangenen Jahrzehnten zu erheblichen Beschneidungen der Finanz- und Währungssouveränität von Staaten und in der Folge zu einem erheblichen Verlust ihrer Gestaltungsmacht: das Ende des Bretton-Woods-Systems im Jahr 1973 und die Einführung des Euro im Jahr 1999.

Das 1944 im US-amerikanischen Bretton Woods verabschiedete internationale Währungssystem war eine Reaktion auf die Vorgeschichte des Zweiten Weltkrieges. Viele Beobachter gingen damals davon aus, dass die Orientierung am Goldstandard und die daraus resultierende strikte Deflationspolitik wesentliche Ursachen für die Weltwirtschaftskrise der späten zwanziger und frühen dreißiger Jahre waren. Nach dem Zweiten Weltkrieg herrschte große Unsicherheit im Devisenhandel, zudem zeichnete sich ab, dass der US-Dollar das britische Pfund als Weltleitwährung ersetzen würde. Auf der Konferenz in Bretton Woods einigte man sich auf ein Weltwährungssystem, das von vielen Wirtschaftshistorikern als einer der Hauptgründe für eine dreißigjährige Phase des Wachstums und der Währungsstabilität angesehen wird. Das System bestand aus vier Hauptpfeilern: Erstens wurde der Dollar zur neuen Leitwährung ernannt, zu der alle anderen Währungen in einem fixen Wechselkursverhältnis stehen sollten. Der US-Dollar war durch Goldreserven der US-Zentralbank gedeckt. Zweitens entstand ein System der flexiblen Wechselkurse. Den Zentralbanken wurde ein Korridor von einem Prozent eingeräumt, innerhalb dessen sie durch An- und Verkäufe ihre jeweilige Währung zu stabilisieren hatten. Drittens schuf man mit dem IWF eine Institution, die Ländern, die in Devisennot gerieten, Kredite gewährte. Und schließlich wurde es den Staaten gestattet, Finanz- und Devisenkontrollen durchzuführen, damit sie nicht von kurzfristigen Spekulationen bedroht würden. Dieses System war gewiss nicht ohne Nachteile und soll an dieser Stelle nicht verklärt werden. Zu den Mängeln zählten insbesondere die starke Hegemonie der USA sowie die Möglichkeit der Staaten, eine expansive Geldpolitik zu betreiben, was zur Inflation beitrug. Gleichwohl erscheint das System von Bretton Woods aus heutiger Perspektive nahezu paradiesisch. Denn nach dessen Zusammenbruch, zu dem wesentlich die Abschaffung von Kapitalverkehrskontrollen sowie ein steigendes Leistungsbilanzdefizit der USA beitrugen, wurden die Wechselkurse freigegeben. Seitdem ist für die einzelnen Staaten eine relativ autonome Geldpolitik nicht mehr möglich, stattdessen sind sie den Launen der Devisenmärkte ausgesetzt. Mit Wolfgang Streeck (2013) gesprochen, kam es zu einem Machttransfer vom »Staatsvolk« zum »Marktvolk«.

Der Dominanz des Marktvolkes spielt auch die gemeinsame Währung in 19 Mitgliedsländern der Europäischen Union in die Hände. Über die im Jahr 1992 beschlossene und seit 1999 als Buch- bzw. seit 2002 als Bargeld existierende Gemeinschaftswährung Euro ist in den letzten Jahren viel diskutiert worden. Aus einer demokratietheoretischen Perspektive sind dabei vor allem zwei Aspekte relevant: Zum einen wird, wie im vierten Kapitel geschildert, durch die sogenannten Stabilitätskriterien der finanzpolitische Spielraum der einzelnen Mitgliedsländer stark eingeengt. Zum anderen ist es im gemeinsamen Währungsraum nicht länger möglich, Unterschiede in der Produktivität oder auch temporäre Wirtschaftskrisen durch eine flexible Währungspolitik, etwa die Abwertung der Landeswährung, abzufedern. Letzteres ist eine der Hauptursachen für die ökonomischen Schwierigkeiten der Länder im Süden der EU. Auch ist ihnen der Weg, den volkswirtschaftlichen Schwierigkeiten durch eine höhere Neuverschuldung zu begegnen, größtenteils verbaut. Ein besonders anschauliches Beispiel hierfür war der Konflikt zwischen der demokratisch legitimierten Regierung Italiens und der Europäischen Kommission im Herbst 2018. Die Kommission, die im Rahmen des Euroregimes über eine Art Oberaufsicht über die nationalen Haushaltspläne verfügt, wies den von der Koalition aus Movimento Cinque Stelle und Lega vorgelegten Entwurf aufgrund der dort vorgesehenen Neuverschuldung, die zur Finanzierung von Wahlversprechen dienen sollte, zurück. Die europäischen Finanzpolitiker befürchteten, dass eine höhere Neuverschuldung den Euro zu sehr unter Druck setzen würde. Die Kommission folgte ganz offensichtlich mehr dem internationalen »Marktvolk« als dem italienischen »Staatsvolk«. Der Konflikt konnte zumindest kurzfristig durch einen Kompromiss aufgelöst werden, die weitere Entwicklung ist jedoch offen.

Aus einer demokratietheoretischen Perspektive führt kein Weg an der Einsicht vorbei, dass der Euro gescheitert ist. Es ist zu einer erheblichen Instabilität der Währung und zu einer Verfestigung der ökonomischen Ungleichgewichte gekommen. Die im Zuge der »Eurokrise« durchgeführten Konsolidierungsmaßnahmen haben nicht nur zur wirtschaftlichen Destabilisierung in den Südländern geführt, sondern auch zu einer immensen Legitimationskrise der Europäischen Union. Vor allem haben mit dem Euro und dessen »Krise« supranationale sowie technokratische Institutionen, insbesondere die EZB und der ESM, zulasten demokratisch legitimierter Parlamente und Regierungen erheblich an Macht gewonnen. Inwieweit Europa mit dem Euro tatsächlich, wie Claus Offe (2016) behauptet, »in der Falle« sitzt, weil ein Ausstieg mit nicht kalkulierbaren Kosten verbunden wäre, ist eine offene Frage. Fest steht aber, dass das aktuelle System weder nachhaltig noch demokratisch legitimiert ist. Einstweilen muss man wohl davon ausgehen, dass das mit dem Euro in seiner gegenwärtigen Verfassung verbundene Wirtschafts- und Währungssystem zu einer weiteren Destabilisierung der nationalstaatlichen Demokratien führen wird. Denn der Euro unterminiert nicht nur das erste Versprechen der Demokratie, also die Möglichkeit, mittels Mehrheitsbeschlüssen effektiv zu regieren, sondern er untergräbt auch das zweite Versprechen, also das der sozialen Gleichheit. Dies ist nicht nur hinsichtlich der Verteilungswirkung zwischen den Mitgliedsländern der Fall, sondern auch mit Blick auf die Vermögensentwicklung innerhalb der jeweiligen Gesellschaften. In den meisten Ländern des Euroraums lässt sich dabei eine steigende Ungleichheit beobachten (vgl. Kuhn et al. 2014).[16] Auch wenn es dafür vielfältige Gründe gibt, so ist eine entscheidende Ursache die Niedrigzinspolitik der EZB, die zu steigenden Aktienkursen und Immobilienpreisen geführt hat, von denen die Vermögenden stark profitiert haben. Die unteren Mittelschichten leiden demgegenüber unter dem Wegfall der Zinsen für Spareinlagen und den gestiegenen Kosten für Immobilien und Mietwohnungen (vgl. Nölke 2017, S. 155). Hinzu kommt die sogenannte »innere Abwertung« (Streeck 2013, S. 151 ff.) durch Lohnsenkungen, eine »Flexibilisierung« der Arbeitsmärkte sowie Kürzungen von Sozialleistungen als Surrogat der verunmöglichten äußeren Abwertung und als Mittel einer vermeintlichen Steigerung der »Wettbewerbsfähigkeit«. Auch hiervon sind in erster Linie die unteren Mittelschichten betroffen.

Die oftmals geforderte Stärkung der supranationalen Ebene in Richtung einer europäischen Wirtschaftsregierung und Sozialunion (etwa Busch et al. 2016) scheitert zumindest mittelfristig an den bestehenden Interessengegensätzen, etwa zwischen Niedrig- und Hochlohnländern, Ländern mit einer starken Binnenmarktorientierung und solchen, die durch eine ausgeprägte Exportorientierung charakterisiert sind, und nicht zuletzt zwischen Kreditgeber- und Kreditnehmerländern. Die entsprechenden Konflikte sind in den vergangenen Jahren offen zutage getreten, und es erscheint momen-

16 Das zeigt auch der Vergleich der Daten des *Global Wealth Databook* der Credit Suisse für die Jahre 2010 und 2018, online verfügbar unter: {https://www.credit-suisse.com/corporate/en/research/research-institute/global-wealth-report.html} (Stand Dezember 2018); allerdings sind belastbare Daten zur Vermögensungleichheit notorisch schwer zu erheben; vgl. Alvadero et al. (2018).

tan wenig wahrscheinlich, dass es zu einem Konsens in der Wirtschafts- und Währungspolitik, geschweige denn zur Bereitschaft zu einem weiteren Transfer von Hoheitsrechten kommen könnte. Hinzu treten die im vorigen Kapitel skizzierten erheblichen Hürden, die einer Demokratisierung supranationaler Institutionen entgegenstehen. Einer »demokratisch gewählten supranationalen Wirtschaftsregierung in der Eurozone« (ebd., S. 77) das Wort zu reden dürfte sich daher als eine im doppelten Sinne trügerische Hoffnung erweisen. Sie ist zum einen trügerisch, weil sich auf diesem Weg nicht die immensen wirtschaftlichen Differenzen zwischen den Mitgliedsländern abbauen lassen. Vielmehr steht zu befürchten, dass sich die bisherigen Spaltungstendenzen gerade wegen einer scheindemokratischen Legitimation einer derartigen Wirtschaftsregierung verschärfen würden; und zum anderen, weil eine weitere Stärkung der supranationalen Ebene von der Mehrheit der europäischen Staaten und einem Großteil ihrer Bürgerinnen und Bürger abgelehnt wird, es sich also gerade nicht um ein demokratisches Projekt handelt.

Aus der hier zugrunde gelegten demokratietheoretischen Perspektive ergibt sich demgegenüber das Programm einer wirtschafts- und währungspolitischen Renationalisierung, die sich am Bretton-Woods-System sowie am Europäischen Währungssystem orientiert, welches bis 1998 existierte und einen festgelegten Korridor für Wechselkursschwankungen vorsah. Dieses System würde den nationalen Regierungen und den jeweiligen Zentralbanken nicht nur Spielraum für Wechselkursanpassungen gewähren, sondern ließe sich auch viel leichter einer demokratischen Kontrolle unterziehen (vgl. Stiglitz 2016; Nölke 2017, S. 166ff.). Voraussetzung hierfür ist allerdings erstens der Abschied von der neoliberalen Mär unabhängiger Zentralbanken und zweitens die Wiedereinführung der Möglichkeit von Kapitalverkehrskontrollen. Diese Überlegungen sind weit von der Radikalität der Forderungen von Fichte entfernt. Sie folgen aber seiner Einsicht, dass ein handlungsfähiger Staat nicht nur darüber bestimmen sollte, was ein- und ausgeführt wird, sondern auch in der Lage sein muss, sich gegen währungspolitische Attacken privater Akteure weitgehend zu schützen. Das kann auch durch den Zusammenschluss zu einer Währungsunion geschehen; sofern diese die Erwartungen aber nicht erfüllt oder sich gar als Instrument einer Zurückdrängung der Demokratie erweisen sollte, muss auch über die Modalitäten eines Ausstiegs aus der Währungsunion nachgedacht werden.

Geregelte Migration

Bislang habe ich das Ziel verfolgt, Fichtes Idee eines *Geschloßnen Handelsstaats* trotz aller Kritik an ihrer Illiberalität und mangelnden Praktikabilität zu modernisieren, um dem in ihr zum Ausdruck kommenden demokratischen Gehalt in einer veränderten Welt gerecht zu werden. Bei einem Politikbereich gestaltet sich dieses Unterfangen freilich besonders schwierig: bei der Frage der Migration. Zu den hierbei relevanten Aspekten gehört Fichtes Forderung, dass die Untertanen keinen Handel mit Ausländern führen dürfen: »Aller Verkehr mit dem Ausländer muß den Untertanen verboten sein und unmöglich gemacht werden« (Fichte 1977, S. 88). Weiterhin findet sich das Verbot von Auslandsreisen zum Zwecke »der müßigen Neugier und Zerstreuungssucht« (ebd., S. 162). Fichte macht jedoch eine entscheidende Ausnahme: »Gelehrte und Künstler« – unter letzteren versteht er vor allem Handwerker, heute würde man von Ingenieuren sprechen – dürfen zu Bildungszwecken reisen und sollen dabei auch vom Staat unterstützt werden. Er bleibt dabei allerdings nicht stehen, sondern spricht sich überdies dafür aus, der Staat solle »große Köpfe in praktischen Wissenschaften« (ebd., S. 156) aus dem Ausland abwerben und ihnen das Recht auf Einbürgerung gewähren. Keine dieser Forderungen Fichtes ist überzeugend. Das Verbot des Handels mit Ausländern ist oben bereits zurückgewiesen worden, die Begrenzung der Reisefreiheit ist wegen der Illiberalität nicht akzeptabel und erinnert an einen der problematischsten Aspekte ehemaliger Ostblockstaaten. Aus heutiger Perspektive ist aber insbesondere das Ansinnen, »große Köpfe« aus dem Ausland abzuwerben, zu kritisieren.

Es gibt wohl kaum ein Thema, über das gegenwärtig so ausführlich und heftig gestritten wird wie über die Frage der Migration. Hier stehen sich liberale und kosmopolitische Autoren, die die Freiheit zur Migration als ein Menschenrecht ansehen und in der Konsequenz für offene Grenzen plädieren, kommunitaristischen Autoren gegenüber, die das Recht nationaler Gemeinschaften, Einwanderungsprozesse zu kontrollieren, betonen.[17] Letztere befinden sich dabei in der Defensive, ist doch auf den ersten Blick das Argument überzeugend, dass sich die wohlhabenden Gesellschaften des Nordens nicht gegenüber jenen abschotten dürfen, die bei der Geburtslotterie weniger Glück gehabt haben. Auch das damit verwandte Argument, dem zufolge demokratische Gemeinschaften, wenn sie über die Aufnahme von Migranten entscheiden, die fundamentale demokratische Norm verletzen, dass alle von einer Entscheidung Betroffenen, also auch

17 Vgl. für eine liberale bzw. kosmopolitische Argumentation Carens (2013) und Cassee (2016); für die kommunitaristische Position stehen prominent Walzer (2006 [1993]) und Miller (2017). Einen guten Überblick über die philosophische Diskussion liefern die von Cassee/Goppel (2012) und Dietrich (2017) herausgegebenen Bände.

die potenziellen Migranten, beteiligt werden sollten, ist nicht ohne Weiteres von der Hand zu weisen (vgl. Abizadeh 2017). Es gibt also gute normative Gründe, das bestehende Grenzregime, etwa die berüchtigte »Festung Europa«, radikal infrage zu stellen. Gleichwohl kann aus der hier vertretenen Position nicht die Forderung nach offenen Grenzen folgen. Dafür gibt es vor allem zwei Gründe, die im Folgenden erläutert werden sollen: Erstens würde eine weitgehende Öffnung der Grenzen die Demokratie in den wohlhabenden Gesellschaften destabilisieren. Und zweitens würden »offene Grenzen« nicht zwangsläufig zu einer Verbesserung der Situation in den Herkunftsländern führen.

Zunächst zum Problem der Destabilisierung der Zielländer. Eine Vielzahl von Studien belegt, dass Migrationsprozesse sich insbesondere für die unteren Schichten als nachteilig erweisen (Piore 1979; Bonin 2005; vgl. Hassel 2018). Infolge starker Migrationsprozesse kommt es zu einem Rückgang der Löhne für manuelle Tätigkeiten und vermeintlich einfache Dienstleistungen. Eine verstärkte Konkurrenz besteht darüber hinaus auf dem Markt für günstigen Wohnraum, und eine größere Nachfrage führt zu steigenden Preisen. Auch sind es eher die Kinder dieser Bevölkerungsgruppen, die in Schulen mit hohem Migrationsanteil unterrichtet werden. Anders sieht es jedoch tendenziell für die oberen und mittleren Einkommensgruppen aus. Diese »wohnen in Vierteln, in denen sich die Neuankömmlinge in der Regel aus finanziellen Gründen nicht niederlassen können«, wie Julian Nida-Rümelin feststellt (2017, S. 150; vgl. Koppetsch 2017). Eine ganz ähnliche Dynamik lässt sich auf dem Bildungsmarkt beobachten. So beträgt etwa der Anteil der Schülerinnen und Schüler mit migrantischen Wurzeln am Heinrich-Schliemann-Gymnasium im Berliner Stadtteil Prenzlauer Berg gerade einmal 2,9 Prozent; am Diesterweg-Gymnasium in Berlin-Gesundbrunnen, sind es dagegen 92,1 Prozent.[18] Zu den Vorteilen für die mittleren und oberen Schichten gehören demgegenüber günstige Arbeitskräfte für »haushaltsnahe Dienstleistungen« und für die Betreuung und Pflege ihrer Angehörigen. Es bleibt aber nicht bei dieser ungerechten Lastenverteilung, die zumindest ein Grund dafür ist, weshalb sich in den westlichen Demokratien immer mehr Menschen aus den unteren Schichten von den etablierten Parteien abwenden.

Auch wenn bei der Sozialstaatsquote noch andere Faktoren und Pfadabhängigkeiten entscheidend sind, so hat die Heterogenität eines Landes durchaus Einfluss darauf, wie stark die soziale Demokratie ausgebaut und wie egalitär die entsprechende Gesellschaft ist. Im Anschluss an David Miller lässt sich eine Erklärung für diesen Zusammenhang liefern: Die Bereitschaft zum solidarischen Handeln hängt auch von der wechselseitigen Vertrautheit und einem historisch gewachsenen Zusammengehörigkeitsgefühl ab, das aber in sehr heterogenen Gesellschaften schwächer entwickelt ist. Miller, neben Michael Walzer der prominenteste Vertreter einer kommunitaristischen Position, verweist in *Fremde in unserer Mitte* (Miller 2017; vgl. auch Miller 1995) auf Untersuchungen, die einen negativen Zusammenhang zwischen kultureller Vielfalt und sozialem Vertrauen feststellen. Für Miller ergibt sich daraus ein »Zielkonflikt zwischen mehr Einwanderung und der Schaffung oder Bewahrung eines starken Wohlfahrtstaates« (Miller 2017, S. 22). Er zeigt sich zudem davon überzeugt, dass es einer »nationalen Identität«, also eines Sinns für die gemeinsame Geschichte und kollekti-

18 Entsprechende Daten sind online verfügbar unter: {https://www.sekundarschulen-berlin.de/migrationshintergrund} (Stand Januar 2019).

ver Werte, bedarf, um jenes Maß an wechselseitiger Solidarität zu erzeugen, die ein sozialstaatliches Gemeinwesen braucht. Ein kommunitaristisch geprägter Nationalstaat mache es einfacher, »politische Maßnahmen zugunsten der Schlechtergestellten« durchzuführen (ebd., S. 49). Ebenso setzten anspruchsvollere Verfahren der demokratischen Entscheidungsfindung, insbesondere deliberative Prozesse, eine gehaltvolle Form der Solidarität voraus (ebd., S. 112).

Für Miller ergeben sich aus dieser Analyse zwei Konsequenzen: Zum einen soll der jeweilige *demos* das Recht zur Einwanderungskontrolle besitzen. Er soll sowohl die Anzahl der Einwanderer begrenzen als auch jene bevorzugen dürfen, die kulturell am besten zum Aufnahmeland passen, Miller spricht von einer »legitimen landsmännischen Parteilichkeit« (ebd., S. 61). Wichtig ist zu betonen, dass es ihm hier um Menschen geht, die aus ökonomischen Gründen einwandern wollen, nicht um Flüchtlinge. Letzteren müsse zumindest ein temporärer Schutz gewährt werden. Zum anderen fordert Miller von den Personen, die Aufnahme gefunden haben, die Bereitschaft, sich zu integrieren. Er unterscheidet dabei eine soziale Integration, wobei er die Zusammensetzung der Nachbarschaften, aber auch Partnerschaften und die Freizeitgestaltung im Sinn hat, eine zivile Integration, die das Verhalten im öffentlichen Raum betrifft, und schließlich die kulturelle Integration, bei der es darum geht, in einem gemeinsamen Raum der Güter und Werte anzukommen.[19] Der Staat soll die Einwanderer bei ihren entsprechenden Bemühungen unterstützen, indem er den Erwerb der Landessprache fördert und grundlegende Kenntnisse der Funk-

19 Ein gutes Beispiel für eine gelingende kulturelle Integration in Deutschland konnte man bei den Fußballweltmeisterschaften 2006, 2010 und 2014 beobachten.

tionsweise etwa des Schulsystems oder des Wohlfahrtsstaates vermittelt. Dazu gehört auch, die Einwanderer mit der jeweiligen Geschichte und politischen Kultur vertraut zu machen. Das Ziel besteht darin, ein Gemeinschaftsgefühl zu entwickeln, das nicht auf Ethnizität beruht.

Wie Robert Putnam (2007) gezeigt hat, lässt sich durch eine ambitionierte Integrationspolitik, die Menschen mit unterschiedlichen Erfahrungen und Wertvorstellungen in sozialen Institutionen zusammenführt – Putnams Beispiele sind das Militär und religiöse Gemeinschaften –, durchaus ein Gemeinsinn erzeugen, der ethnische Differenzen überwindet. Doch mindestens ebenso wichtig ist, dass durch eine sozialstaatliche Umverteilungspolitik sowie durch wohnungs- und schulpolitische Maßnahmen der sozialräumlichen Segregation entgegengewirkt wird. Nicht zuletzt muss jenen Menschen, die längerfristig in dem Land zu bleiben beabsichtigen, das Recht gewährt werden, die Staatsbürgerschaft anzunehmen, also neben den Pflichten auch die gleichen Rechte wie die Einheimischen zu erwerben.

Bereits vor mehr als dreißig Jahren hat Michael Walzer in *Sphären der Gerechtigkeit* (2006 [1983]) an die Metöken im antiken Athen erinnert, um auf den problematischen Status der sogenannten »Gastarbeiter« zu verweisen. Diese sind zwar der Autorität des Staates unterworfen und tragen durch ihre Arbeitsleistung sowie Steuern erheblich zum Gemeinwohl bei, die vollumfänglichen Rechte, vor allem aber die Anerkennung als politisch Gleiche, bleiben ihnen jedoch verwehrt. Das überzeugende Argument ist, dass Menschen, die Steuern zahlen und der gesetzlichen Ordnung eines Staates dauerhaft unterworfen sind, auch das Recht haben müssen, sich an der Gestaltung dieser Ordnung zu beteiligen, und zwar unabhängig von ihrer Herkunft. Zu diskutieren bleibt, an welche Aufenthaltsdauer die Gewährung dieser Rechte geknüpft werden sollte. Sinnvoll erscheint eine kurze Zeit (etwa drei Jahre, verbunden mit der erklärten Absicht, für längere Zeit oder vielleicht auch dauerhaft im Land zu bleiben). Das Ziel sollte sein, die Entstehung einer neuen Klasse von Metöken in den westlichen Gesellschaften zu verhindern.

In der Diskussion über die Vor- und Nachteile von Migrationsprozessen kehrt die Spannung zwischen republikanischen und liberalen Demokratievorstellungen wieder, auf die wir schon mehrfach gestoßen sind. Liberale Modelle, die vor allem die Rechte der Individuen betonen und für die demokratische Prozesse vornehmlich dem Schutz dieser Rechte dienen sollen, können sich mit mehr Diversität, einem schwächeren Gemeinschaftssinn und weniger Sozialstaatlichkeit zufriedengeben. Sie sind sowohl mit großräumigen Herrschaftsverbünden als auch mit sehr heterogenen Gesellschaften kompatibel, die einen geringeren Grad an sozialer Gleichheit aufweisen. Ein republikanisches Verständnis von Demokratie setzt demgegenüber einen höheren Grad an sozialer, nicht notwendig ethnischer, Homogenität und kollektiv geteilte Werte voraus. Damit einher geht auch die Gegenüberstellung von schwachen und starken Vorstellungen der demokratischen Sittlichkeit. In der schwachen liberalen Version genügt es, wenn die Bürgerinnen und Bürger ihre Steuern zahlen, die Rechte der anderen anerkennen und sich vielleicht noch regelmäßig an Wahlen beteiligen. In der republikanischen Variante wird ihnen dagegen eine stärkere Identifikation mit ihrem Gemeinwesen und ihren Mitbürgern zugemutet. Und diese stärkere Identifikation scheint auch eine entscheidende Bedingung für die Bereitschaft zu sein, die Lasten des Sozialstaates zu tragen (vgl. Bröning 2018, S. 27f.).

Die von kommunitaristischen Autoren wie Miller und Walzer erhobenen Forderungen nach Einwanderungskontrollen einerseits und einer aktiven Integrationspolitik, die auf die Etablierung eines Gemeinschaftsgefühls zielt, andererseits, stellen aus liberaler und kosmopolitischer Perspektive gewiss einen unzulässigen Eingriff in die Freiheiten der Individuen dar. Manchen Menschen wird das Recht verwehrt, sich dort niederzulassen, wo sie gerne leben möchten, anderen wird zugemutet, sich zumindest ein wenig an die Mehrheitsgesellschaft anzupassen (was allerdings nicht mit einer vollständigen Assimilation zu verwechseln ist). Vor dem Hintergrund des hier vertretenen Demokratiemodells, das sowohl republikanische als auch sozialdemokratische Züge trägt, erweist sich freilich die kommunitaristische Argumentation als überzeugender. Das darf jedoch gerade für die reichen Gesellschaften nicht bedeuten, sich aus menschenrechtlichen Verpflichtungen zurückzuziehen und etwa Flüchtlingen keinen Schutz zu bieten. Ebenso wenig folgt aus dieser Position eine Negation internationaler Gerechtigkeitsprinzipien oder der Notwendigkeit, an den oben geschilderten strukturellen Ungerechtigkeiten des Welthandelsregimes etwas zu ändern. Beides sind moralische Pflichten, denen sich niemand entziehen darf. Das gilt insbesondere für die reichen Staaten des Nordens.

Allerdings stellen sich an diesem Punkt zwei Fragen. Die erste Frage betrifft die Kriterien der Unterscheidung zwischen Flüchtenden oder Asylsuchenden und jenen Menschen, die hauptsächlich aus ökonomischen Gründen ihre Heimat verlassen (vgl. Nida-Rümelin 2017, S. 96ff.). Zweitens ist zu fragen, durch welche Maßnahmen schutzsuchenden Menschen am besten geholfen werden kann und wie die daraus entstehenden Kosten zu verteilen sind. Zu beiden Fragen gibt es eine breite und intensiv geführte Diskussion, die hier nicht rekapituliert werden kann. Angesichts der sogenannten »Flüchtlingskrise« in Europa scheint es aber nicht sinnvoll zu sein, Länder gegen den Willen der Mehrheit ihrer Bevölkerung zur Aufnahme größerer Kontingente von Migranten zu bewegen. Das ist sowohl für die Einheimischen als auch für die Neuankömmlinge eine schlechte Lösung und dürfte auf beiden Seiten zu Unzufriedenheit führen.

Grundsätzlich sollte man sich auch von der Illusion verabschieden, mittels einer großzügigeren Einwanderungspolitik die weltweite Armut vermindern zu können. Auf der einen Seite kann Migration durchaus die Herkunftsländer entlasten – etwa bei einer hohen Jugendarbeitslosigkeit –, und es kann dann auch zu privaten Transferzahlungen in die Herkunftsländer kommen, die eine wichtige Einnahmequelle darstellen.[20] Auf der anderen Seite darf aber das Problem des »Braindrain« nicht unerwähnt bleiben. Auch wenn die Datenlage dazu nicht völlig eindeutig ist, gehen die meisten empirisch arbeitenden Wissenschaftler von tendenziell negativen Effekten für die Herkunftsländer aus (vgl. Docquier/Rapoport 2012; Collier 2016). Gerade mit Blick auf medizinische Berufe und Ingenieure, deren Ausbildung sehr kostspielig ist, würde eine gerechte Politik der wohlhabenden Gesellschaften daher darin bestehen, die gängige Praxis einer Abwerbung dieser Fachkräfte zu beenden. Besonders drastisch zeigen sich die negativen Auswirkungen des »Braindrain« gegenwärtig in Südosteuropa, wo ganze Regionen nicht mehr genügend medizinisches Fachpersonal aufweisen. Ivan Krastev bringt die negativen Folgen der Arbeitsmarktmigration für die Herkunftsländer wie folgt auf den Punkt: »Den

20 In der Forschung ist allerdings umstritten, wie weit die positiven Effekte von *remittances* gehen. Eine jüngere Studie des IWFs (Chami et al. 2018) argumentiert, dass diese Rücküberweisungen ökonomische Entwicklungsprozesse tendenziell behindern und sich die Abhängigkeit der Nehmerländer von den Industrieländern in der Konsequenz verfestigt.

osteuropäischen Gesundheitssystemen fehlen jene gut ausgebildeten Pflegekräfte, die ihren Beruf nicht für einen niedrigen Lohn im örtlichen Krankenhaus ausüben möchten, sondern lieber für ein Vielfaches dieses Einkommens eine einzige Familie in London betreuen.« (Krastev 2017, S. 63f.; vgl. Weckerling 2018) Auch andere gut ausgebildete Frauen und Männer suchen ihr Glück in den reichen Gesellschaften des Westens. Zurück bleiben die Alten und die Schwachen. Das ist ein enormes Hindernis für eine nachhaltige Wirtschaftsentwicklung. Ebenso setzen stabile demokratische Strukturen eine breite und gut ausgebildete Mittelschicht voraus. Das gilt umso mehr für die Entwicklungsländer. Gerade wenn es sich um sehr starke Migrationsbewegungen handelt, sind die »wirklich Leidtragenden die Zurückgebliebenen in den ärmsten Weltregionen« (Nida-Rümelin 2017, S. 139).

Aus der hier vertretenen Perspektive ist es daher ein Skandal, wenn gegenwärtig in Deutschland über ein Einwanderungsgesetz diskutiert wird, das all jenen einen Aufenthaltsstatus gewähren möchte, die sich in den Arbeitsmarkt integrieren lassen, dann aber in ihren Herkunftsländern fehlen. Aus einer liberalen Sicht stellt sich hier freilich die Frage, warum es diesen Menschen nicht gestattet sein sollte, in Länder einzuwandern, die sie aufgrund ihrer Kompetenzen willkommen heißen. Räumt man individuellen Rechten Vorrang ein, dann sticht kein Argument, mit dessen Hilfe diese Praxis kritisiert werden kann (vgl. Carens 2017; Blake 2017). Hier zeigt sich wieder einmal, dass eine liberale Position vorwiegend ökonomisch starken Akteuren in die Hände spielt, in diesem Fall also reichen Staaten, die auf diese Weise ihren Bedarf an Fachkräften auf Kosten der Herkunftsländer befriedigen können.

7. Für einen demokratischen Nationalstaat ohne Nationalismus

Die im vorigen Kapitel skizzierte Verteidigung nationalstaatlicher Handlungsfähigkeit stellt sich einer Argumentation entgegen, die in Deutschland weitverbreitet ist und prominent von Jürgen Habermas vertreten wird. Habermas zufolge besteht, zumindest mit Blick auf die europäischen Demokratien, eine zwingende Notwendigkeit zum Supranationalismus. Allein wenn sich die Nationalstaaten zu einer Union mit erheblichen Kompetenzen vereinigten, könnten sie ihre ökonomische Leistungskraft und ihre demokratischen Strukturen bewahren. Zwingend geboten sei daher ein weiterer Transfer von Souveränitätsrechten, vor allem im Bereich der Währungs- und Wirtschafts-, aber auch der Sozialpolitik. In einer für die Debatte typischen Wendung schreibt Habermas:

> Denn was wäre die Alternative? Es ist ja nicht so, als könnten nationalstaatlich eingeigelte Demokratien, gewissermaßen unberührt von der Verwicklung in die systemische Dynamik der Weltgesellschaft, ihre demokratische Substanz unbeschadet bewahren – jedenfalls nicht in unseren kleinen europäischen Staaten. Nach diesem Maßstab ist auch der größte unter diesen ein Zwerg. (Habermas 2014, S. 531 f.)

In diesem Zitat wird das Szenario »Mehr Supranationalismus oder Untergang der Demokratie« an die Wand gemalt. Alle Mitgliedsländer der Europäischen Union, inklusive Frankreich und Deutschland, seien aufgrund ihrer geringen Größe schlichtweg nicht überlebensfähig. Das ist ein Argument, auf das wir bei der ideengeschichtlichen Rekonstruktion bereits gestoßen sind. Schon Montesquieu hatte kleinen Republiken nur geringe Überlebenschancen zugesprochen: »Wenn eine Republik klein ist, so wird sie von einer auswärtigen

Macht zerstört«. Allerdings hat er auch betont, dass sie nicht zu sehr wachsen dürfen, denn ist eine Republik »zu groß, so geht sie an einem inneren Fehler zugrunde« (Montesquieu 1951, S. 180). Eine Föderation biete jedoch einen Ausweg aus diesem Dilemma. Es handle sich um einen Zusammenschluss, der einerseits die erforderliche Sicherheit gewähre, andererseits aber die innere Freiheit der einzelnen Republiken nicht beschädige.

Um an dieser Stelle einem Missverständnis vorzubeugen: Montesquieu verstand unter einer Föderation einen Staatenbund, heutzutage werden unter dem Begriff jedoch zumeist Bundesstaaten wie die Vereinigten Staaten von Amerika, Kanada, die Schweiz oder Deutschland gefasst.[1] Gleichwohl lässt sich Montesquieus Überlegungen der noch heute gültige Hinweis entnehmen, dass ein Zuviel des Föderalen im Sinne der Übertragung von Souveränitätsrechten auf die höhere Ebene die Freiheit, heute würde man sagen die Demokratie, bedroht. Wie ist das zu verstehen? Habermas möchte möglichst weitreichende Kompetenzen auf die supranationale Ebene verlagern und ist der Überzeugung, dass die kulturellen und institutionellen Rahmenbedingungen – hierzu zählen ein gemeinsamer Diskursraum, europäische Parteien und nicht zuletzt eine gemeinsame europäische Identität – sich herstellen lassen. Er verweist dabei auf die historische Entstehung der Nationalstaaten, wo etwa durch die Durchsetzung einer einheitlichen Amtssprache oder die Inszenierung nationaler Symbole ein Zusammengehörigkeitsgefühl gleichsam administrativ erzeugt worden sei. Ein ähnlicher Prozess sei nun auch mit Blick auf Europa denkbar. Heutzutage würde bereits ein gemeinsamer Diskursraum existieren,

1 Auf die unterschiedlichen Verständnisse des Föderalen werde ich im folgenden Kapitel noch ausführlicher zu sprechen kommen.

zwar gäbe es aufgrund der Sprachbarrieren keine europäischen Medien, aber die bestehenden nationalen Öffentlichkeiten müssten sich nur »weit genug füreinander öffnen«. Dann, so Habermas' Hoffnung, »wird sich auch das national begrenzte Vertrauen, das heute in Gestalt der staatsbürgerlichen Solidarität besteht, zu der nochmals abstrakteren Form eines grenzüberschreitenden Vertrauens sublimieren können« (Habermas 2014, S. 531). Dieses Szenario ist nach den bisherigen Ausführungen aber ebenso wenig überzeugend wie die damit verbundene Erwartung, es könne eine »supranationale Demokratie« entstehen, wenn man nur erst dem Europäischen Parlament genügend Kompetenzen eingeräumt und die Kommission zu einer europäischen Regierung umgebaut habe. Zumindest dann nicht, wenn man unter »Demokratie« mehr als die bloße Existenz von Parlamenten und Rechtsstaatlichkeit versteht.

Auch würde ein solches Szenario nicht Montesquieus Verständnis von Föderalismus entsprechen. Denn eine derartige Vereinigung, die den untergeordneten Einheiten gerade in ökonomischen und finanzpolitischen Bereichen kaum noch Handlungsspielraum bietet, wäre kein Zusammenschluss von Republiken, sondern ein eigenständiger Staat. Ein solcher könnte aber nicht demokratisch regiert werden, da er schlichtweg zu groß wäre und daher autoritäre Züge annähme. Genau das, so die Argumentation im vierten Kapitel, zeichnet sich inzwischen in Europa ab. Diese negative Dialektik von Größe und Demokratie wird von Habermas jedoch ausgeblendet. Er geht davon aus, dass sich eine weitere Übertragung von Hoheitsrechten auf die Europäische Union ohne Demokratieverlust vollziehen lasse. Für ihn ändert sich mit einem »Größenwachstum allein, also mit einer bloß numerischen Erweiterung der Grundgesamtheit der Beteiligten«, zwar die Komplexität, »aber nicht notwendigerweise die Qualität des Meinungs- und Willensbildungsprozesses« (Habermas 2011a, S. 54). Dem habe ich im fünften Kapitel widersprochen und dann im vorigen Kapitel im Anschluss an Fichte eine Alternative entwickelt, die insbesondere darin besteht, die wirtschafts- und finanzpolitische Gestaltungsmacht der Nationalstaaten wiederherzustellen, um auf diese Weise die »systemische Dynamik der Weltgesellschaft« demokratisch einzuhegen. Im Folgenden sollen die wesentlichen Argumentationsschritte zusammengefasst und zugespitzt werden. Im abschließenden Kapitel werde ich dann ein alternatives konföderales Modell für die Europäische Union skizzieren.

Ein idealistischer Fehlschluss

Liberale wie linke Befürworter einer weiteren Integration stehen vor einem Dilemma. Einerseits fordern sie den Ausbau supranationaler Kompetenzen und nicht zuletzt den Ausbau einer »Sozialunion«, andererseits müssen sie selbst einräumen, dass die dazu erforderlichen Solidaritätsressourcen nicht in ausreichendem Umfang existieren. Nicht anders muss man Habermas' Rede von einer »nochmals abstrakteren Form eines grenzüberschreitenden Vertrauens« deuten. Es ist völlig unklar, inwiefern eine derartig ausgedünnte Form der Solidarität jene sittlichen Ressourcen zu liefern imstande sein sollte, die etwa eine Arbeitnehmerin aus Schweden dazu motivieren könnten, einen nicht unerheblichen Anteil ihres Einkommens in einen europäischen Sozialfonds einzuzahlen, von dem dann Menschen profitieren, mit denen sie wenig Gemeinsamkeiten aufweist. Wechselseitige Solidaritäten und das damit einhergehende Vertrauen lassen sich weder einklagen noch ohne Weiteres administrativ herstellen.

Das ist aus einer normativen Perspektive sicherlich zu beklagen, sollte aber zunächst einmal anerkannt werden. Unterbleibt dies, kommt es zu einem idealistischen Fehlschluss: Eine Forderung, die normativ sehr attraktiv ist, scheitert an den realen Gegebenheiten und dient zugleich als Rechtfertigung für die Abwehr realistischer, aber normativ weniger attraktiver Alternativen. In der Konsequenz kommt es zur Verteidigung des Status quo, in diesem Fall des europäischen Exekutivföderalismus mit all seinen demokratiezerstörerischen Aspekten.

Ein wesentlicher Grundzug des europäischen Supranationalismus ist, wie ausführlich geschildert, dessen liberale oder auch neoliberale Imprägnierung. In und durch die Europäische Union werden individuelle Freiheitsrechte gestärkt, geschwächt wird dagegen das kollektive Recht demokratischer Selbstgesetzgebung. Im Anschluss an David Miller und Michael Walzer habe ich argumentiert, dass eine gehaltvolle republikanische Praxis ohne ein Gemeinschaftsgefühl sowie ohne einen gewissen Grad an sozialer Gleichheit nicht möglich ist. Ein Gemeinschaftsgefühl und ein gemeinsamer Bedeutungsraum existieren in der Europäischen Union jedoch nur zu einem sehr schwachen Grad (vgl. Rodrik 2018, S. 20ff.), von den immensen ökonomischen Unterschieden ganz zu schweigen. Liberale Ansätze können sich demgegenüber mit weniger gehaltvollen Voraussetzungen hinsichtlich der sittlichen Gemeinsamkeiten zwischen den Bürgerinnen und Bürgern begnügen. Es reicht das je individuelle Bekenntnis zur Rechtsstaatlichkeit und zu grundlegenden Menschenrechten, also zu liberalen Grundprinzipien, auf die sich Kant zufolge auch »ein Volk von Teufeln« einigen kann. Weitere Tugendzumutungen werden im liberalen Modell jedoch nicht eingefordert. Der Preis dafür ist freilich nicht nur ein dünnes Demokratieverständnis (vgl. Barber 1994), sondern in der

Konsequenz auch die Verhinderung einer Politik der Umverteilung.

Will man sich allerdings nicht mit einem dünnen liberalen Verständnis zufriedengeben, sondern orientiert sich weiterhin an einem anspruchsvolleren republikanisch-sozialdemokratischen Demokratieverständnis, dann muss zum einen einer weiteren Übertragung von Souveränität auf die supranationale Ebene eine Absage erteilt werden; zum anderen müssen in den existierenden Demokratien viel stärkere Anstrengungen unternommen werden, den Trend des Auseinanderfallens in Parallelgesellschaften zu stoppen. Dazu gehört erstens, wie im vorigen Kapitel erwähnt, die politische, soziale und kulturelle Integration der Migranten. Dazu gehört aber zweitens auch die Überwindung der bereits mehrfach erwähnten Spaltung in Modernisierungsverlierer und Modernisierungsgewinner. Doch für diese Spaltungen zeigt sich eine kosmopolitische Argumentationsweise, wie sie mit den meisten liberalen Ansätzen verbunden ist, blind.

Die blinden Flecken des Kosmopolitismus

Die von vielen Bürgerinnen und Bürgern, aber auch von Autoren wie Wolfgang Streeck (2013) und Fritz W. Scharpf (2015) artikulierten Bedenken gegen weitere Schritte der Supranationalisierung werden von Habermas polemisch als »kommunitaristisch« abgetan. Damit bezeichnet er Positionen, die im Anschluss an Rousseau den »Ethos eines Volkes« (2015, S. 147) als Voraussetzung eines demokratischen Miteinanders postulieren und daraus die Vergeblichkeit der Entstehung supranationaler Identitäten und Solidaritäten ableiten. Abgesehen von der problematischen Gleichsetzung des »Kommunitarismus« mit Rousseaus Vorstellungen von Homogenität verkennt Habermas die sozialen Grundlagen der von ihm favorisierten liberal-kosmopolitischen Alternative, was in der Konsequenz eine Legitimierung der bestehenden sozialen Spaltungslinien bedeutet. Wie ist das zu verstehen? Habermas setzt der »kommunitaristischen« Betonung einer gemeinsamen Identität als Voraussetzung eines demokratischen Miteinanders eine liberale Perspektive entgegen:

> »Kommunitaristen« rechnen für das Funktionieren von Demokratien mit der Notwendigkeit eines hohen Grades an vorpolitisch gesicherter sozialer Integration. Für »Liberale« spielt dieser Aspekt kaum eine Rolle; sie gehen nämlich von dem vernunftrechtlichen Design des freiwilligen Zusammenschlusses eines Ensembles beliebiger Individuen aus. (2015, S. 147)

Letzteres ist jedoch eine, wenn auch wirkungsvolle, Illusion. Nicht nur lässt sich den bisherigen Ausführungen zufolge bezweifeln, dass ein derartiger »freiwilliger Zusammenschluss beliebiger Individuen« realistisch ist. Es werden darüber hinaus auch die ideologischen Aspekte dieser Argumentation deutlich. Der Liberalismus rechnet mit Individuen, die über gleiche Rechte verfügen, und zwar unabhängig von Nationalität, Herkunft und Status. An dieser Stelle verschmilzt der Liberalismus mit der Philosophie des Kosmopolitismus. Was ihn auf den ersten Blick normativ attraktiv erscheinen lässt, offenbart in der Realität jedoch eine entscheidende Schlagseite. Der Liberalismus-Kosmopolitismus hat nämlich keinerlei Verständnis von kollektiven Identitäten oder auch spezifischen Klassenlagen. In der Konsequenz tritt er als ein Universalismus auf, der seine partikularistischen Implikationen verschleiert. Das zeigt sich gegenwärtig nirgendwo so deutlich wie in der Diskussion über die Wünschbarkeit der Europäischen Union.

Schaut man auf die soziale Verteilung der Unterstützung des europäischen Einigungsprozesses, fällt ein schon mehrfach erwähnter Befund ins Auge: Es handelt sich bei den überzeugten Europäern nicht um »beliebige Individuen«, sondern um eine ganz spezifische Klasse von Menschen, die über geteilte soziale Merkmale verfügen. Es sind Menschen, die in der Regel über höhere Einkommen und Hochschulabschlüsse verfügen, vor allem aber zeichnen sie sich durch einen hohen Grad an Mobilität aus, das heißt, sie reisen viel, können sich auf Englisch flüssig unterhalten, sind beruflich flexibel und wohnen überwiegend in den gentrifizierten Vierteln der europäischen Metropolen. Letzteres hat David Goodhart (2017) dazu veranlasst, von »Anywheres« zu sprechen, die er der Gruppe der »Somewheres« entgegenstellt: Menschen, die ihrer Heimat treu geblieben seien und zumeist nicht über einen Hochschulabschluss verfügten. Diese »Somewheres« besäßen überwiegend ein kommunitaristisches, die »Anywheres« dagegen ein kosmopolitisches Weltbild.[2] Goodhart konstatiert jedoch einen fundamentalen Widerspruch zwischen der kosmopolitischen Theorie und ihren praktischen Konsequenzen:

> Anywheres betrachten sich im Allgemeinen als tolerant, sozial bewusst und fortschrittlich, aber die wichtigsten Bestandteile der Anywhere-Weltanschauung – Offenheit, Meritokratie, Autonomie und die Befürwortung von Wandel – tendieren dazu, den Wohlhabenden, den Fähigen und den Schnellfüßigen zu nutzen und viel weniger denjenigen in den unteren Rängen der Einkommens- und Fähigkeitshierarchie. (2017, S. 34)

Das mag rhetorisch übertrieben sein, bringt jedoch eine Tendenz auf den Punkt, die seit einiger Zeit von Soziologen beobachtet wird, nämlich die räumliche und kulturelle Ab-

2 Vgl. zum sich verfestigenden Cleavage zwischen »Kosmopoliten« und »Kommunitaristen« S. 123 oben. Wichtig ist zu beachten, dass es sich dabei um eine idealtypische Gegenüberstellung handelt und die soziale Wirklichkeit vielfältige Grautöne aufweist.

schottung einer Klasse von Individualisten, die Andreas Reckwitz in *Die Gesellschaft der Singularitäten* (2017) als Angehörige der neuen »akademischen Mittelklasse« bezeichnet. Diese unterscheidet er von der alten »nichtakademischen Mittelklasse«, vornehmlich bestehend aus Facharbeitern und Angestellten, und von einer »neuen Unterklasse«, bestehend aus dem Dienstleistungsproletariat und Arbeitslosen. Reckwitz zufolge würden diese drei Klassen in westlichen Gesellschaften jeweils ein Drittel der Bevölkerung ausmachen, weswegen er auch von einer »Drei-Drittel-Gesellschaft« spricht (2017, S. 282).[3]

Drei Aspekte der Analyse von Reckwitz sind für den hier interessierenden Zusammenhang von Liberalismus-Kosmopolitismus, Klassenstruktur und europäischem Supranationalismus relevant. Erstens macht er deutlich, dass es sich bei der akademischen Mittelklasse um die kulturell vorherrschende Klasse handelt. Es sind deren Werte und Präferenzen, die in den spätmodernen Gesellschaften des Westens leitend sind. Zweitens gibt es eine Vielzahl von Mechanismen, mittels derer die kulturelle Hegemonie der akademischen Mittelklasse reproduziert wird, etwa deren Dominanz in den Medienberufen und an den Hochschulen. Hinzu treten Mechanismen der Abschottung gegenüber den beiden anderen Klassen, vornehmlich im Bereich des Kulturkonsums, der Wahl des Wohnortes und der Schulen, die als »Statusinvestitionen« anzusehen sind (2017, S. 332; vgl. Koppetsch 2017). In allen drei Bereichen kommen auch ökonomische Ressourcen zum Einsatz. Entscheidend ist aber ein dritter Aspekt, nämlich der einer Abkehr von einer Politik des All-

3 Da es Reckwitz vornehmlich um kulturelle Praktiken geht, vernachlässigt er die ökonomisch und politisch einflussreiche Oberklasse, die ihm zufolge nur ein Prozent der Gesamtbevölkerung ausmacht.

gemeinen hin zu einer Politik der Besonderheiten bzw. Partikularitäten, die maßgeblich von der akademischen Mittelklasse vorangetrieben wird. An die Stelle einer sozialdemokratischen Gestaltung gesellschaftlichen Zusammenhalts ist, wie Reckwitz im besten Soziologendeutsch schreibt, ein »aperistisch-differenzieller Liberalismus« getreten. Dieser hat sich »zu einer umfassenden Governance entwickelt, die weit über die staatlichen Institutionen hinaus das Soziale in Richtung von Innovation, Wettbewerbsfähigkeit, Persönlichkeitsrechten und Diversität zu steuern versucht« (2017, S. 376).

Folgt man Reckwitz, dann sind Wettbewerbsstaat und Diversität zwei sich ergänzende Seiten eines neuen Liberalismus. Eine ganz ähnliche Zeitdiagnose hat der französische Sozialphilosoph Jean-Claude Michéa in *Das Reich des kleineren Übels* präsentiert (2014 [2007]). Seine zentrale These lautet, dass sich der in den Augen vieler »schlechte« Marktliberalismus nicht von dem »guten« politischen Liberalismus, der sich für Toleranz und Diversität zumindest rhetorisch einsetzt, trennen lässt. Beide stellten vielmehr »zwei Parallelformen des Liberalismus« dar (ebd., S. 32), die sich nicht nur in der Praxis, sondern auch weltanschaulich ergänzen. Die entscheidende Gemeinsamkeit besteht darin, dass beide Varianten des Liberalismus sich von der Einbindung in übergeordnete Wertmuster distanzieren und demgegenüber die Freiheit des Individuums betonen: Die Freiheit des Unternehmers und die Freiheit der Lebensstile, das eine kann man nicht ohne das andere haben. Diese Sicht der Dinge unterstreicht auch der US-amerikanische Soziologe Craig Calhoun, der auf den Zusammenhang zwischen einer politischen Philosophie, die die Rechte des Einzelnen in den Mittelpunkt rückt, und der Hegemonie des Neoliberalismus seit dem Ende des 20. Jahrhunderts verweist. Die liberal-kosmopolitische Kritik an sozialen Identitäten und nationalen Gemeinschaften hat, so Calhouns Analyse, wesentlich zum Durchbruch des Neoliberalismus beigetragen, nicht zuletzt weil diese vermeintlich linke Kritik am Staat – zu exklusiv, zu bürokratisch, zu patriarchal – mit der liberalen Kritik am sozialdemokratischen Wohlfahrtsstaat fusionieren konnte (Calhoun 2003, S. 536). Nancy Fraser schließlich hat jüngst die Formel des »progressiven Neoliberalismus« geprägt, um auf die Verwandtschaft zwischen wirtschaftlichem Neoliberalismus und einer Politik der Diversitäten aufmerksam zu machen. Die US-amerikanische Politikwissenschaftlerin zeigt, dass es zu einer Interessenkoalition aus Neuen Sozialen Bewegungen und den Speerspitzen des neoliberalen Kapitalismus, nämlich Silicon Valley und Wall Street, gekommen ist:

> In dieser Allianz verbinden sich echte progressive Kräfte mit einer »wissensbasierten Wirtschaft« und insbesondere dem Finanzwesen. Wenn auch unbeabsichtigt, leihen sie Letzteren dabei ihren Charme und ihr Charisma. Seither bemänteln – prinzipiell für sehr unterschiedliche Ziele einsetzbare – Ideale wie Diversität und Empowerment neoliberale Politiken, die zu einer Verheerung der alten Industrien mitsamt der Mittelklasse-Lebenswelten der in ihnen Beschäftigten geführt haben. (Fraser 2017, S. 78f.)

Fraser argumentiert, dass vom »progressiven Neoliberalismus« nicht alle gleichermaßen profitieren, sondern vornehmlich die Angehörigen der neuen akademischen Mittelklasse, die allein über jene kulturellen wie auch ökonomischen Ressourcen verfügen, derer es zur Ausnutzung der neuen Freiheit bedarf. Auf der Strecke bleiben jedoch die Profiteure der alten »New-Deal-Sozialdemokratie«. Frasers Analyse ist nun insbesondere deshalb so erhellend, weil sie aufzeigt, wie ein »liberal-individualistisches Fortschrittsverständnis« (ebd., S. 79f.) – in Form der Kritik an einem bevormundenden Staat, des Lobs der Diversität und des Bekenntnisses zu kosmopolitischen Werten – genau jene Ideologie zur Verfügung stellt, ohne die der »aperistisch-differenzielle Liberalismus« (Reckwitz) nicht hegemonial geworden wäre, und zwar weder in den Vereinigten Staaten noch in Westeuropa. Wichtig in unserem Zusammenhang ist dabei nicht zuletzt die Tatsache, dass der europäische Supranationalismus einen ganz entscheidenden Bestandteil dieser neuen liberalen Ordnung darstellt. Vor allem die Europäische Kommission und der Europäische Gerichtshof verfolgen eine Politik des Abbaus von Freiheitsschranken, sie stärken sowohl die Rechte der Unternehmen als auch die Rechte von Individuen, etwa mit Blick auf den Abbau von Diskriminierungen.

Die Angehörigen der alten Mittelklasse und der neuen Unterklasse stehen den vermeintlichen Segnungen des Supranationalismus hingegen wesentlich skeptischer gegenüber und verfügen über ein stärkeres Nationalgefühl; zum Teil gewinnt der Bezug auf die nationale Identität auch eine selbstwertstabilisierende Funktion. Im Unterschied zur neoliberalen Aufwertung der Leistung des Einzelnen kann die Zugehörigkeit zu einer ethnischen Gruppe, einer Religionsgemeinschaft oder zu einer Nation einen Halt auch für jene Menschen liefern, die dem ökonomischen wie kulturellen Wettbewerbsdruck nicht gewachsen sind oder sich ihm bewusst verweigern. »Damit verliert das Individuum einerseits Möglichkeiten der autonomen Besonderung, gewinnt aber andererseits die Gewissheit auf Anerkennung innerhalb der Gemeinschaft« (Reckwitz 2017, S. 396). Die Europäische Union kann für diese Menschen diese Funktion dagegen nicht erfüllen. Zum einen, weil sie schlichtweg als zu geschichts- und gesichtslos erfahren wird, zum anderen aber auch, weil sie nicht ganz zu Unrecht als eine Kraft der Zerstörung sozialer Sicherheiten und kultureller Erfahrungsräume wahrgenommen wird. Ein anschauliches Beispiel hierfür sind die gerade bei Rentnern aus den unteren sozialen Schichten einst beliebten Butterfahrten auf Nord- und Ostsee, die mit der Einführung des gemeinsamen Binnenmarktes verboten und dann 1999 endgültig eingestellt wurden. Auch das auf Druck der EU-Kommission in inzwischen allen Mitgliedsländern durchgesetzte Rauchverbot in Gaststätten hat zur Zerstörung von milieuspezifischen Erfahrungsräumen beigetragen. Überspitzt formuliert: Wo vorher eine Eckkneipe war, befindet sich jetzt ein Sushi-Restaurant.

Angesichts des unter den etablierten Parteien weitverbreiteten Bekenntnisses zur Europäischen Union ist es daher wenig verwunderlich, dass rechtspopulistische Parteien vor allem, wenn auch natürlich nicht ausschließlich, aus der Gruppe der Globalisierungsverlierer Zulauf bekommen. Allerdings sollte man sich von der Illusion befreien, die Wählerinnen und Wähler dieser Parteien in den liberaldemokratischen Raum zurückholen zu können, indem man ihnen Nationalismus oder auch Rassismus vorwirft. Vielmehr sollte anerkannt werden, dass, solange eine europäische Sozialunion keine realistische Perspektive darstellt oder diese als Umverteilung zugunsten »Fremder« erfahren wird, es für die Angehörigen der alten Mittelklasse und der neuen Unterklasse durchaus gute Gründe gibt, sich einem weiteren Souveränitätstransfer entgegenzustellen.

Zudem bleibt offen, wie angesichts diverser Vetospieler und der erwähnten Heterogenität der Wirtschaftsräume und Interessen innerhalb der Europäischen Union ein Konsens für eine Sozialunion entstehen könnte. Ein solches Szenario ist gegenwärtig völlig unrealistisch, und es steht zu befürchten, dass weitere Integrationsschritte – etwa die Etablierung einer gemeinsamen »Wirtschaftsregierung« oder eine noch stärkere Vergemeinschaftung der Schulden – die gesellschaftlichen Spaltungslinien vertiefen würden. An dieser Stelle greift erneut der idealistische Fehlschluss: Die Forderung nach einer europäischen Sozialunion dient der Legitimierung weiterer Integrationsschritte, die jedoch vornehmlich im Ausbau der europäischen »Liberalisierungsmaschine« (Streeck) bestehen dürften.

Ohne Nationalstaatlichkeit, keine Demokratie

Wenn soeben über eine Wahlverwandtschaft und Synergie von Neoliberalismus und linker Kritik gesprochen wurde, dann gilt das in besonderer Weise für ein gemeinsames Feindbild: den modernen Nationalstaat. Aus neoliberaler Perspektive verschlingen Nationalstaaten, insbesondere wenn sie demokratisch verfasst sind, nicht nur Unmengen an Steuern, sondern sie stellen auch ein Hindernis für den freien Verkehr von Waren, Kapital und Arbeitskräften dar. Schlimmer noch: Sie können eine Vielzahl von Regelungen etwa im Bereich des Arbeitnehmer- oder des Verbraucherschutzes erlassen, die die Wirtschaft strangulieren. Nicht zuletzt existiert die Gefahr eines weitgehenden Eingriffes in die Eigentumsordnung. Die nachhaltige Unterminierung der Macht des demokratischen Nationalstaates, so haben wir gesehen, war auch das wesentliche Ziel von Hayeks und Mises' Programm eines Wirtschaftsföderalismus. Allerdings ist hier zu differenzieren: Es ging den deutschsprachigen Vordenkern des Neoliberalismus, die bisweilen auch als Ordoliberale bezeichnet werden, nicht darum, den Nationalstaat völlig abzuschaffen, sondern lediglich darum, dass er sich nicht zum Instrument einer demokratisch legitimierten Umverteilungspolitik entwickeln kann.

Aus linker Perspektive wurde und wird der Nationalstaat kritisiert, da er über weitgehend undurchlässige Grenzen verfüge und ein exklusives Verständnis von Staatsbürgerschaft voraussetze. Zudem würde er einem übersteigerten Nationalismus den Boden bereiten, mit aggressivem Auftreten nach außen und der Diskriminierung oder gar Verfolgung von Minderheiten in seinem Inneren. Bemerkenswert ist, dass bei dieser Kritik der Nationalstaatlichkeit eine große Übereinstimmung zwischen radikal linken bis hin zu linksliberalen Positionen existiert. Auch Habermas rechnet mit der Gefahr eines übersteigerten Nationalismus, gerade auch als Folge der derzeitigen Krisenbewältigungspolitik in Europa. Vor allem aber stellen für ihn Nationalstaat und Nationalbewusstsein Hindernisse auf dem Weg zur europäischen Demokratie dar. Er geht zwar nicht so weit, wie Ulrike Guérot (2016), die auf die Nationalstaaten innerhalb einer europäischen Republik gänzlich verzichten möchte, doch sein Vorschlag zielt auf eine ganz erhebliche Verlagerung von Hoheitsrechten auf die supranationale Ebene. Die hierfür nötige Form der Solidarität, so haben wir gesehen, soll administrativ erzeugt werden. Dabei verweist Habermas auf den Umstand, dass auch die Nationalstaaten und die sie konstituierenden Nationen keine natürlichen Gegebenheiten seien, »sondern rechtlich konstruiert worden sind«. Auch das Nationalbewusstsein ist, so Habermas weiter, »einschließlich der ihm retrospektiv zugeschriebenen askriptiven Merkmale Ergebnis einer veranstalteten politischen Integration« (Habermas 2014, S. 530). Habermas ist hier insofern zuzustimmen, als es sich bei Nationen tatsächlich um erfundene Gemeinschaften handelt (vgl. Anderson 1988; Hobsbawm 2004).

Gleichwohl sollte das nicht dazu veranlassen, den Nationalstaat vorschnell zu verabschieden. Historisch betrachtet, war er es, der sowohl die moderne Massendemokratie als auch den sozialdemokratischen Wohlfahrtsstaat ermöglichte, Errungenschaften, die gegenwärtig unter Druck geraten sind und für die es – so die Argumentation auf den vergangenen Seiten – auf der supranationalen Ebene kaum Realisierungschancen gibt. Legt man die oben skizzierte Unterscheidung von Thomas H. Marshall (1992) zugrunde, dann zeigt sich, dass von der Europäischen Union zwar liberale Freiheitsrechte gewährt und auch durchgesetzt werden, dass politische Beteiligungsrechte jedoch größtenteils nur auf dem Papier existieren und soziale Schutzrechte lediglich in Ansätzen formuliert sind, geschweige denn realisiert werden. Das Kernargument der bisherigen Ausführungen lautet, dass das wesentlich mit ihrer Größe und der damit verbundenen Heterogenität, vor allem sozioökonomischer Art, zusammenhängt. Bereits mit Blick auf die existierenden Demokratien lässt sich ein Zusammenhang zwischen Größe und Qualität der Demokratie feststellen. Auch wenn sich keine reine Kausalität zeigt und viele Aspekte zu berücksichtigen sind, weisen mittelgroße Demokratien, wie wir im dritten Kapitel gesehen haben, tendenziell einen höheren Grad an politischer Beteiligung und sozialer Demokratie auf. Anders ausgedrückt: Die Größe eines Landes ist zumindest ein entscheidender Faktor, wenn es um die Verwirklichung demokratischer und sozialer Bürgerrechte geht. Momentan ist nicht absehbar, wie dieser Wirkungszusammenhang gerade im Rahmen der Europäischen Union durchbrochen werden kann. Es bleibt also festzuhalten, dass sowohl eine effektive demokratische Regierung bzw. Kontrolle der Regierenden einerseits sowie gehaltvolle Formen sozialer Teilhabe andererseits sich bislang nur im Rahmen von Nationalstaaten haben realisieren lassen. Internationale Organisationen wie die WTO und supranationale Institutionen hingegen waren und sind primär dazu designt, die Macht (demokratischer) Nationalstaaten zugunsten ökonomisch starker Akteure auszuhebeln, und das gilt in besonderer Weise für die Europäische Union (vgl. Mitchell/Fazi 2017).

Auch wenn Staaten nicht ohne Weiteres mit Nationen gleichzusetzen sind, lässt sich doch sagen, dass die Mehrheit der existierenden Staaten auf einem wie auch immer historisch gewachsenen Gemeinschaftsgefühl beruht. Dass dieses Gemeinschaftsgefühl nicht notwendig ethnisch geprägt sein muss, mehrere Sprachen umfassen und auch nationale wie kulturelle Minderheiten einschließen kann, zeigt das Beispiel der Schweiz. Allerdings gibt es auch eine Vielzahl von Staaten, die durch nationale und/oder religiöse Spannungen gekennzeichnet sind. In Europa sind hier der Kosovo sowie die separatistischen Bestrebungen in Spanien, im Vereinigten Königreich und zu einem gewissen Grad auch in Belgien zu nennen. Dahinter steht der Wunsch nach mehr Autonomie, in Schottland zum Beispiel waren die Verteidigung sozialstaatlicher Standards, aber auch ein stärkeres Bekenntnis zur Europäischen Union wesentliche Motive des gescheiterten Unabhängigkeitsreferendums im Jahr 2014. Entscheidend für separatistische Bestrebungen ist also der Wunsch nach kollektiver Selbstbestimmung, danach, nicht von als fremd erfahrenen Mächten regiert zu werden. Ganz in diesem Sinne versteht auch John Stuart Mill unter einer »Nation« eine Vereinigung von Menschen, die sich eng verbunden fühlen und gerade deshalb nach kollektiver Selbstbestimmung streben:

> Eine Gruppe von Menschen bildet eine Nation, wenn diese Menschen miteinander durch gegenseitige Sympathie verbunden sind, wie sie zwischen ihnen und irgendwelchen anderen Menschen nicht existieren. Aus diesem Gefühl heraus sind sie eher zur Kooperation untereinander bereit als mit anderen und wünschen sich eine gemein-

same Regierung – und zwar eine Regierung, die ausschließlich durch sie selbst oder aber durch einen Teil von ihnen gebildet wird. (Mill 2013 [1861], S. 245)

Mill wird zu den Gründungsvätern des Liberalismus gezählt. Er hat sich insbesondere für Toleranz und Pluralismus ausgesprochen, nichts verabscheute er so sehr wie eine »Tyrannei der Mehrheit«. Doch das hinderte ihn offensichtlich nicht daran, ein Nationalbewusstsein im Sinne eines starken Zusammengehörigkeitsgefühls als »eine notwendige Bedingung« (ebd., S. 249) einer freien Regierung anzusehen. Mill weist darüber hinaus auf ein Problem hin, welches auch aktuell in der Europadebatte von zentraler Bedeutung ist und auf das wir schon mehrfach gestoßen sind, dass nämlich gerade eine repräsentative Regierungsform nicht nur ein Gefühl der Verbundenheit, sondern auch einen gemeinsamen Diskursraum voraussetzt: »Fehlt in einem Volk das Gefühl des Miteinanders, sprechen und schreiben verschiedene Bevölkerungsgruppen gar verschiedene Sprachen, so kann es die für die Funktionsfähigkeit des Repräsentativsystems unerlässliche Gesamtöffentlichkeit nicht geben« (ebd., S. 246).

Ausgangspunkt dieses Kapitels war Habermas' Annahme, dass selbst die größten Mitgliedstaaten der Europäischen Union angesichts der »systemischen Dynamik der Weltgesellschaft« zu klein seien, um sich zu behaupten. Dabei handelt es sich um ein gerade in linken Kreisen und unter vielen Sozialwissenschaftlern wirkmächtiges Narrativ. Es gewinnt zusätzliche Macht dadurch, dass – zumindest in Deutschland – eine historisch begründete Angst vor einem übersteigerten Nationalismus existiert. Allerdings läuft diese Argumentation Gefahr, zu einem weiteren Abbau von Nationalstaatlichkeit beizutragen, ohne dass sich im Gegenzug jene Mentalitäten und Institutionen entwickeln, die eine notwendige Bedingung von Demokratie und Sozialstaatlichkeit im supranationalen Raum darstellen. So kommt es zu einer Destruktion nationalstaatlicher Formen der Kooperation ohne Ersatz auf der höheren Ebene. Solange also zwei Voraussetzungen nicht erfüllt sind, nämlich zum einen die Existenz von starken regionalen und supranationalen Identitäten und zum anderen ein realistisches Konzept eines europäischen Sozialstaates, sollte auf die Integrationskraft und die Handlungsmacht der Nationalstaaten nicht verzichtet werden. Die Strategie sollte also nicht darin bestehen, mit Habermas und vielen anderen zu versuchen, demokratische Verfahren und sozialstaatliche Institutionen aus den nationalstaatlichen Rahmen zu lösen und auf eine höhere Ebene zu übertragen, denn dabei handelt es sich um ein Unterfangen, das nach der hier entwickelten Argumentation zu einer erheblichen Abschwächung des demokratischen und auch sozialen Gehalts führen wird. Gefordert ist vielmehr, wie im vorigen Kapitel im Anschluss an Fichte ausgeführt, die Rückeroberung nationalstaatlicher Handlungsmacht, und zwar vor allem im ökonomischen und finanzpolitischen Bereich.

Mit Blick auf den Einwand, die hier vorgetragene Verteidigung der nationalstaatlichen Demokratie würde in einen problematischen Nationalismus zurückfallen, soll an eine wichtige Unterscheidung von Marcel Mauss, nämlich die zwischen Kosmopolitismus und Internationalismus, erinnert werden. Der französische Sozialanthropologe Mauss ist vor allem für seine Untersuchungen zum Gabentausch berühmt und erlebt gegenwärtig als geistiger Vater einer konvivialistischen Sozialtheorie, die sich individualistischen und utilitaristischen Positionen entgegenstellt, eine Renaissance (vgl. Adloff/Leggewie 2014; Adloff/Heins 2015). In der aktuellen Mauss-Rezeption sind jedoch seine Überlegungen zur Relevanz der Nation, die er in *Die Nation oder der Sinn fürs Soziale* skizziert, bislang kaum thematisiert worden. Das mag zum einen am fragmentarischen Charakter des Buches liegen, das erst 2013 posthum auf Französisch und 2017 in deutscher Übersetzung erschien. Zum anderen könnten sich heutige Leser bei einer vorschnellen Lektüre aber auch an Mauss' Betonung der Nation als Voraussetzung einer integrierten Gesellschaft, der Demokratie und des Sozialismus stoßen (den er freilich vorwiegend genossenschaftlich ausbuchstabiert). Damit täte man Mauss allerdings unrecht, ist seine Argumentation doch internationalistisch ausgerichtet: Eine internationale Friedensordnung und einen internationalen Kooperationszusammenhang konnte er sich jedoch nur als ein Miteinander der Nationen vorstellen. Mauss skizziert »eine allmähliche, faktisch am föderalen Modell orientierte Annäherung unterschiedlich bleibender Gesellschaften durch Austausch und politische Zusammenarbeit, bei der jede ihre Eigenheit und Souveränität behält« (Terrier/Fournier 2017, S. 46). Gegen den Kosmopolitismus wendet er ein, dass dieser »faktisch die Zerstörung der Nationen und die Schaffung einer Moral anstrebt, in deren Rahmen die Nationen keine souveränen, Gesetze schaffenden Autoritäten mehr darstellen« (Mauss 2017, S. 341). Mauss hat also schon vor 100 Jahren auf die Gefahr eines Verlustes nationaler Souveränität hingewiesen. Er bleibt indes nicht bei diesem Vorwurf stehen, sondern geht bis zu den ideengeschichtlichen Wurzeln des Kosmopolitismus zurück. Für ihn sind kosmopolitische Ideen »der jüngste Auswuchs des reinen, christlich-metaphysischen Individualismus. Eine solche Politik des Menschen als ›Weltbürger‹ ist nur die Folgeerscheinung einer ätherischen Theorie, für die der Mensch eine überall identische Monade ist, und einer Moral, die sich über die Realitäten des sozialen Lebens hinwegsetzt« (Mauss

2017, S. 342). Zu diesen Realitäten zählt Mauss nicht zuletzt die starke emotionale Verbundenheit der meisten Bürgerinnen und Bürger mit ihrer Nation, wobei er insbesondere die jeweiligen Arbeiterklassen hervorhebt. Bei der Bindung an die Nation handle es sich um eine »soziale Tatsache«, die er auf die Herausbildung und Wirkmächtigkeit kollektiver Identitäten zurückführt. Als Nation begreift Mauss »eine materiell und moralisch integrierte Gesellschaft mit einer stabilen und konstanten Zentralmacht, feststehenden Grenzen und einer relativen sittlichen, geistigen und kulturellen Einheit der Einwohner, die bewusst für den Staat und seine Gesetze eintreten« (ebd., S. 84). Er warnt allerdings zugleich vor einer Fetischisierung der Nation zu einem Nationalismus, den er als »Krankheit des nationalen Bewusstseins« kritisiert (ebd., S. 73). Für ihn sind kollektive Identitäten historisch gewachsen und damit immer auch dynamisch zu denken. Eine Nation beruhe also nicht auf homogener Ethnizität.

Mauss begnügt sich jedoch nicht damit, die Nation als eine »soziale Tatsache« zu betrachten; er sieht in ihr auch eine notwendige Voraussetzung für eine bewusste Steuerung der Wirtschaft: »Denn der Sozialismus ist nichts anderes als der auf nationale ökonomische Belange angewandte und für die Nation in Anspruch genommene Sinn fürs Soziale. Er ist von seinem Wesen her national.« (Mauss 2017, S. 340) Er denkt dabei nicht an eine komplette Steuerung, sondern eher an eine unter staatlicher Oberaufsicht stehende, größtenteils genossenschaftlich organisierte Wirtschaftsordnung, womit er sich vom Staatssozialismus abgrenzt. Auch zeigt sich Mauss davon überzeugt, dass eine internationale Zusammenarbeit nur dann im Interesse der Arbeiterklasse möglich ist, wenn diese die ökonomische Souveränität der Nationalstaaten schützt; der Abbau nationaler Souveränität in diesem Bereich würde demgegenüber lediglich dazu führen, dass die »herrschenden Klassen« profitieren (Mauss 2017, S. 63).

Schließlich verweist Mauss auf den engen Zusammenhang von Nation und demokratischer Selbstbestimmung. Die Nation und der mit ihr verbundene Staat ermöglichten wie keine andere Organisationsform eine demokratische Kontrolle sozialer Prozesse. Das hat sich auch im Verlauf der vorigen Kapitel gezeigt. Die Übertragung von Herrschaftsbefugnissen auf die supranationale Ebene geht mit einem erheblichen Verlust von Demokratie einher, und insbesondere ein wirtschafts- wie finanzpolitischer Kosmopolitismus nützt vornehmlich den »herrschenden Klassen«.

Für Mauss muss mit der Stärkung der Nationen auch eine Stärkung des Internationalismus einhergehen. Dieser unterscheidet sich vom Kosmopolitismus aber durch das Ziel, die nationale Handlungsmacht beizubehalten. Daher stellt für ihn »Inter-Nation« das Gegenteil von »Nicht-Nation« dar, denn erst der Internationalismus schützt die Handlungsmacht der Nationen. Der Internationalismus zielt mithin auf eine gleichberechtigte Gestaltung der Verhältnisse *zwischen* den Nationen. Dazu gehört auch die »Einschränkung der nationalen Souveränität« (Mauss 2017, S. 346), doch bezieht sich diese vorwiegend auf den Bereich der Friedenssicherung, wobei Mauss hier den Völkerbund vor Augen hatte. Zudem spricht er von einer »organischen Solidarität zwischen den Nationen« (Mauss 2017, S. 348), die sich im internationalen Handel zeige und einer internationalen Arbeitsteilung entspräche. Beides ist, wie er selbst zugesteht, optimistisch in die Zukunft gewandt, die Geschichte des 20. Jahrhunderts hat diesen Optimismus nicht bestätigt. Gleichwohl bleibt an dem zentralen Gedanken von Mauss festzuhalten, dass ein Internationalismus, der die Rechte aller Nationen und damit auch aller ihrer Einwohner schützt, auf staatlichen Einheiten beruht, die von kollektiven Identitäten getragen werden. Wie das mit Blick auf Europa aussehen könnte, ist Gegenstand des nächsten und abschließenden Kapitels.

8. Von der Europäischen Union zur Konföderation europäischer Staaten

In den vorigen Kapiteln habe ich argumentiert, dass wir uns von der Illusion befreien sollten, supranationale Institutionen mit einer eigenen demokratischen Legitimität versehen zu können. Das ist zumindest auf absehbare Zeit sehr unrealistisch, und Versuche, durch begriffliche Rekonzeptualisierungen oder auch institutionelle Innovationen den Demokratiebegriff zu retten, legitimieren de facto einen erheblichen Demokratieverlust. Zugleich ist offenkundig, dass auf Formen internationaler wie auch supranationaler Zusammenarbeit nicht verzichtet werden kann. Viele Herausforderungen lassen sich nicht in nationalen Alleingängen bewältigen, die globale Erderwärmung ist dafür lediglich das offenkundigste Beispiel. Zudem gilt gerade mit Blick auf Europa trotz aller auch hier vorgetragenen Kritik, dass der Zusammenschluss der verschiedenen Staaten eine zivilisatorische Errungenschaft darstellt, die nicht leichtfertig auf Spiel gesetzt werden sollte. Allerdings unterscheidet sich meine Analyse der gegenwärtigen Verwerfungen insofern von der »europafreundlichen« Standarderzählung, als ich in einer weiteren Integration gerade nicht eine aussichtsreiche Lösungsstrategie erblicke. Vielmehr sollte davon ausgegangen werden, dass bereits jetzt ein Zuviel an Integration vorliegt. Jeder weitere Schritt in diese Richtung dürfte die Spannungen zwischen den Mitgliedsländern einerseits und zwischen den Globalisierungsgewinnern und -verlierern andererseits erheblich steigern. Gefordert ist daher ein Rückbau der Europäischen Union, und zwar in eine Richtung, die sowohl ein Mehr an demokratischer Politikgestaltung als auch ein Mehr an sozialer Gleichheit ermöglicht. Nötig ist dafür ein Modell eines föderalen Zusammenschlusses, welches ebenso demokratie- wie souveränitätsschonend ist, welches also den einzelnen Mitgliedsländern genügend Spielraum zur eigenständigen Politikgestaltung belässt.

Oben habe ich die Position vertreten, dass die in Philadelphia beschlossene US-amerikanische Unionsverfassung insofern kein geeignetes Modell für die Europäische Union darstellt, als diese zu einem durchaus intendierten erheblichen Verlust an Demokratie geführt hat. Dennoch lohnt der Blick in die Vergangenheit. Im Folgenden soll daher ein alternatives Modell einer föderalen Zusammenarbeit skizziert werden, welches sich an der zuvor bestehenden, jedoch sehr kurzlebigen US-amerikanischen Konföderationsverfassung orientiert. Diese unterschied sich vor allem dadurch von der nachfolgenden Unionsverfassung, dass sie keinen Souveränitätstransfer und insgesamt eine deutlich demokratischere Struktur vorsah.

Die US-amerikanische Konföderationsverfassung

Am Ende des zweiten Kapitels sind wir auf die sogenannten Anti-Federalists gestoßen, eine Gruppe von Gegnern der neuen US-amerikanischen Unionsverfassung, die heutzutage größtenteils vergessen sind. Sie befürchteten, die Übertragung wesentlicher Entscheidungskompetenzen von den einzelnen Republiken auf die Ebene der Union werde zu einem erheblichen Verlust demokratischer Kontrollrechte führen. Es wäre allerdings verkürzt, würde man in den Anti-Federalists lediglich engstirnige Nationalisten sehen, die jegliche Zusammenarbeit oberhalb der Einzelstaaten ausschlossen. Vielmehr sprachen sie sich für eine Beibehaltung und behutsame Reform der *Konföderations-Artikel* aus. Und sie zeigten sich davon überzeugt, dass sie, ganz entgegen der Suggestion des ihnen zugewiesenen Namens, die wahren Föderalisten seien, während die Befürworter der Unionsverfassung einen Zentralstaat anstrebten.

Die Anti-Federalists stellten der »vereinigten Regierung« des Verfassungsentwurfs ihr Verständnis einer »föderalen Republik« gegenüber. Diese besteht aus einer Ansammlung von Staaten, die ihrerseits republikanisch organisiert sein und über eine Regierung verfügen sollten, die die internen Angelegenheiten regelt und ihren Bürgern gegenüber direkt verantwortlich ist. In Übereinstimmung mit der konstitutionellen Ordnung der Konföderationsartikel betont etwa der Federal Farmer, dass die Souveränität in einer föderalen Ordnung in den einzelnen Staaten verbleiben muss. Die einzelnen Staaten bilden ihm gemäß die Basis, auf welcher der »föderale Kopf« sitzt. Ziel der übergeordneten Ebene ist die Sicherstellung der Handlungsfähigkeit der einzelnen Republiken, nicht deren Abschaffung (2.8.205). Entscheidend ist für ihn dabei weniger das Ausmaß der übertragenen Kompetenzen, sondern die Art und Weise, wie die Macht ausgeübt wird:

> Es ist die Art der jeweiligen Machtausübung, die eine der wesentlichen Unterscheidungen zwischen einer ganzen oder vereinigten Regierung und einer föderalen Republik darstellt; das heißt, wie auch immer die Regierung im Einzelnen organisiert sein mag, wenn die Gesetze der Union in den wichtigsten Angelegenheiten, wie in der Erhebung und dem Eintreiben von Steuern, der Einberufung von Truppen und so weiter unmittelbar auf die Personen und das Eigentum von Einzelpersonen wirken, und nicht durch die einzelnen Staaten vermittelt ist [...], dann handelt es sich nicht um eine Föderation, sondern um eine Union. (2.8.205)

Hier finden wir also eine strikte Unterscheidung zwischen einem föderalen Zusammenschluss, dessen Mitglieder die einzelnen Staaten, jedoch nicht deren Bürger sind, und einer Union (»vereinigten Regierung«, im Original »consolidated government«), die unmittelbar auf die einzelnen Bürger einwirken kann und die Regierungen und Verwaltungen der einzelnen Staaten weitgehend bedeutungslos werden lässt.

In gewisser Weise stimmt der Federal Farmer mit seiner Gegenüberstellung einer Konföderation auf der einen Seite und der Union auf der anderen mit den oben erwähnten Ansichten von Madison und Hamilton überein. Beide hatten in den *Federalist Papers* den »nationalen« Charakter der Regierungsweise hervorgehoben, allerdings sahen sie darin einen ganz entscheidenden Fortschritt gegenüber der alten Ordnung und eben keinen Verlust von Freiheiten. Demgegenüber zeigten sich die Anti-Federalists davon überzeugt, dass es mit der neuen Verfassung, gerade weil sie nicht mehr föderal, sondern national sei, zu einem Verlust republikanischer Freiheiten kommen werde, wie sie in ihren Augen sowohl von den einzelstaatlichen Verfassungen als auch von der Konföderation garantiert wurden.

Die *Konföderations-Artikel*, die 1776/77 verfasst und 1781 schließlich von allen 13 Staaten ratifiziert worden waren, sahen einen Zusammenschluss souveräner Staaten zu bestimmten, konkret benannten Zwecken vor. Diese Zwecke waren die Regulierung des Binnenhandels, der Außenhandel, die auswärtige Politik und nicht zuletzt eine gemeinsame Kriegs- bzw. Verteidigungspolitik. Doch wurde zugleich die Souveränität und Unabhängigkeit der 13 Staaten hervorgehoben: »Jeder Staat behält seine Souveränität, Freiheit und Unabhängigkeit, und jegliche Gewalt, Gerichtsbarkeit und Rechte, die nicht ausdrücklich durch das gegenwärtige Bündniß den Vereinigten Staaten im versammelten Kongreß übertragen wird.« (Art. II) In der geläufigen Terminologie lässt sich daher die *Konföderation* auf den ersten Blick als ein Staatenbund bezeichnen. Gleichwohl gibt es auch Elemente, die die Logik eines reinen Zweckbündnisses sprengen. So wird etwa das Recht auf Freizügigkeit betont. Jeder Amerikaner darf, sofern er sich nichts zuschulden hat kommen lassen, die Grenzen zwischen den Staaten überschreiten und verfügt in allen Staaten über die gleichen Rechte. Mit Schönberger (2004, S. 116) lässt sich das als Indiz dafür werten, dass die *United States of America*, wie sich der Zusammenschluss schon damals nannte, durchaus Merkmale eines Bundes besaßen.[1] Der Zusammenschluss wird in den *Konföderations-Artikeln* dementsprechend als ein »feste[r] Freundschaftsbund« (Art. III) bezeichnet, auch das überschreitet die Logik eines bloßen Zweckbündnisses. Gleichwohl, und das ist der entscheidende Punkt, wird dort auch großer Wert darauf gelegt, dass die einzelnen Staaten auch weiterhin souverän sind, die übergeordnete Ebene also in deren Abhängigkeit verbleibt.[2]

Das zeigt sich auch in der institutionellen Ausgestaltung. Die einzelnen Staaten entsandten bis zu sieben Delegierte – und eben keine Repräsentanten mit freiem Mandat – in den *Kongress der Konföderation*, die jedoch jederzeit abberu-

1 Dieses Konzept soll zum Ausdruck bringen, dass die Frage der Souveränität nicht abschließend geklärt ist, sie vielmehr in der Schwebe bleibt zwischen der Ebene der Glieder und der der übergeordneten Einheit; vgl. auch Oeter (2016).

2 De jure ist das auch in der Europäischen Union insofern teilweise weiterhin der Fall, als die Mitgliedstaaten als »Herren der Verträge« gelten und die Durchsetzung des europäischen Rechts auf die nationalstaatlichen Verwaltungsapparate angewiesen ist. Zugleich ist das europäische Recht jedoch unmittelbar wirksam, und gerade in wirtschafts- und finanzpolitischen Fragen ist es, wie ausführlich geschildert, zu einem ganz erheblichen Souveränitätsverlust der Mitgliedsländer gekommen.

fen werden konnten. Zudem war ihre Amtszeit begrenzt. Ein Element, welches demgegenüber in Richtung eines Souveränitätstransfers verweist, bestand darin, dass die Beschlüsse nicht einstimmig gefasst werden mussten, um als verbindlich zu gelten. Erforderlich war lediglich eine Zweidrittelmehrheit.

Hinsichtlich der Kompetenzen und Machtmittel verblieb die übergeordnete Ebene jedoch ganz eindeutig in Abhängigkeit von den Staaten. Der *Kongress der Konföderation* verfügte nicht über das Recht zur Steuererhebung. Für die Finanzierung der gemeinsamen Armee, die Mobilisierung der Soldaten, den Schuldendienst und auch die Verwaltung der Konföderation sollten die einzelnen Staaten aufkommen. Kurzum, der Kongress besaß lediglich eine delegierte Regierungsgewalt. Darin sahen die Anti-Federalists denn auch den »föderalen« und eben nicht »nationalen« oder »vereinigten« Charakter. Diese föderale Ordnung war in den Augen der späteren Federalists jedoch nicht ausreichend.

Es ist hier nicht der Ort, um auf die bis heute umstrittene Frage einzugehen, ob es tatsächlich, wie von den Federalists behauptet, in den achtziger Jahren des 18. Jahrhunderts eine Krise der Konföderation gab, ob also wirklich ein wirtschaftlicher Niedergang oder der Verlust der Kreditwürdigkeit bevorstand (vgl. Wood 1969, S. 391-429). Bisweilen wurde gar ein potenzieller Krieg zwischen den amerikanischen Staaten vorhergesagt, wenn man denn nicht eine engere Verbindung zwischen den einzelnen Staaten herstelle, also eine bundesstaatliche Ordnung mit einem entsprechenden Souveränitätstransfer etabliere. Oben habe ich im Anschluss an Charles Beard argumentiert, dass es damals zumindest auch um die Abwehr radikaldemokratischer Bestrebungen ging. Jedenfalls vermochten die Befürworter einer neuen Verfassung zumindest unter den Eliten ein Klima zu erzeugen, welches schließlich zum Konvent in Philadelphia und zur Verabschiedung der bis heute gültigen Unionsverfassung führte.

Was lässt sich der US-amerikanischen Ratifizierungsdebatte für die Zukunft der Europäischen Union entnehmen? Erstens, dass der Zusammenhang zwischen der Größe eines Gemeinwesens und seiner Demokratiefähigkeit Ende des 18. Jahrhunderts auf einem Argumentationsniveau thematisiert wurde, das zumindest die Diskussionen jenseits der akademischen Fachzeitschriften heutzutage nicht erreichen. Beiden Seiten waren die machtpolitischen Implikationen der neuen Ordnung nämlich nur zu gut bewusst. Denn bei allen Differenzen in der Bewertung war man sich zumindest darüber einig, dass das neue Gebilde die Macht der einfachen Männer deutlich beschränke, so dass, wie Madison am Ende des zehnten Artikels der *Federalist Papers* ausführt, demokratischen Forderungen ein Riegel vorgeschoben werden könne: »Die wilden Forderungen nach Papiergeld, nach Annullierung der Schulden, nach gleicher Eigentumsverteilung oder jedem anderen untauglichen oder schlimmen Vorhaben werden die Gesamtheit der Union weniger leicht erfassen können, als eines ihrer Glieder.« (Hamilton/Madison/Jay 1994, S. 58) Ganz ähnlich lautete Hayeks Argument, als er sich für eine Währungsunion aussprach, und die Institutionalisierung des Austeritätsregimes im Zuge der Finanzkrise hat diesen Effekt einer Verhinderung demokratischer Selbstbestimmung zugunsten finanziell starker Akteure, der vielzitierten »Märkte«, auch in Europa weiter verfestigt. Die entsprechenden rechtlichen Regelungen wurden dabei als »alternativlos« bezeichnet und durch die nationalen Parlamente gepeitscht.[3]

3 Eine unrühmliche Rolle hat dabei das deutsche Bundesverfassungsgericht mit seinen ständigen »Ja, aber«-Entscheidungen gespielt, an-

Zweitens lässt sich der damaligen Diskussion aber auch entnehmen, dass man sich nicht zwischen einer supranationalen und einer nationalen Ordnung entscheiden muss, sondern dass es hier viele Zwischenformen gibt und es auf die jeweilige institutionelle Ausgestaltung ankommt. Zu diesen Zwischenformen zählen mindestens das Konföderationsmodell, wie es von 1782 bis 1788 existierte, und das Unionsmodell, welches von 1789 bis zum Ausbruch des Amerikanischen Bürgerkrieges bestand, nach dem Sieg der Nordstaaten dann aber von einer noch stärker bundesstaatlichen Form abgelöst wurde.

Stufen des Föderalen: Intergouvernementalismus – Staatenbund – Konföderation – Union – Bundesstaat

Geht man von der absoluten Souveränität der Nationalstaaten aus, ist internationale Koordination nur im Rahmen des sogenannten Intergouvernementalismus denkbar. Doch selbst hier gibt es ein breites Spektrum an Formen und Verfahren, die sich unter anderem nach ihrer Regelmäßigkeit (Ad-hoc-Verhandlungen oder kontinuierliche Beratungen) oder den handelnden Akteuren (hochrangige Regierungsvertreter, Diplomaten oder Verwaltungsangehörige usw.) unterscheiden. Eine Beteiligung an internationalen Regimen ist eben-

gefangen beim »Maastricht«-Urteil über das »Lissabon«-Urteil bis hin zu den diversen Entscheidungen im Kontext der Eurorettungspolitik. Einerseits hat es zu Recht immer wieder und mit Nachdruck auf der Notwendigkeit einer Beteiligung der nationalen Parlamente bestanden, zugleich aber die de facto sich vollziehende Erosion demokratischer Herrschaftsausübung mitgetragen. Hier zeigen sich auch die Grenzen einer rein staatsrechtlichen Betrachtungsweise.

falls möglich, allerdings bleibt die staatliche Souveränität insofern gewahrt, als die Regierungsvertreter jederzeit die Verhandlungen oder die Regime verlassen können, wie es etwa beim Ausstieg der Vereinigten Staaten aus dem Pariser Klimaabkommen geschehen ist.

In einem Staatenbund schließen sich souveräne Staaten zu einem bestimmten Zweck, insbesondere der gemeinsamen Verteidigung, zusammen. Es handelt sich um einen völkerrechtlichen Vertrag, der de jure jederzeit aufgekündigt werden kann. Die Beschlüsse werden einstimmig gefasst, die Bürgerinnen und Bürger der Mitgliedstaaten unterstehen keiner Gesetzgebung des Staatenbundes.

Im Konföderationsmodell werden einige zentrale Bereiche auf die suprastaatliche Ebene delegiert, und die Staaten verpflichten sich hier zu einer engen Kooperation. Das kann qualifizierte Mehrheitsentscheidungen ebenso einschließen wie unmittelbar wirksame Rechte der Bürgerinnen und Bürger der einzelnen Staaten beinhalten. So garantierte die US-amerikanische Konföderationsverfassung Freizügigkeit über Staatsgrenzen hinweg. Der Hauptzweck dieser Form des Föderalen ist jedoch der Schutz der Handlungsfähigkeit der beteiligten Staaten und gerade nicht, wie es gegenwärtig in der Europäischen Union der Fall ist, deren Untergrabung. Ein klassischer Politikbereich des konföderalen Modells ist wie beim Staatenbund die gemeinsame Verteidigung, es treten aber auch noch weitere Politikfelder hinzu.

Im Unionsmodell schließlich verbleibt die Frage der Souveränität in der Schwebe. Zwar ist sie, formal betrachtet, geteilt, infolge spezifischer Machtkonstellationen kommt es allerdings immer wieder zu Reibungen. Vor allem aber gibt es eine Dynamik der Verlagerung von Entscheidungskompetenzen und Machtressourcen auf die übergeordnete Ebene. Das lässt sich am Beispiel der Europäischen Union sehr gut beobachten, wo die supranationale Ebene im Lauf der Jahrzehnte immer mehr Kompetenzen an sich gezogen hat, vor allem in den Bereichen der Währungs-, Finanz-, Wirtschafts-, Verbraucherschutz- und Agrarpolitik. Darüber hinaus existiert mit Artikel 352 AEUV eine Generalklausel, mit deren Hilfe weitere Politikbereiche vergemeinschaftet werden können, wenn die Kommission dies zum Zwecke der Etablierung eines gemeinsamen Wirtschaftsraumes für erforderlich hält und der Rat der Europäischen Union sowie das Europäische Parlament zustimmen. Entscheidend ist jedoch die Rolle des Europäischen Gerichtshofs bei der Auslegung der Marktfreiheiten und der damit verbundenen Schleifung nationaler Regulierungen. Die nationalen sowie die regionalen Parlamente werden durch dieses Verfahren ausgebootet (vgl. van Middelaar 2016, S. 198). Zugleich wurden durch die oben beschriebene Überkonstitutionalisierung wesentliche Entscheidungsmaterien entpolitisiert, was den demokratischen Gestaltungsspielraum der Mitgliedstaaten zusätzlich einschränkt. Daran ändert auch das in der Vertragsrhetorik verankerte und in politischen Sonntagsreden vielfach beschworene Subsidiaritätsprinzip wenig; zum einen weil es in Artikel 5 des Vertrags über die Europäische Union in einer Weise ausbuchstabiert ist, dass es als Einfallstor europaweiter Regelungen dient, denn welche Maßnahmen lassen sich »wegen ihres Umfangs oder ihrer Wirkungen auf Unionsebene« nicht besser supranational umsetzen? Zumindest dann, wenn im Zweifelsfall der Europäische Gerichtshof darüber die Letztentscheidung besitzt. Zum anderen verbleibt das Subsidiaritätsprinzip aber auch deshalb auf der rhetorischen Ebene, weil den europäischen Verträgen eine Vereinheitlichungsagenda eingeschrieben ist, die in allen marktrelevanten Bereichen – und welche Bereiche sind im Zeitalter des Neoliberalismus nicht irgendwie marktrelevant? – wenig Raum für nationale oder regionale Sonderwege lässt.

Insgesamt ist es im Rahmen der Europäischen Union also zu einer ganz erheblichen Übertragung de jure von Hoheitsrechten und de facto von Souveränität auf die supranationale Ebene gekommen. Zwar verbleibt die »Kompetenz-Kompetenz« auf der Ebene der Mitgliedstaaten, die als »Herren der Verträge« fungieren, doch zugleich handelt es sich dabei um eine juristische Fiktion, wie nicht zuletzt bei der Krisenreaktionspolitik deutlich geworden ist. Die entsprechenden Gesetzesvorhaben und verfassungsrechtlichen Änderungen, vor allem die Einführung einer »Schuldenbremse«, wurden unter hohem Zeitdruck und mit einer Rhetorik der »Alternativlosigkeit« durchgesetzt. In der Folge haben die etablierten Parteien einen ganz erheblichen Glaubwürdigkeitsverlust erlitten; bei nationalen Wahlen wurden sie regelmäßig abgestraft. Das liegt nicht zuletzt daran, dass sie zwar in Wahlkämpfen mehr oder weniger grundlegende Veränderungen versprechen müssen, die nationalen Parlamente und Regierungen in vielen Bereichen aber gar nicht mehr über die hierfür erforderlichen Entscheidungskompetenzen oder finanzpolitischen Spielräume verfügen.

Das politische System der Europäischen Union wird bisweilen als Exekutivföderalismus bezeichnet, was unterstreicht, dass es zu einem Machtverlust der nationalen Parlamente zugunsten der Regierungen der großen Mitgliedstaaten gekommen ist. Hinzu tritt insofern eine Art Technokratieföderalismus, als wesentliche Politikbereiche mittlerweile weitgehend entpolitisiert sind. Nicht zuletzt verfügt Deutschland aufgrund seiner derzeitigen Wirtschaftsmacht in der Europäischen Union über eine hegemoniale Stellung, auch wenn es diese nicht in allen Bereichen gleichermaßen ausübt. Die starke Position Deutschlands, die auch aus seiner Größe resultiert, widerspricht jedoch einer zentralen Einsicht der klassischen Föderalismustheorie, nämlich dass eine dauerhafte Föderation keine erheblichen Machtungleichgewichte zwischen ihren Mitgliedern aufweisen darf. Die Europäische Union entspricht damit in doppelter Hinsicht nicht der Idee eines demokratischen Föderalismus: Weder herrscht Gleichheit zwischen ihren Mitgliedsländern, noch sind die Entscheidungsprozesse offen für eine effektive Programmierung und Kontrolle durch die Bürgerinnen und Bürger.

Daran würde auch die oftmals vorgeschlagene Erweiterung zu einem europäischen Bundesstaat zunächst wenig ändern, droht doch gerade eine weitere Parlamentarisierung das Demokratiedefizit der Europäischen Union zu vergrößern. Die wesentlichen Argumente seien hier letztmalig genannt: Zum einen würde auch ein EU-Parlament mit einer bloß formal starken Gesetzgebungsgewalt und einer aus dem Parlament hervorgehenden Regierung, also die oben diskutierte Übertragung eines nationalstaatlichen Demokratiemodells, bei Beibehaltung der Verträge über viele Materien weiterhin nicht entscheiden können. Doch selbst wenn es zu einer Entkonstitutionalisierung und in der Folge zu einer möglichen Repolitisierung der entsprechenden Politikbereiche kommen sollte, bliebe zum anderen das oben geschilderte Problem, dass die notwendigen gesellschaftlichen Voraussetzungen einer solchen Parlamentarisierung derzeit nicht gegeben sind und wahrscheinlich auch auf absehbare Zeit nicht erfüllt sein werden. Das beginnt damit, dass es keine gemeinsame europäische Sprache gibt und der sichere wie selbstverständliche Gebrauch des Englischen sowie weiterer europäischer Sprachen vorwiegend eine Kompetenz der akademischen Mittelschichten darstellt. Ohne gemeinsame Sprache besteht allerdings zweitens auch keine gemeinsame Erfahrungswelt. Ein gemeinsamer Bedeutungsraum wäre jedoch notwendig, um überhaupt einen *demos* zu konstituieren. Wenn man sich aber als »Fremde« begegnet, entstehen jene Ressourcen nicht, oder zumindest nicht in ausreichendem Umfang, auf die ein demokratisches Miteinander essenziell angewiesen ist, nämlich Vertrauen und Solidarität. Ohne gemeinsame Sprache existiert drittens auch keine europäische Öffentlichkeit. Zwar wird in den sogenannten Qualitätszeitungen und auch im Fernsehen vermehrt über europäische Themen berichtet, doch geschieht dies weiterhin größtenteils aus einer nationalstaatlichen Perspektive. Viertens schließlich existieren keine europäischen Parteien oder Parteilisten, und der Versuch, länderübergreifende Wahlkreise einzuführen, ist vom Europäischen Parlament mit guten Gründen abgelehnt worden. Denn was vor 2500 Jahren in Attika im Rahmen der Kleisthenischen Reformen funktioniert hat, lässt sich angesichts der skizzierten Heterogenität der Mitgliedstaaten nicht auf die Europäische Union übertragen. Kurzum, eine weitere Übertragung politischer Kompetenzen oder gar von Souveränität, wie es das Bundesstaatsmodell voraussetzt, würde vielleicht zu einem effektiveren Regieren führen, damit wäre aber lediglich eine Scheindemokratisierung erreicht.

Europa braucht ohne Zweifel mehr Demokratie, doch das lässt sich auf dem bislang eingeschlagenen Weg einer »immer engeren Union« nicht bewerkstelligen. Dieser führt vielmehr zur Verfestigung neoliberaler und technokratischer Strukturen mit scheindemokratischem Beiwerk. Hält man demgegenüber an einem Konzept fest, welches sich an dem oben skizzierten doppelten Versprechen der Demokratie orientiert, muss ein anderer Ausweg aus der postdemokratischen Sackgasse gefunden werden. Dieser besteht in einer Wiederbelebung der einzelstaatlichen Handlungsfähigkeit, jedoch eben gerade nicht verbunden mit der Förderung nationalstaatlicher Egoismen, sondern unter Beibehaltung und in einigen Bereichen auch Stärkung der supranationalen Kooperation. Darauf ist abschließend einzugehen.

Eine Konföderationsverfassung für Europa

Die Europäische Union ist aus der Montanunion hervorgegangen, die sich sukzessive zu einem gemeinsamen Markt und seit dem Vertrag von Maastricht von 1992 zumindest für die meisten Länder West-, Mittel- und Südeuropas zu einer Währungs- und Wirtschaftsunion weiterentwickelt hat. In der Folge sind erhebliche Entscheidungsbereiche sowohl auf die supranationale Ebene delegiert als auch entpolitisiert worden. Wie gezeigt, sind es gerade diese Verhinderung einer eigenständigen Währungspolitik und die Zentralisierung wirtschaftspolitischer Kompetenzen, die in vielen europäischen Staaten nicht nur zu einer zunehmenden sozialen Spaltung, sondern auch zu einer massiven Krise der Demokratie geführt haben. Das gilt auch mit Blick auf die Länder Ostmittel- und Südosteuropas. Diese konnten durch die Mitgliedschaft zwar insgesamt erhebliche Wohlfahrtsgewinne erzielen, zugleich ist es jedoch zu einer Verfestigung der Stadt-Land-Spaltung und zu neuen sozialen Ungleichheiten gekommen (vgl. Ther 2014). Wie in Westeuropa ist die Bevölkerung auch dort zunehmend in urbane Modernisierungsgewinner und abgehängte Modernisierungsverlierer gespalten. Diese mithin europaweit zu beobachtende Spaltungslinie hat viel mit der negativen Integration und der damit einhergehenden strukturellen Bevorzugung des »transnationalen Marktvolkes« zu tun (Streeck 2013).

Es kommt daher vor allem darauf an, die wirtschafts- und währungspolitische Handlungsfähigkeit der Mitgliedsländer wieder zu stärken. Damit ist freilich keine Abschottungspolitik gemeint, und es ist auch zu diskutieren, ob notwendig die historisch gewachsenen Nationalstaaten als eigenständige Wirtschafts- und Währungsräume wieder zu errichten sind oder ob nicht eine engere Verzahnung in regionalen Räumen (etwa Nord-, West-, Süd- und Osteuropa) vorzuziehen wäre. Doch es führt kein Weg an der Erkenntnis vorbei, dass die wirtschaftsliberale Agenda der Europäischen Union ebenso demokratie- wie gerechtigkeitsfeindlich ist. Da dies im Rahmen des europäischen Supranationalismus mit seinen diversen Vetospielern und divergierenden Interessen nicht behoben werden kann, sollten Regulierungskompetenzen von der europäischen Ebene auf die einzelstaatliche oder regionale Ebene zurückverlagert werden. Entscheidend ist, dass demokratisch legitimierte Gesetzgeber über einen nicht unerheblichen wirtschaftspolitischen Gestaltungsspielraum verfügen sollten, der nicht durch eine gemeinsame Währungspolitik, Haushaltskontrollen oder auch Austeritätsregime eingeschränkt wird.

Der wesentliche Unterschied des hier vorgeschlagenen Konföderationsmodells zur Europäischen Union besteht daher darin, dass eine supranationale Regelung gerade nicht vorwiegend auf dem Gebiet der Wirtschafts-, Währungs- und Handelspolitik geschehen sollte, wie es gegenwärtig der Fall ist. Das schließt eine gemeinsame Koordination etwa in der Steuerpolitik ebenso wenig aus wie Solidaritätstransfers, letztere sind sogar in höherem Umfang erforderlich, als es gegenwärtig der Fall ist. Doch die Grundlage dafür kann nur eine Stärkung der Entscheidungsgewalt der einzelstaatlichen Parlamente und Regierungen sein, und hier sind insbesondere die Bereiche der Wirtschafts-, Währungs- und Handelspolitik von zentraler Bedeutung. Es muss also sichergestellt werden, dass ökonomisch starke Staaten ihre Interessen nicht über den Umweg über die supranationalen Institutionen durchsetzen und in der Konsequenz neoimperiale Strukturen etablieren können.

Welche Bereiche sollten aber supranational gestärkt werden? An erster Stelle ist an eine gemeinsame Außen- und Sicherheitspolitik zu denken. Damit würde man zu den Ursprüngen des Föderationsgedankens zurückkehren. Eine Föderation sollte nämlich in der Antike und der Neuzeit vorwiegend Sicherheit garantieren und auf diese Weise gerade die Freiheit kleiner Republiken schützen. Die Antwort auf das Größendilemma bestand also darin, sich in diesem Kernbereich zusammenzuschließen, weitere Politikfelder aber nicht in einer Art und Weise zu regulieren, welche die Mitglieder der Föderation ihrer Eigenständigkeit beraubt. Nun hat sich die Welt seit Montesquieus Zeiten erheblich verändert, und es sind zahlreiche Herausforderungen entstanden, die einer globalen Koordination bedürfen, aber auch auf supranationaler Ebene reguliert werden müssen. Dazu zählt an erster Stelle die Umweltpolitik, denn bekanntlich machen Treibhausgase und verunreinigte Flüsse nicht an nationalstaatlichen Grenzen halt. Weitere Bereiche, in denen eine supranationale Politikgestaltung erforderlich ist, sind die Kriminalitäts- sowie die Flüchtlings- und Einwanderungspolitik, wobei es hier nur um die Koordination gehen kann, nicht um ein Durchregieren von der Zentrale auf die Ebene der Mitgliedstaaten, etwa durch die Festlegung verbindlicher Aufnahmequoten. Doch wie soll die supranationale Ebene verfasst sein?

Es ist hier nicht der Ort, eine detaillierte institutionelle Ordnung zu entwerfen, aber zumindest einige Kerngedanken sollen kurz umrissen werden. Dass es sich dabei nicht um eine unmittelbar umsetzbare Reformagenda für die gegenwärtige Europäische Union handelt, liegt auf der Hand. Der Anspruch ist lediglich, zum Abschluss dieses Buches die institutionellen Konsequenzen der bisherigen Überlegungen zu verdeutlichen. Es geht darum, ein Modell der supranationalen Kooperation zu skizzieren, welches einen deutlich höheren Grad an demokratischer Kontrolle aufweist, als es gegenwärtig in der Europäischen Union der Fall ist.

Eine Konföderation ist eine Föderation im klassischen Sinn, also eine Vereinigung von weitgehend souveränen Staaten. Diese sind die Subjekte, die sich zusammenschließen, es handelt sich also nicht um eine Vereinigung der europäischen Bürgerinnen und Bürger. Die Machtbefugnis und Entscheidungskompetenz der Europäischen Konföderation sind beschränkt auf die oben genannten Politikbereiche. Daraus folgt, dass die Mitgliedstaaten bzw. deren Untergliederungen für jene Politikbereiche zuständig sind, bei denen die Kompetenz nicht ausdrücklich auf der supranationalen Ebene liegt. Zudem ist eine schleichende Expansion der supranationalen Kompetenzen zu vermeiden. Weitere Übertragungen von Herrschaftsbefugnissen benötigen die Zustimmung der einzelnen Staaten und müssen jeweils durch deren demokratische Mehrheiten legitimiert worden sein. Zugleich geht das Konföderationsmodell aber insofern über einen reinen Staatenbund hinaus, als den Einwohnern, nicht aber Unternehmen, rechtlicher Schutz gegen Diskriminierungen in allen Mitgliedsländern gewährt wird und sie auch in den anderen Staaten nach einer gewissen Zeit der Ansässigkeit über politische wie soziale Rechte verfügen sollen. Die Bürgerinnen und Bürger der Europäischen Konföderation besitzen mithin spezifische liberale Rechte, die supranational gelten, üben ihre demokratischen Partizipationsrechte jedoch nur auf der Ebene der Mitgliedstaaten aus. Die demokratische Programmierung und Kontrolle der supranationalen Ebene erfolgen dementsprechend indirekt, nämlich über die Parlamente der einzelnen Staaten, auch hier in Übereinstimmung mit der

US-amerikanischen Konföderationsverfassung. Die jeweiligen Legislativen entsenden Beauftragte in eine parlamentarische Versammlung auf europäischer Ebene. Diese hat vornehmlich die Funktion der Kontrolle der supranationalen Exekutive und verfügt über das Haushaltsrecht für einen gemeinsamen Etat. Neue supranationale Gesetze können ebenfalls von dieser Versammlung in Kooperation mit der europäischen Exekutive ausgearbeitet werden, doch bedürfen diese der Zustimmung einer qualifizierten Mehrheit der nationalen Legislativen. Die Zusammensetzung und die Funktionen der Europäischen Versammlung entsprechen damit größtenteils jener des Europäischen Parlaments vor seiner erstmaligen Direktwahl im Jahr 1979 – insbesondere mit Blick auf seine Besetzung durch Delegierte nationaler Parlamente. Ein solches Modell würde mehr Demokratie bedeuten, da, wie Dieter Grimm hervorhebt, die supranationale Ebene »keine ausreichenden Ressourcen für ihre Eigenlegitimation« besitzt. Sie hängt vielmehr von der Legitimationszufuhr durch die Mitgliedstaaten ab, ihre »Vollparlamentarisierung würde aber gerade diese abschnüren. Sie liegt daher nicht im demokratischen Interesse« (Grimm 2016, S. 197). Entsprechend bedarf es auch keines direkt gewählten europäischen Scheinparlaments.

Dies vorausgesetzt, erteilt das Konföderationsmodell dem Konzept einer Unionsbürgerschaft, verstanden als Einheit von liberalen Schutzrechten und republikanischen Partizipationsrechten, ebenso eine Absage wie der Idee einer »pouvoir constituant mixte«, wie sie von Jürgen Habermas prominent vertreten wird (2011a; vgl. Niesen 2016). Diesem Konzept zufolge soll die Legitimation der Europäischen Union einerseits direkt durch die Unionsbürger und andererseits vermittelt über die Regierungen der Einzelstaaten erfolgen, welche wiederum demokratisch legitimiert sind. Das ist freilich wirklichkeitsfremd. Demokratische Souveränität hat ihren Ort einzig auf der Ebene der Einzelstaaten, denn nur dort ist eine effektive demokratische Politikgestaltung und Kontrolle möglich. Modelle einer Übertragung demokratischer Institutionen und Praktiken auf die supranationale Ebene sind im besseren Fall akademische Glasperlenspiele, im schlechteren Fall gehen sie, wie ausführlich geschildert, mit einer erheblichen Abschwächung des Gehalts des Demokratischen einher. Denn diesen institutionellen Vorschlägen wird auch auf längere Sicht keine gelebte demokratische Kultur auf der Ebene der Europäischen Union entsprechen, und sie dienen lediglich einer demokratietheoretischen Verschleierung oligarchischer bis zunehmend autokratischer Strukturen.

Die Exekutive der Europäischen Konföderation besitzt klar umrissene Kompetenzen, die sich auf jene Politikfelder beschränken, die supranationaler Natur sind. Im vorgeschlagenen Modell wären dies die Verteidigungs-, die Umweltschutz- sowie die Einwanderungs- und Flüchtlingspolitik. Darüber hinaus sollte es auf der Ebene der parlamentarischen Versammlung Koordinationsgremien für weitere Politikbereiche geben, etwa für Wirtschafts-, Sozial- oder auch Kulturpolitik. Hier können gemeinsame Initiativen gestartet werden, allerdings ist darauf zu achten, dass die Hoheitsrechte der Mitgliedsländer nicht verletzt werden. Es kann sich also nur um eine freiwillige Zusammenarbeit handeln.

Neben der Exekutive sollte es auch eine supranationale Judikative geben. Deren Aufgabe ist erstens der Schutz der individuellen Grundrechte der Bürgerinnen und Bürger. Hier sollte das Gericht auch über Sanktionsmittel gegenüber jenen Mitgliedstaaten verfügen, die diese Grundrechte systematisch missachten, das kann bis zu einem mittel- bis längerfristigen Ausschluss aus der Europäischen Konföderation reichen. Für eine derartige Sanktion ist allerdings zudem die Zustimmung der parlamentarischen Versammlung mit einer Zweidrittelmehrheit erforderlich. Die zweite Aufgabe des Gerichts ist die Klärung von Organstreitigkeiten, etwa zwischen der supranationalen Legislative und Exekutive oder auch zwischen einzelnen Mitgliedstaaten und der Europäischen Konföderation. Auch hier sollte das Gericht über Sanktionsmöglichkeiten verfügen, die bis zur Einleitung eines Ausschlussverfahrens reichen können. Im Unterschied zur bestehenden Praxis des Europäischen Gerichtshofs darf es sich aber nicht um ein »Gericht mit einer Agenda« (Grimm 2016, S. 109) handeln. Es darf nicht in der Lage sein, eine integrationsfreundliche Politik durch Richterrecht zu betreiben, wie es gegenwärtig im Zuge des »Abbaus« von Wettbewerbsschranken und der Durchsetzung der »negativen Integration« der Fall ist. Eine wichtige Voraussetzung dafür ist, dass eine »Überkonstitutionalisierung« vermieden wird, im Vertragsrecht der Konföderation also keine konkreten Agenden formuliert sind. Das Vertragsrecht sollte knapp ausfallen und sich auf einen Grundrechtekatalog sowie auf die institutionelle Ordnung beschränken und jene Politikbereiche benennen, in denen eine supranationale Politikgestaltung vorgesehen ist. Schließlich sollte ein Verfassungsausschuss der Parlamentarischen Versammlung bei entsprechenden Klagen darüber urteilen, ob eine unzulässige Expansion supranationaler Kompetenzen in die einzelstaatlichen Handlungs- und Entscheidungskompetenzen vorliegt. Der Grund, diese Kompetenz der Legislative und gerade nicht der Judikative zuzuordnen, ist, dass im Parlament die Interessen der Mitgliedstaaten stärker ausgeprägt sein dürften.

Das hier vorgeschlagene Konföderationsmodell setzt aus demokratietheoretischen Gründen auf eine Kompetenzverlagerung von der supranationalen auf die Ebene der Mitgliedstaaten, vor allem im ökonomischen Bereich. Zugleich ist eine Stärkung der Kompetenzen der nationalen Parlamente erforderlich; der Weg einer weiteren Aufwertung des Europäischen Parlaments wird dagegen ausgeschlagen. Die supranationale Handlungskoordination beschränkt sich auf wenige Politikbereiche und erfolgt einerseits durch vertragliche Regelungen, die die wesentlichen Politikziele festhalten, und durch Delegierte in einer parlamentarischen Versammlung, die ihren jeweiligen Legislativen gegenüber verantwortlich sind. Nur auf diese Weise, so die Argumentation, lässt sich demokratische Selbstbestimmung auch in einer zunehmend globalisierten Welt realisieren.

Aber fällt dieses Modell nicht in einen problematischen Nationalismus zurück? Und ist es nicht die große Errungenschaft der Europäischen Union, dass sie zumindest in Westeuropa für ein friedliches Miteinander der Nationen gesorgt hat, wir ihr also inzwischen über 60 Jahre Wohlstand und Frieden verdanken? Was Letzteres betrifft, so soll noch einmal betont werden, dass diesem Modell zufolge gerade in den Bereichen der Verteidigung sowie des Schutzes der Menschenrechte und der Demokratie die supranationale Zusammenarbeit eher noch intensiviert werden würde. Allerdings sollte eine gemeinsame Friedens- und Sicherheitspolitik vornehmlich mit zivilen Mitteln agieren und auch ein Verbot von Waffenexporten jenseits des europäischen Zusammenschlusses umfassen. Weiterhin ist davon auszugehen, dass die Rückgewinnung wirtschafts- und finanzpolitischer Handlungsmacht sowohl dem im Zuge der Finanzkrise zu beobachtenden Hass auf die Institutionen der Europäischen Union im Allgemeinen und die deutsche Bundesregierung im Besonderen als auch dem Erstarken nationalistischer Parteien entgegenwirken würde.

Literaturverzeichnis

Abizadeh, Arash (2017), »Demokratietheoretische Argumente gegen die staatliche Grenzhoheit«, in: Dietrich 2017, S. 98-120.

Adams, John (1851), »Letter to John Penn«, in: *The Works of John Adams*, Bd. IV, Boston, S. 203-209.

Adler, Max (1914), *Wegweiser. Studien zur Geistesgeschichte des Sozialismus*, Stuttgart: Dietz.

Adloff, Frank/Volker M. Heins (Hg.) (2015), *Konvivialismus. Eine Debatte*, Bielefeld: transcript.

Adloff, Frank/Claus Leggewie (Hg.) (2014), *Das konvivialistische Manifest. Für eine neue Kunst des Zusammenlebens*, Bielefeld: transcript.

Alesina, Alberto/Enrico Spolaore (2005), *The Size of Nations*, Cambridge, MA: MIT Press.

Alvaredo, Facundo et al. (2018), *Die weltweite Ungleichheit: Der World Inequality Report 2018*, München: Beck.

Althusser, Louis (1987), *Machiavelli. Montesquieu. Rousseau*, *Schriften*, Bd. 2, Hamburg: Argument.

Altvater, Elmar (2007), *Konkurrenz für das Empire. Die Zukunft der Europäischen Union in der globalisierten Welt*, Münster: Westfälisches Dampfboot.

Amable, Bruno/Stefano Palombarini (2018), *Von Mitterrand zu Macron. Über den Kollaps des französischen Parteiensystems*, Berlin: Suhrkamp.

Anckar, Dag (2004), »Regime Choices in Microstates: The Cultural Constraint«, in: *Commonwealth and Comparative Politics* 42 (2), S. 206-223.

Ders./Carsten Anckar (1995), »Size, Insularity and Democracy«, in: *Scandinavian Political Studies* 18, S. 211-229.

Anderson, Benedict (1988), *Die Erfindung der Nation. Zur Karriere eines folgenreichen Konzepts*, Berlin: Ullstein.

Archibugi, Daniele (2008), *The Global Commonwealth of Citizens. Toward Cosmopolitan Democracy*, Princeton: Princeton University Press.

Archibugi, Daniele/Mathias Koenig-Archibugi/Raffaele Marchetti (Hg.) (2011), *Global Democracy: Normative and Empirical Perspectives*, Cambridge: Cambridge University Press.

Arendt, Hannah (1993), *Was ist Politik?*, aus dem Nachlass herausgegeben von Ursula Ludz, München: Piper.

Dies. (1974 [1963]), *Über die Revolution*, München: Piper.
Aristoteles (1999), *Politik*, übersetzt und erläutert von Franz W. Schwarz, Stuttgart: Reclam.
Asbach, Olaf (Hg.) (2014), *Der moderne Staat und »le doux commerce«. Politik, Ökonomie und internationale Beziehungen im politischen Denken der Aufklärung*, Baden-Baden: Nomos.

Barber, Benjamin (1994), *Starke Demokratie. Über die Teilhabe am Politischen*, Hamburg: Rotbuch.
Beard, Charles A. (1913), *An Economic Interpretation of the Constitution of the United States*, New York: Macmillan.
Beitz, Charles R. (2010 [1975]), »Gerechtigkeit und internationale Beziehungen«, in: Christoph Broszies/Henning Hahn (Hg.), *Globale Gerechtigkeit. Schlüsseltexte zur Debatte zwischen Partikularismus und Kosmopolitismus*, Berlin: Suhrkamp, S. 175-208.
Bello, Walden F. (2002), »Die Strukturanpassungsprogramme von IWF und Weltbank«, in: Mander/Goldsmith 2002, S. 190-201.
Bieling, Hans-Jürgen/Christina Deckwirth/Stefan Schmalz (Hg.) (2008), *Liberalisierung und Privatisierung in Europa*, Münster: Westfälisches Dampfboot.
Blake, Michael (2017), »Das Recht zu gehen«, in: Dietrich 2017, S. 232-249.
Bleicken, Jochen (1981), *Verfassungs- und Sozialgeschichte des Römischen Kaiserreiches*, Bd. 1, Paderborn: Schöningh.
Bluhm, Harald (2006), »Tocqueville – der klassische Analytiker der modernen Demokratie«, in: *Alexis de Tocqueville. Kleine politische Schriften*, herausgegeben von Harald Bluhm, Berlin: Akademie-Verlag, S. 11-47.
Bobbio, Norberto (1988), *Die Zukunft der Demokratie*, Berlin: Rotbuch.
Bogdandy, Armin von/Ingo Venzke (2014), *In wessen Namen? Internationale Gerichte in Zeiten globalen Regierens*, Berlin: Suhrkamp.
Bohman, James (2007), *Democracy across Borders. From Demos to Demoi*, Cambridge, MA: MIT Press.
Bonin, Holger (2005), »Wage and Employment Effects of Immigration to Germany. Evidence from a Skill Group Approach«, IZA Discussion Paper No. 1875, online verfügbar unter: {ftp://ftp.iza.org/dps/dp1875.pdf} (Stand: November 2018).
Brennan, Jason (2017), *Gegen Demokratie. Warum wir Politik nicht den Unvernünftigen überlassen sollten*, Berlin: Ullstein.
Brinkmann, Ulrich/Oliver Nachtwey (2017), *Postdemokratie und In-*

dustrial Citizenship: Erosionsprozesse von Demokratie und Mitbestimmung, Weinheim: Beltz Juventa.

Bröning, Michael (2018), *Lob der Nation. Warum wir den Nationalstaat nicht den Rechtspopulisten überlassen sollten*, Bonn: Dietz.

Brown, Wendy (2012), »Wir sind jetzt alle Demokraten«, in: *Demokratie? Eine Debatte. Mit Beiträgen von Giorgio Agamben, Alain Badiou, Jean-Luc-Nancy, Slavoj Žižek und anderen*, Berlin: Suhrkamp, S. 55-71.

Brunkhorst, Hauke (2014a), »Auswege aus der technokratischen Falle? Die unbeachtete Wirtschaftsverfassung Europas«, in: *Leviathan* 42 (4), S. 508-523.

Ders. (2014b), *Das doppelte Gesicht Europas. Zwischen Kapitalismus und Demokratie*, Berlin: Suhrkamp.

Ders. (2007), »Zwischen transnationaler Klassenherrschaft und egalitärer Konstitutionalisierung. Europas zweite Chance«, in: Niesen/Herborth 2007, S. 321-349.

Buchanan, James M. (1995), »Federalism as an Ideal Political Order and an Objective for Constitutional Reform«, in: *Publius* 25 (2), S. 19-27.

Buchstein, Hubertus/Dirk Jörke (2003), »Das Unbehagen an der Demokratietheorie«, in: *Leviathan* 31 (4), S. 470-495.

Busch, Klaus et al. (2016), *Europa geht auch solidarisch. Streitschrift für eine andere EU*, Hamburg: VSA.

Cabrera, Luis (2004), *Political Theory of Global Justice: A Cosmopolitan Case for the World State*, London: Routledge.

Calhoun, Craig (2003), »›Belonging‹ in the Cosmopolitan Imaginary«, in: *Ethnicities* 3 (4), S. 531-568.

Canovan, Margaret (2005), *The People*, Cambridge: Polity.

Carens, Joseph (2017), »Ein Plädoyer für offene Grenzen«, in: Dietrich 2017, S. 166-210.

Ders. (2013), *The Ethics of Immigration*, Oxford: Oxford University Press.

Cassee, Andreas (2016), *Globale Bewegungsfreiheit. Ein Plädoyer für offene Grenzen*, Berlin: Suhrkamp.

Cassee, Andreas/Anna Goppel (Hg.) (2012), *Migration und Ethik*, Münster: mentis.

Chami, Ralph/Ekkehard Ernst/Connel Fullenkamp/Anne Oeking (2018), »Are Remittances Good for Labor Markets in LICs, MICs and Fragile States? Evidence from Cross-Country Data«, *IMF Working Paper* 18/102.

Chimni, B.S. (2011), »Global Capitalism and Global Democracy: Subverting the Other?«, in: Archibugi et al. 2011, S. 233-252.

Chomsky, Noam (2000), *Profit over People. Neoliberalismus und globale Weltordnung*, 3. Aufl., Wien: Europa Verlag.

Cicero (1979), *De re publica. Vom Gemeinwesen*, übersetzt von Karl Büchner, Stuttgart: Reclam.

Clark, Nicholas (2014), »Explaining Low Turnout in European Elections: The Role of Issue Salience and Institutional Perceptions in Elections to the European Parliament«, in: *Journal of European Integration* 36 (4), S. 339-356.

Claussen, Detlev (Hg.) (1987), *Vom Judenhass zum Antisemitismus. Materialien einer verlängerten Geschichte*, Darmstadt: Luchterhand.

Cohen, Jean L. (2012), *Globalization and Sovereignty. Rethinking Legality, Legitimacy, and Constitutionalism*, Cambridge: Cambridge University Press.

Collier, Paul (2016), *Exodus: Warum wir Einwanderung neu regeln müssen*, München: Pantheon.

Colliot-Thélène, Catherine (2011), *Demokratie ohne Volk*, Hamburg: Hamburger Edition.

Colomer, Josep Maria (2007), *Great Empires, Small Nations: The Uncertain Future of the Sovereign State*, London: Routledge.

Cornell, Saul (1999), *The Other Founders. Anti-Federalism and the Dissenting Tradition in America, 1788-1828*, Chapel Hill: University of North Carolina Press.

Culpepper, Pepper/Archon Fung (2007), »Do All Bridges Collapse? Possibilities for Democracy in the European Union«, in: *Politische Vierteljahresschrift* 48 (2), S. 730-739.

Dahl, Robert A. (2006), *Politische Gleichheit – ein Ideal?*, Hamburg: Hamburger Edition.

Ders. (1999), »Can International Organizations Be Democratic?«, in: Ian Shapiro/Casiano Hacker-Cordón (Hg.), *Democracy's Edges*, Cambridge: Cambridge University Press, S. 19-36.

Ders. (1989), *Democracy and Its Critics*, New Haven: Yale University Press.

Ders./Edward Tufte, (1973), *Size and Democracy*, Stanford: Stanford University Press.

Dewey, John (1996 [1927]), *Die Öffentlichkeit und ihre Probleme*, Bodenheim: philo.

Diamond, Larry/Svetlana Tsalik (1999), »Size and Democracy: The Case for Decentralization«, in: Larry Diamond (Hg.), *Developing*

Democracy: Towards Consolidation, Baltimore: Johns Hopkins University Press, S. 117-160.
Deitelhoff, Nicole (2006), *Überzeugung in der Politik. Grundzüge einer Diskurstheorie internationalen Regierens*, Frankfurt am Main: Suhrkamp.
Dietrich, Frank (Hg.) (2017), *Ethik der Migration. Philosophische Schlüsseltexte*, Berlin: Suhrkamp.
Dobner, Petra/Martin Loughlin (Hg.) (2010), *The Twilight of Constitutionalism?*, Oxford: Oxford University Press.
Docquier, Frédéric/Hillel Rapoport (2012), »Globalization, Brain Drain and Development«, in: *Journal of Eonomic Literature* 50 (3), S. 681-730.
Dreier, Horst (2018), »Vom Schwinden der Demokratie«, in: Graf/Meier 2018, S. 29-81.
Dryzek, John (2006), *Global Deliberative Politics*, Cambridge: Cambridge University Press.
Dunn, John (2005), *Setting the People Free. The Story of Democracy*, London: Atlantic Books.
Dunoff, Jeffrey L./Joel P. Trachtman (Hg.) (2009), *Ruling the World: Constitutionalism, International Law and Global Governance*, Cambridge: Cambridge University Press.

Enderlein, Henrik (2013), »Das erste Opfer der Krise ist die Demokratie: Wirtschaftspolitik und ihre Legitimation in der Finanzmarktkrise 2008-2013«, in: *Politische Vierteljahresschrift* 54 (4), S. 714-739.

Fabbrini, Sergio (2007), *Compound Democracies. Why the United States and Europe Are Becoming Similar*, Oxford: Oxford University Press.
Ferenschild, Sabine/Julia Schniewind (2016), *Folgen des Freihandels. Das Ende des Welttextilabkommens und die Auswirkungen auf die Beschäftigten*, Frankfurt am Main: Otto Brenner Stiftung.
Fichte, Johann Gottlieb (1977 [1800]), *Der geschloßne Handelsstaat*, in: ders., *Ausgewählte Politische Schriften*, herausgegeben von Zwi Batscha und Richard Saage, Frankfurt am Main: Suhrkamp, S. 59-167.
Ders. (1971 [1796]), »Grundlage des Naturrechts nach Prinzipien der Wissenschaftslehre«, in: *Fichtes Werke*, Bd. III, Berlin: Walter de Gruyter, S. 1-385.
Finley, Moses I. (1986), *Das politische Leben in der antiken Welt*, München: Beck.
Flaig, Egon (2013), *Die Mehrheitsentscheidung. Entstehung und kulturelle Dynamik*, Paderborn: Schöningh.

Forst, Rainer (2007), *Das Recht auf Rechtfertigung. Elemente einer konstruktivistischen Theorie der Gerechtigkeit*, Frankfurt am Main: Suhrkamp.

Fraser, Nancy (2017), »Vom Regen des progressiven Neoliberalismus in die Traufe des reaktionären Populismus«, in: Heinrich Geiselberger (Hg.), *Die große Regression. Eine internationale Debatte über die geistige Situation der Zeit*, Berlin: Suhrkamp, S. 77-92.

Gallie, Walter B., (1956), »Essentially Contested Concepts«, in: *Proceedings of the Aristotelian Society* 56, S. 167-198.

Gerring, John/Maxwell Palmer/Jan Teorell/Dominic Zarecki (2015), »Demography and Democracy: A Global, District-level Analysis of Electoral Contestation«, in: *American Political Science Review* 109 (3), S. 574-579.

Giannone, Diego (2010), »Political and ideological aspects in the measurement of democracy: The Freedom House case«, in: *Democratization* 17 (1), S. 68-97.

Goodhart, David (2017), *The Road to Somewhere: The Populist Revolt and the Future of Politics*, London: C. Hurst & Co.

Graf, Friedrich Wilhelm/Heinrich Meier (Hg.) (2018), *Die Zukunft der Demokratie. Kritik und Plädoyer*, München: Beck.

Greenwood, Justin (2007), »Review Article: Organized Civil Society and Democratic Legitimacy in the European Union«, in: *British Journal of Political Science* 37 (2), S. 333-357.

Greven, Michael Th. (2011), »Kritische Gesellschaftsbeobachtung in der Nachkriegsgeschichte deutscher Politikwissenschaft«, in: Henrique Ricardo Otten/Manfred Sicking (Hg.), *Kritik und Leidenschaft. Vom Umgang mit politischen Ideen*, Bielefeld: transcript, S. 13-15.

Grimm, Dieter (2016), *Europa ja – aber welches? Zur Verfassung der europäischen Demokratie*, München: Beck.

Ders. (2012), *Die Zukunft der Verfassung II. Auswirkungen von Europäisierung und Globalisierung*, Berlin: Suhrkamp.

Ders. (2009), »Das Grundgesetz als Riegel vor einer Verstaatlichung der Europäischen Union. Zum Lissabon-Urteil des Bundesverfassungsgerichts«, in: *Der Staat* 48 (4), S. 475-495.

Guérot, Ulrike (2016), *Warum Europa eine Republik werden muss. Eine politische Utopie*, München: Piper.

Habermas, Jürgen (2015), »Der Demos der Demokratie – eine Replik«, in: *Leviathan* 43 (2), S. 145-154.

Ders. (2014), »Warum der Ausbau der Europäischen Union zu einer supranationalen Demokratie nötig und wie er möglich ist«, in: *Leviathan* 42 (4), S. 524-538.

Ders. (2011a), *Zur Verfassung Europas. Ein Essay*, Berlin: Suhrkamp.

Ders. (2011b), »Wie demokratisch ist die EU? Die Krise der Europäischen Union im Licht einer Konstitutionalisierung des Völkerrechts«, in: *Blätter für deutsche und internationale Politik* 8/2011, S. 37-48.

Ders. (2005), »Eine politische Verfassung für die politische Weltgesellschaft?«, in: ders., *Zwischen Naturalismus und Religion. Philosophische Aufsätze*, Frankfurt am Main: Suhrkamp, S. 324-366.

Ders. (1998), *Die postnationale Konstellation. Politische Essays*, Frankfurt am Main: Suhrkamp.

Ders. (1992), *Faktizität und Geltung. Beiträge zur Diskurstheorie des Rechts und des demokratischen Rechtsstaats*, Frankfurt am Main: Suhrkamp.

Ders. (1971), »Vorbereitende Bemerkungen zu einer Theorie der kommunikativen Kompetenz«, in: ders./Niklas Luhmann, *Theorie der Gesellschaft oder Sozialtechnologie. Was leistet die Systemforschung?*, Frankfurt am Main: Suhrkamp, S. 101-141.

Hacke, Jens (2018), *Existenzkrise der Demokratie. Zur politischen Theorie des Liberalismus in der Zwischenkriegszeit*, Berlin: Suhrkamp.

Hakhverdian, Armen/Erika van Elsas/Wouter van der Brug/Theresa Kuhn (2013), »Euroscepticism and Education: A Longitudinal Study of Twelve EU Member States, 1973-2010«, AIAS, GINI Discussion Paper 92.

Hamilton, Alexander/James Madison/John Jay (1994 [1788]), *Federalist-Artikel*, herausgegeben von Angela A. Adams und Willi P. Adams, Paderborn: UTB.

Hansen, Sunne W. (2015), »The Democratic Costs of Size: How Increasing Size Affects Citizen Satisfaction with Local Government«, in: *Political Studies* 63 (2), S. 373-389.

Hassel, Anke (2018), »Die linke Antwort: Migration regulieren«, in: *Blätter für deutsche und internationale Politik* 10/2018, S. 33-36.

Hayek, Friedrich A. (1952 [1939]), »Die wirtschaftlichen Voraussetzungen föderativer Zusammenschlüsse«, in: ders., *Individualismus und wirtschaftliche Ordnung*, Zürich: Eugen Rentsch Verlag, S. 324-344.

Haymann, Franz (1924), *Weltbürgertum und Vaterlandsliebe in der Staatslehre Rousseaus und Fichtes*, Berlin: Pan Verlag.

Held, David (2007), *Soziale Demokratie im globalen Zeitalter*, Frankfurt am Main: Suhrkamp.

Ders. (1995), *Democracy and the Global Order*, Cambridge: Cambridge University Press.

Hobsbawm, Eric J. (2004), *Nationen und Nationalismus: Mythos und Realität seit 1780*, Frankfurt am Main: Campus.

Höffe, Otfried (2001), *Demokratie im Zeitalter der Globalisierung*, München: C. H. Beck.

Hooghe, Liesbie/Gary Marks (2017), »Cleavage Theory Meets Europe's Crises: Lipset, Rokkan, and the Transnational Cleavage«, in: *Journal of European Public Policy* 25 (1), S. 109-135.

Hoppe, Hans-Herrmann (2003), *Demokratie. Der Gott, der keiner ist*, Berlin: Manuscriptum.

Howard, Dick (2001), *Die Grundlegung der amerikanischen Demokratie*, Frankfurt am Main: Suhrkamp.

Huget, Holger (2007), *Demokratisierung der EU. Normative Demokratietheorie und Governance-Praxis im europäischen Mehrebenensystem*, Wiesbaden: VS Verlag für Sozialwissenschaften.

Jörke, Dirk (2011), *Kritik demokratischer Praxis. Eine ideengeschichtliche Studie*, Baden-Baden: Nomos.

Ders./Oliver Nachtwey (2017), »Die rechtspopulistische Hydraulik der Sozialdemokratie«, in: dies. (Hg.), *Das Volk gegen die (liberale) Demokratie*, Sonderband 32 der Zeitschrift *Leviathan*, S. 183-186.

Ders./Veith Selk (2015), »Der hilflose Antipopulismus«, in: *Leviathan* 43 (4), S. 484-500.

Keane, John (2009), *The Life and Death of Democracy*, London: Simon & Schuster.

Keynes, John Maynard (1933), »National Self-Sufficiency«, in: *The Yale Review* 22 (4), S. 755-769.

Kielmansegg, Peter Graf (2015), *Wohin des Wegs, Europa? Beiträge zu einer überfälligen Debatte*, Baden-Baden: Nomos.

Knodt, Michèle (2013), »Semi-permeable Verwaltung im postdemokratischen europäischen Mehrebenensystem«, in: *Politische Vierteljahresschrift* 54 (3), S. 534-557.

Kohler-Koch, Beate (2012), »Politische Gesellschaft und demokratische Reformierbarkeit der EU«, in: Olaf Asbach et al. (Hg.), *Zur kritischen Theorie der politischen Gesellschaft*, Wiesbaden: VS Verlag für Sozialwissenschaften, S. 237-254.

Dies./Thomas Conzelmann/Michèle Knodt (2004), *Europäische Integration – Europäisches Regieren*, Wiesbaden: VS Verlag für Sozialwissenschaften.

Kohr, Leopold (2017), *Die Lehre vom rechten Maß*, Salzburg/Wien: Otto Müller Verlag.

Ders. (1983 [1962]), *Die überentwickelten Nationen*, Salzburg: Verlag Alfred Winter.

Koppetsch, Cornelia (2017), »In Deutschland daheim, in der Welt zuhause?«, online verfügbar unter: {https://soziopolis.de/beobachten/gesellschaft/artikel/in-deutschland-daheim-in-der-welt-zuhause/} (Stand: August 2018).

Köthenbürger, Marko (2014), *Privatization Experiences in the European Union*, Cambridge: MIT Press.

Krastev, Ivan (2017), *Europadämmerung*, Berlin: Suhrkamp.

Kreide, Regina/Andreas Niederberger (Hg.) (2008), *Transnationale Verrechtlichung*, Frankfurt am Main: Campus.

Kreuder-Sonnen, Christian (2018), »An Authoritarian Turn in Europe and European Studies?«, in: *Journal of European Public Policy* 25 (3), S. 452-464.

Kriesi, Hanspeter (2010), »Restructuration of Partisan Politics and the Emergence of a New Cleavage based on Values«, in: *West European Politics* 33 (3), S. 673-685.

Kuhn, Theresa/Erika van Elsas/Armen Hakhverdian/Wouter van der Brug (2016), »An Ever Wider Gap in an Ever Closer Union: Rising Inequalities and Euroscepticism in 12 West European Democracies, 1975-2009«, in: *Socio-Economic Review* 14 (1), S. 27-45.

Kumm, Mattias (2010), »The Best of Times and the Worst of Times, Between Constitutional Triumphalism and Nostalgia«, in: Dobner/Loughlin 2010, S. 201-220.

Ders. (2004), »The Legitimacy of International Law: A Constitutionalist Framework of Analysis«, in: *European Journal of International Law* 15 (5), S. 907-931.

Lang, Anthony F./Antje Wiener (Hg.) (2017), *Handbook on Global Constitutionalism*, Cheltenham: Edgar Elgar.

Leibholz, Gerhard (1921), *Fichte und der demokratische Gedanke. Ein Beitrag zur Staatslehre*, Freiburg: Julius Boltze.

Loughlin, Martin (2010), »What is Constitutionalisation?«, in: Dobner/Loughlin 2010, S. 47-69.

Maier, Hans (1972), »Demokratie«, in: Otto Brunner/Werner Conze/Reinhart Koselleck (Hg.), *Geschichtliche Grundbegriffe*, Bd. 1, Stuttgart: Klett-Cotta, S. 854-873.

Mair, Peter (2013), *Ruling The Void: The Hollowing Of Western Democracy*, London: Verso.

Mander, Jerry/Edward Goldsmith (Hg.) (2002), *Schwarzbuch Globalisierung*, Berlin: Büchergilde Gutenberg.

Manin, Bernard (2007), *Kritik der repräsentativen Demokratie*, Berlin: Matthes & Seitz.

Marshall, Thomas H. (1992 [1950]]), *Bürgerrechte und soziale Klassen. Zur Soziologie des Wohlfahrtsstaates*, Frankfurt am Main: Campus.

Masala, Carlo (2004), »Schwimmende Politeia? Demokratische Mikroinseln im Südpazifik und in der Karibik«, in: *Politische Vierteljahresschrift* 45 (2), S. 237-258.

Marx, Karl (1976 [1843/44]), *Zur Kritik der Hegelschen Rechtsphilosophie. Kritik des Hegelschen Staatsrechts*, in: *Marx-Engels-Werke*, herausgegeben vom Institut für Marxismus-Leninismus beim ZK der SED, Bd. 1, Berlin: Dietz, S. 203-333.

Matthijs, Matthias (2017), »Integration at What Price? The Erosion of National Democracy in the Euro Periphery«, in: *Government and Opposition* 52 (2), S. 266-294.

Maus, Ingeborg (2018), *Justiz als gesellschaftliches Über-Ich: Zur Positionierung der Rechtsprechung in der Demokratie*, Berlin: Suhrkamp.

Dies. (2015), »Kants Gründe gegen einen Weltstaat«, in: dies., *Menschenrechte, Demokratie und Frieden. Perspektiven globaler Organisation*, Berlin: Suhrkamp, S. 62-80.

Dies. (2011), *Über Volkssouveränität. Elemente einer Demokratietheorie*, Berlin: Suhrkamp.

Dies. (2007), »Verfassung oder Vertrag. Zur Verrechtlichung globaler Politik«, in: Niesen/Herborth 2007, S. 350-382.

Mauss, Marcel (2017), *Die Nation oder der Sinn fürs Nationale*, Frankfurt am Main: Campus.

Merkel, Wolfgang (2017), »Kosmopolitismus versus Kommunitarismus: Ein neuer Konflikt in der Demokratie«, in: Philipp Harfst/Ina Kubbe/Thomas Poguntke (Hg.), *Parties, Governments and Elites. The Comparative Study of Democracy*, Wiesbaden: Springer VS, S. 9-23.

Ders. (2014), »Is Capitalism Compatible with Democracy?«, in: *Zeitschrift für Vergleichende Politikwissenschaft* 8 (2), S. 109-128.

Meyer, Thomas (2009), *Soziale Demokratie. Eine Einführung*, Wiesbaden: VS Verlag für Sozialwissenschaften.

Michéa, Jean-Claude (2014 [2007]), *Das Reich des kleineren Übels. Über die liberale Gesellschaft*, Berlin: Matthes & Seitz.

Middelaar, Luuk van (2016), *Vom Kontinent zur Union. Gegenwart und Geschichte des vereinten Europas*, Berlin: Suhrkamp.

Milanović, Branko (2016), *Die ungleiche Welt: Migration, das Eine Prozent und die Zukunft der Mittelschicht*, Berlin: Suhrkamp.

Mill, John Stuart (2013 [1861]), *Betrachtungen über die Repräsentativregierung*, Berlin: Suhrkamp.

Miller, Joshua (1991), *The Rise and Fall of Democracy in Early America, 1630-1789. The Legacy for Contemporary Politics*, University Park: Pennsylvania State University Press.

Miller, David (2017), *Fremde in unserer Mitte. Politische Philosophie der Einwanderung*, Berlin: Suhrkamp.

Ders. (1995), *On Nationality*, Oxford: Oxford University Press.

Mises, Ludwig von (2000 [1941]), »An Eastern Democratic Union: A Proposal for the Establishment of a Durable Peace in Eastern Europe«, in: ders., *The Political Economy of International Reform and Reconstruction. Selected Writings of Ludwig von Mises*, Indianapolis: Liberty Fund, S. 169-201.

Mitchell, William/Thomas Fazi (2017), *Reclaiming the State. A Progressive Vision of Sovereignty for a Post-Neoliberal World*, London: Pluto Press.

Montesquieu, Charles-Louis de Secondat (1958 [1734]), *Betrachtungen über die Ursache von Größe und Niedergang der Römer*, Bremen: Schünemann.

Ders. (1951 [1748]), *Der Geist der Gesetze*, Bd. 1 und 2, Tübingen: Laupp.

Morris, David (2002), »Freihandel: Der große Zerstörer«, in: Mander/Goldsmith 2002, S. 163-180.

Müller, Harald (2008), »Parlamentarisierung der Weltpolitik – Ein skeptischer Warnruf«, in: Kreide/Niederberger 2008, S. 137-159.

Müller, Thomas/Susanne Pickel (2007), »Wie lässt sich Demokratie am besten messen? Zur Konzeptqualität von Demokratieindizes«, in: *Politische Vierteljahresschrift* 48 (3), S. 511-539.

Murswiek, Dietrich (2018), »Die Mehrebenendemokratie in Europa – ein Ding der Unmöglichkeit?«, in: Graf/Meier 2018, S. 293-339.

Nakhimovsky, Isaac (2014), »Fichtes ›Geschlossener Handelsstaat‹ und die Frage des Ewigen Friedens«, in: Asbach 2014, S. 275-296.

Ders. (2011), *The Closed Commercial State: Perpetual Peace and Commercial Society from Rousseau to Fichte*, Princeton: Princeton University Press.

Negri, Antonio/Michael Hardt (2003), *Empire. Die neue Weltordnung*, Frankfurt am Main: Campus.

Neyer, Jürgen (2010), »Justice, Not Democracy. Legitimacy in the European Union«, in: *Journal of Common Market Studies* 48 (4), S. 903-921.

Ders. (2009), »Die Stärke deliberativer politischer Theorien und das Elend der orthodoxen Demokratietheorie. Eine Replik auf Marcus Höreth«, in: *Zeitschrift für Politikwissenschaft* 19 (3), S. 331-358.

Nida-Rümelin, Julian (2017), *Über Grenzen denken. Eine Ethik der Migration*, Hamburg: Edition Körber-Stiftung.

Niesen, Peter (2016), »Der Pouvoir Constituant Mixte als Theorie der Föderation«, in: Eva Marlene Hausteiner (Hg.), *Föderalismen. Modelle jenseits des Bundesstaates*, Baden-Baden: Nomos, S. 209-234.

Ders. (2008), »Deliberation ohne Demokratie? Zur Konstruktion von Legitimität jenseits des Nationalstaates«, in: Kreide/Niederberger 2008, S. 240-259.

Ders./Benjamin Herborth (Hg.) (2007), *Anarchie der kommunikativen Freiheit. Jürgen Habermas und die Theorie der internationalen Politik*, Frankfurt am Main: Suhrkamp.

Nölke, Andreas (2017), *Linkspopulär. Vorwärts handeln statt rückwärts denken*, Frankfurt am Main: Westend.

Ders./Arjan Vliegenthart (2009), »Enlarging the Varieties of Capitalism: The Emergence of Dependent Market Economies in East Central Europe«, in *World Politics* 61 (4), S. 670-702.

Ober, Josiah (2016), *Das antike Griechenland. Eine neue Geschichte*, Stuttgart: Klett-Cotta.

Ders. (2008), *Democracy and Knowledge: Innovation and Learning in Classical Athens*, Princeton: Princeton University Press.

Oberndorfer, Lukas (2016), »Der neue Konstitutionalismus in der Europäischen Union und seine autoritäre Re-Konfiguration«, in: Bieling, Hans-Jürgen/Martin Große Hüttmann (Hg.), *Europäische Staatlichkeit. Zwischen Krise und Integration*, Wiesbaden: Springer VS, S. 177-200.

OECD (2010), *Globalisation, Transport and the Environment*, Paris: OECD Publishing.

Oeter, Stefan (2016), »›Föderation‹ oder ›Bund‹ als Oberbegriff: Erscheinungsformen des Föderalen jenseits von Bundesstaat und Staatenbund«, in: Eva Marlene Hausteiner (Hg.), *Föderalismen. Modelle jenseits des Bundesstaates*, Baden-Baden: Nomos, S. 235-265.

Offe, Claus (2016), *Europa in der Falle*, Berlin: Suhrkamp.

Ott, Dana (2000), *Small is Democratic: An Examination of State Size and Democratic Development*, New York: Garland.

Paine, Thomas (1962), *Die Rechte des Menschen*, Berlin: Akademie.

Pettit, Philip (2015), *Gerechte Freiheit. Ein moralischer Kompass für eine komplexe Welt*, Berlin: Suhrkamp.

Pierce, Justin R./Peter K. Schott (2016), »Trade Liberalization and Mortality: Evidence from U.S. Counties«, in: *Finance and Economics Discussion Series* 2016-094, Washington: Board of Governors of the Federal Reserve System.

Piore, Michael J. (1979), *Birds of Passage: Migrant Labor and Industrial Societies*, Cambridge, UK: Cambridge University Press.

Pitkin, Hanna F. (1967), *The Concept of Representation*, Berkeley: University of California Press.

Platon (1988), *Gesetze*, übersetzt und erläutert von Otto Apelt, *Platon. Sämtliche Dialoge*, Bd. VII, Hamburg: Meiner.

Pocock, John G.A. (1992), »The Ideal of Citizenship since Classical Times«, in: *Queen's Quarterly* 99, S. 33-55.

Pogge, Thomas (2002), *World Poverty and Human Rights. Cosmopolitan Responsibilities and Reforms*, Cambridge: Cambridge University Press.

Putnam, Robert (2007), »E Pluribus Unum: Diversity and Community in the Twenty-first Century«, in: *Scandinavian Political Studies* 30 (2), S. 137-174.

Reckwitz, Andreas (2017), *Die Gesellschaft der Singularitäten. Zum Strukturwandel der Moderne*, Berlin: Suhrkamp.

Reid, John P. (1989), *The Conception of Representation in the Age of the American Revolution*, Chicago: University of Chicago Press.

Reiß, Stefan (2006), *Fichtes »Reden an die deutsche Nation« oder: Vom Ich zum Wir*, Berlin: Akademie Verlag.

Richter, Emanuel (1994), *Die Expansion der Herrschaft. Eine demokratietheoretische Studie*, Opladen: Westdeutscher Verlag.

Rodrik, Dani (2018), *Straight Talk on Trade: Ideas for a Sane World Economy*, Princeton: Princeton University Press.

Ders. (2011), *Das Globalisierungs-Paradox: Die Demokratie und die Zukunft der Weltwirtschaft*, München: Beck.

Rosanvallon, Pierre (2016), *Die gute Regierung*, Hamburg: Hamburger Edition.

Ders. (2010), *Demokratische Legitimität. Unparteilichkeit – Reflexivität – Nähe*, Hamburg: Hamburger Edition.

Rosenberg, Arthur (1962 [1938]), *Demokratie und Sozialismus*, Frankfurt am Main: Europäische Verlagsanstalt.
Ross, Andrew (Hg.) (1997), *No Sweat. Fashion, Free Trade and the Rights of Garment Workers*, London: Verso.
Rousseau, Jean-Jacques (1996 [1762]), *Der Gesellschaftsvertrag*, übersetzt von Hans Brockard, Stuttgart: Reclam.
Ders. (1989a [1771]), »Betrachtungen über die Regierung von Polen und ihre beabsichtigte Reformierung«, in: ders., *Kulturkritische und politische Schriften*, Bd. 2, Berlin: Rütten & Loenig, S. 433-530.
Ders. (1989b [1764]), »Entwurf einer Verfassung für Korsika«, in: ders., *Kulturkritische und politische Schriften*, Bd. 2, Berlin: Rütten & Loenig, S. 373-431.

Sahr, Aron (2017), *Keystroke-Kapitalismus. Ungleichheit auf Knopfdruck*, Hamburg: Hamburger Edition.
Schäfer, Armin (2015), *Der Verlust politischer Gleichheit. Warum die sinkende Wahlbeteiligung der Demokratie schadet*, Frankfurt am Main: Campus.
Ders./Wolfgang Streeck (Hg.) (2013), *Politics in the Age of Austerity*, Cambridge: Polity.
Scharpf, Fritz W. (2015), »Das Dilemma der supranationalen Demokratie in Europa«, in: *Leviathan* 43 (1), S. 11-28.
Ders. (2009), »Legitimität im europäischen Mehrebenensystem«, in: *Leviathan* 37 (2), S. 244-280.
Schenkel, Ernst (1933), *Individualität und Gemeinschaft. Der demokratische Gedanke bei J. G. Fichte*, Zürich: Rascher & Cie.
Schmidt, Manfred G. (2008), *Demokratietheorien. Eine Einführung*, 4. Aufl., Wiesbaden: VS Verlag für Sozialwissenschaften.
Schmidt, Susanne K. (2018), *The European Court of Justice and the Policy Process: The Shadow of the Case Law*, Oxford: Oxford University Press.
Schönberger, Christoph (2004), »Die Europäische Union als Bund. Zugleich ein Beitrag zur Verabschiedung des Staatenbund-Bundesstaat-Schemas«, in: *Archiv des öffentlichen Rechts* 129, S. 81-120.
Senghaas, Dieter (2010), »Rettung durch den Kleinstaat!? Überlegungen zum ›Anti-Leviathan‹-Leitmotiv im Werk von Leopold Kohr«, in: *Leviathan* 38 (2), S. 251-268.
Siemers, David J. (2002), *Ratifying the Republic. Anti-Federalists and Federalists in Constitutional Time*, Stanford: Stanford University Press.
Skarstein, Rune (2007), »Free Trade: A Dead End for Underdeveloped Economies«, in: *Review of Political Economy* 19/3, S. 347-367.

Slobodian, Quinn (2018), *Globalists: The End of Empire and the Birth of Neoliberalism*, Cambridge, MA: Harvard University Press.
Sonnicksen, Jared (2014), *Ein Präsident für Europa. Zur Demokratisierung der Europäischen Union*, Wiesbaden: Springer VS.
Sørensen, Georg (2011), »Free Markets for all«, in: Dag Harald Claes/Carl Hendrik Knutsen (Hg.), *Governing the Global Economy*, Milton Park: Routledge.
Steffek, Jens (2018), »Deliberation and global governance«, in: Chris Brown/Robyn Eckersley (Hg.), *Oxford Handbook of International Political Theory*, Oxford: Oxford University Press, S. 440-452.
Stiglitz, Joseph E. (2016), *Europa spart sich kaputt. Warum die Krisenpolitik gescheitert ist und der Euro einen Neustart braucht*, München: Siedler.
Ders. (2002), *Die Schatten der Globalisierung*, Berlin: Siedler.
Storing, Herbert J. (1981), *The Complete Anti-Federalist*, 7 Bde., Chicago: University of Chicago Press.
Streeck, Wolfgang (2015), »Why the Euro Divides Europe«, in: *New Left Review* 95, S. 5-26.
Ders. (2013), *Gekaufte Zeit. Die vertagte Krise des demokratischen Kapitalismus*, Berlin: Suhrkamp.

Tallberg, Jonas/Anders Uhlim (2012), »Civil Society and Global Democracy. An Assessment«, in: Archibugi et al. 2011, S. 210-232.
Terrier, Jean/Marcel Fournier (2017), »*Die Nation*: Eine Expedition in den Bereich des Normativen«, in: Marcel Mauss, *Die Nation oder der Sinn fürs Soziale*, Frankfurt am Main: Campus, S. 17-48.
Ther, Philipp (2014), *Die neue Ordnung auf dem alten Kontinent: Eine Geschichte des neoliberalen Europa*, Berlin: Suhrkamp.
Tocqueville, Alexis de (2006 [1835]), »Denkschrift über den Pauperismus«, in: *Alexis de Tocqueville. Kleine politische Schriften*, herausgegeben von Harald Bluhm, Berlin: Akademie-Verlag, S. 61-80.
Ders. (1976 [1835/40]), *Über die Demokratie in Amerika*, München: dtv.
Töller, Anette (2014), *Europäisierung der deutschen Gesetzgebung*, Wissenschaftliches Kurzgutachten Fernuniversität Hagen.

Vanhanen, Tatu (2003), *Democratization. A Comparative Analysis of 170 Countries*, London/New York: Routledge.
Veenendaal, Wouter P. (2015), »Democracy in Microstates: Why Smallness Does Not Produce a Democratic Political System«, in: *Democratization* 22 (1), S. 92-112.

Vorländer, Hans (2003), *Demokratie. Geschichte, Formen, Theorien*, München: Beck.

Walzer, Michael (2006), *Sphären der Gerechtigkeit. Ein Plädoyer für Pluralität und Gleichheit*, Frankfurt am Main: Campus.
Waschkuhn, Arno (1995), *Was ist Subsidiarität? Ein sozialphilosophisches Ordnungsprinzip: Von Thomas von Aquin bis zur »Civil Society«*, Opladen: Westdeutscher Verlag.
Weber, Marianne (1900), *Fichte's Sozialismus und sein Verhältnis zur Marx'schen Doktrin*, Tübingen: Mohr.
Weckerling, Sarah (2018), »Albanien: Gesundheit als große Geldfrage«, in: *klartext. Das Magazin der kassenärztlichen Bundesvereinigung* 3/2018, S. 20-22.
Wet, Erika de (2006), »The International Constitutional Order«, in: *International and Comparative Law Quarterly* 55, S. 53-76.
Willke, Helmut (2016), *Dezentrierte Demokratie: Prolegomena zur Revision politischer Steuerung*, Berlin: Suhrkamp.
Ders. (2014), *Demokratie in Zeiten der Konfusion*, Berlin: Suhrkamp.
Willms, Bernard (1967), *Die totale Freiheit. Fichtes politische Philosophie*, Köln und Opladen: Westdeutscher Verlag.
Winters, Jeffrey A. (2011), *Oligarchy*, Cambridge: Cambridge University Press.
Wood, Gordon S. (1969), *The Creation of the American Republic 1776-1787*, Chapel Hill/London: University of North Carolina Press.
Woods, Ngaire (2014), *The Globalizers: The IMF, the World Bank and Their Borrowers*, Ithaca: Cornell University Press.

Zeedan, Rami (2017), »Bigger But not Always Better: Size and Democracy in Israeli Amalgamated Local Governments«, in: *Journal of Urban Affairs* 39 (5), S. 711-728.

Dank

Die Idee zu einem Buch über das Verhältnis von Größe und Demokratie entstand während meiner ersten Beschäftigung mit der US-amerikanischen Ratifizierungsdebatte vor gut zehn Jahren. Rike Hertwig und einem Forschungssemester habe ich es zu verdanken, dass das »Demokratiebüchlein« nicht im universitären Alltag untergegangen ist. Für hilfreiche Anmerkungen und sehr konstruktive Kommentare möchte ich mich bei Arthur Benz, Dieter Boris, Ulrich Brinkmann, Henning Hahn, Skadi Krause, Andreas Nölke, Jared Sonnicksen, Veith Selk sowie den Teilnehmerinnen und Teilnehmern des Darmstädter Kolloquiums für Politische Theorie und Ideengeschichte bedanken. Selbstredend trage allein ich die Verantwortung für verbleibende Schwächen und argumentative Zuspitzungen. Ein besonderes Dankeschön geht an Torben Schwuchow und Luca Hemmerich für umfangreiche Recherchetätigkeiten, an Luca Hemmerich auch für die Gesamtdurchsicht des Manuskriptes und die Unterstützung bei der Darstellung der empirischen Befunde. Heike Jensen möchte ich für die Jagd nach dem Fehlerteufel, Heinrich Geiselberger für die konstruktive Zusammenarbeit und Aenne Glienke für die Unterstützung bei der Verlagssuche herzlich danken.

Darmstadt, im Januar 2019

edition suhrkamp
Eine Auswahl

Bini Adamczak. Beziehungsweise Revolution. 1917, 1968 und kommende. es 2721. 313 Seiten

Bruno Amable / Stefano Palombarini. Von Mitterrand zu Macron. Über den Kollaps des französischen Parteiensystems. es 2727. 255 Seiten

Perry Anderson. Hegemonie. Konjunkturen eines Begriffs. es 2724. 249 Seiten

Zygmunt Bauman. Retrotopia. es-Sonderdruck. 220 Seiten

Colin Crouch. Postdemokratie. es 2540. 159 Seiten

Didier Eribon
- Gesellschaft als Urteil. Klassen, Identitäten, Wege. es-Sonderdruck. 264 Seiten
- Rückkehr nach Reims. es-Sonderdruck. 237 Seiten

Heiner Flassbeck / Paul Steinhardt. Gescheiterte Globalisierung. Ungleichheit, Geld und die Renaissance des Staates. es 2722. 410 Seiten

Heinrich Geiselberger (Hg.). Die große Regression. Eine internationale Debatte über die geistige Situation der Zeit. es-Sonderdruck. 318 Seiten

Jürgen Habermas. Im Sog der Technokratie. Kleine politische Schriften XII. es 2671. 193 Seiten

NF 383/1/3.19

David Harvey. Rebellische Städte. es 2657. 283 Seiten

Wilhelm Heitmeyer. Autoritäre Versuchungen. Signaturen der Bedrohung 1. es 2717. 394 Seiten

François Jullien. Es gibt keine kulturelle Identität. es 2718. 95 Seiten

Cornelia Koppetsch / Sarah Speck. Wenn der Mann kein Ernährer mehr ist. Geschlechterkonflikte in Krisenzeiten. es 2701. 296 Seiten

Ivan Krastev. Europadämmerung. Ein Essay. es 2712. 143 Seiten

Bruno Latour. Das terrestrische Manifest. es-Sonderdruck. 136 Seiten

Enis Maci. Eiscafé Europa. Essays. es 2726. 240 Seiten

Philip Manow
- Im Schatten des Königs. Die politische Anatomie demokratischer Repräsentation. es 2524. 171 Seiten
- Die Politische Ökonomie des Populismus. es 2728. 160 Seiten

Steffen Mau. Das metrische Wir. Über die Quantifizierung des Sozialen. es-Sonderdruck. 307 Seiten

Chantal Mouffe. Für einen linken Populismus. es 2729. 111 Seiten

Jan-Werner Müller. Was ist Populismus? Ein Essay. es-Sonderdruck. 159 Seiten

NF 383/2/3.19

Oliver Nachtwey. Die Abstiegsgesellschaft. Über das Aufbegehren in der regressiven Moderne. es 2682. 263 Seiten

Claus Offe. Europa in der Falle. es 2691. 188 Seiten

Volker Perthes. Das Ende des Nahen Ostens, wie wir ihn kennen. es-Sonderdruck. 143 Seiten

Heribert Prantl. Trotz alledem! Europa muss man einfach lieben. es-Sonderdruck. 93 Seiten

Hanno Rauterberg. Wie frei ist die Kunst? Der neue Kulturkampf und die Krise des Liberalismus. es 2725. 141 Seiten

César Rendueles
- Kanaillen-Kapitalismus. Eine literarische Reise durch die Geschichte der freien Marktwirtschaft. es 2737. 300 Seiten
- Soziophobie. Politischer Wandel im Zeitalter der Utopie. es 2690. 262 Seiten

Ulrich Schmid. Technologien der Seele. Vom Verfertigen der Wahrheit in der russischen Gegenwartskultur. es 2702. 386 Seiten

Michel Serres
- Erfindet euch neu! Eine Liebeserklärung an die vernetzte Generation. es-Sonderdruck. 76 Seiten
- Was genau war früher besser? Ein optimistischer Wutanfall. es-Sonderdruck. 80 Seiten

David Van Reybrouck. Zink. es-Sonderdruck. 86 Seiten

Gabriel Zucman. Steueroasen. Wo der Wohlstand der Nationen versteckt wird. es-Sonderdruck. 118 Seiten

NF 383/3/3.19